スタディ・スキル入門
大学でしっかりと学ぶために

天野明弘・太田　勲・野津隆志 編

有斐閣ブックス

まえがき

　本書は，大学入学から卒業までを通して，大学生が学ぶうえで必要とされる基本的な学びの技術（スタディ・スキル）を修得するためのガイドブックである。大学での学びは，1つの学問領域の知識を体系立って修得することだけで終わるものではない。むしろ，そうした学問領域を学ぶ方法を修得することの方がずっと重要なのである。本書はそうした学ぶための方法を学ぶ「学びのガイドブック」である。

　近年，本書に類する大学生のためのガイドブックがいくつも出版されてきた。他のガイドブックと比べて，本書は次の2つの点で他の本にはないユニークな内容となっている。

　第1は，大学生が必要とする学びの技術（スタディ・スキル）を，「学びのコミュニケーション能力」の修得という視点から捉えていることである。大学生が大学で学ぶ上で必要なコミュニケーション能力には「読む力」「聞く力」「話す力」「書く力」の基本的4技能に加えて，「考える力」や「調べる力」など能動的な学習への参加技能がある。これらのコミュニケーション能力が総合的に修得できて初めて，学生は大学の授業に効果的に参加でき，大学という場で学習を通したコミュニケーションが可能となる。そこで，このテキストは，まったくの新入生段階から卒業段階までを通して，学びのコミュニケーション能力を総合的・系統的に学習するためのガイドブックとなっている。

　第2は，本書の執筆陣となった兵庫県立大学教員の学際性という利点を生かし，人文社会系と自然科学系の教員が学問分野の壁を越えて執筆にあたったことである。編集の段階で，人文社会系と自然科学系の執筆教員が何度も議論を闘わせ，まさに異分野間コミュニケーションを行った。こうした経緯を経たことで，人文社会系学生と自然科学系学生といった垣根を越えて，多様な大学生が利用可能な内容となっている。さらに，本書は意図的に人文社会系学生にも役に立つ自然科学のスタディ・スキル，自然科学系学生にも役に立つ人文社会のスタディ・スキルが含まれている。これらの項目を読むことで，大学生は多

様な学問分野に触れることができ，大学生への学問入門書としても活用できる内容となっている。

　現在，大学教育は大きく変化してきている。かつて「マスプロ教育」という言葉で批判された機械的な大講義のあり方や，「学生の自主性」という言葉で曖昧にされていた大学教員の授業への無関心な姿勢が問い直されてきている。こうした問い直しは，大きく2つの方向から進んできたと思われる。

　1つは大学の入り口の変化である。18歳人口の減少と大学進学率の上昇に伴い，多様な学生に対応する大学教育が求められている。多様な背景と知識を持った学生が，いかに大学教育に参加し効率的に学習を達成できるかが大きな課題となってきている。そのため「導入教育」「初年次教育」「フレッシュマン教育」などと呼ばれる教育の形態が議論されはじめた。大学の新入生にとっては，中学高校でせっかく学んだ知識が，受験のための一時的な勉強に終わってしまうのであれば，もったいないことである。そこで，このガイドブックは，「読む力」「書く力」「考える力」など中学高校でも学んできた技能を土台にして，さらにそれらを系統立てて大学で学習し発展させることで，中学高校の学習と大学でのそれを結びつけることをねらっている。

　もう1つは大学の出口の変化である。多くの大学生が卒業後働くことになる企業の側では，新入社員の基礎的コミュニケーション技能の育成が大きな課題となってきている。「コーチング」「ファシリテーション・スキル」「メンタリング」といった新しいコミュニケーション技術が多数紹介されている。社会変化にやや疎い大学と違い，常に変化とともに活動せざるをえない企業でこうした技術が重視されてきたことには，卒業生を送り出す大学も無関心ではいられない。社会人となっても通用するコミュニケーション技法の修得が大学生に必要となっている。そこでこのガイドブックは，話す力（プレゼンテーション能力）や「調べる力」などの技能修得も重視し，大学で学んだスタディ・スキルが社会で役立つことをねらっている。

　本書がこれから大学で学ぼうと高い志を抱いている大学生や，大学での授業を反省的に振り返り，よりよい教育を試みようと考えている大学教員の参考になるよう願っている。

目　次

まえがき

第1章　大学での学習と研究 ―――――――――――― 1
第1節　大学で何を学ぶのか ………………………………… 1
　1.1.1　優れた大学生の学び方　1
　1.1.2　考え方の構成要素と評価　2
　1.1.3　読んだことを「自分のもの」にする方法　4
　1.1.4　学びと自問自答　6

第2節　学習上の倫理 ………………………………………… 9
　1.2.1　はじめに　9
　1.2.2　科学者の倫理と学生　11
　1.2.3　学習・研究・調査の過程における倫理　11
　1.2.4　研究・調査の集約・分析における倫理　12
　1.2.5　論文・報告書等の作成過程における倫理　13
　1.2.6　研究・調査の結果に対する責任・倫理　14
　1.2.7　修士論文，卒業論文，レポート作成における倫理　18

第3節　大学で他者とともに学ぶことの意味 ………………… 19
　　　　――コミュニケーションとは何かをめぐるソクラテスとの対話

第2章　読む，聞く ――――――――――――――― 27
第1節　学術論文や専門書など論説文の読み方 ……………… 27
　2.1.1　はじめに　27
　2.1.2　なぜ本を読むのか　28
　2.1.3　本をどう選ぶか　30
　2.1.4　本をどう読むか　34
　●コラム　本を読んでいると怒られた　37

第2節　批判的な読み方 ……………………………………… 38
　2.2.1　批判的とは　38
　2.2.2　批判的に読む力を養う　41

第3節　人の話を聞く ………………………………………… 46
　2.3.1　はじめに　46
　2.3.2　「聞く」というプロセス　47
　2.3.3　議論を深めるために「聞く」活動　49

2.3.4 人間関係を深めるために「聞く」活動　52

第4節　講義の受け方，ノートやメモなど記録のとり方 …………… 55
2.4.1 講義の受け方　55
2.4.2 ノートやメモのとり方　57

第3章　書く，話す ──────────────────── 61
第1節　構想を練る ………………………………………………… 61
3.1.1 はじめに　61
3.1.2 書く前にすべきこと　61
3.1.3 表現上のポイント　64
3.1.4 エッセイ作成の手順　66
3.1.5 応用編──文体論的視点から　67

第2節　文章作成法 ………………………………………………… 71
3.2.1 明快な文章をつくる　71
3.2.2 主語と述語の対応関係を明確にして表現上の混乱を避ける　74
3.2.3 修飾語と被修飾語の関係を明確にする　75
3.2.4 「ハ」と「ガ」の働き　78
3.2.5 読点の打ち方　79

第3節　表記の慣例 ………………………………………………… 81
3.3.1 一般的慣例　81
3.3.2 くぎり符号の使い方　82
3.3.3 その他の注意事項　83

第4節　話すこと，語ること，議論すること ……………………… 83
3.4.1 自己紹介をする　83
3.4.2 エピソードを語る　84
3.4.3 記事について意見を述べる　85
3.4.4 姿勢，表情，ジェスチャー，視線　86
3.4.5 コミュニケーション・スタイル　87
3.4.6 意見の合わない相手とどのように話すか　88
3.4.7 議論の方法　92

第4章　調べる ──────────────────── 97
第1節　情報検索の仕方と目的 …………………………………… 97
4.1.1 情報収集および文献検索の必要性　97
4.1.2 情報・資料の種類と分布　97
4.1.3 検索ツールと検索方法　99

第2節　調査をする ……………………………………………………… 103
- 4.2.1　人文社会系のフィールドワーク　103
- 4.2.2　自然科学系のフィールドワーク——準備が調査の成否を決定する　104
- 4.2.3　インタビューの方法　109
- 4.2.4　観察の方法　113

第5章　考える ────────────────────── 119
第1節　情報を「自分の見方・考え方」としてまとめる ……………… 119
- 5.1.1　情報を見きわめる　119
- 5.1.2　情報を判断し，他者を説得する　119
- ●コラム　携帯文化　120

第2節　自然科学研究の意義・方法 ……………………………………… 122
- 5.2.1　自然科学における研究とは　122
- 5.2.2　良い研究とは　124
- 5.2.3　研究の準備　125
- 5.2.4　研究の論理　128
- 5.2.5　実験ノートの作成　131

第3節　人文社会科学研究の意義・方法 ………………………………… 133
- 5.3.1　研究とは　133
- 5.3.2　なぜ研究をするか　134
- 5.3.3　研究のために用いる資料の評価　135
- 5.3.4　研究資料の種類　136
- 5.3.5　個別の方法論　136

第4節　科学の考え方 ……………………………………………………… 137
- 5.4.1　ものの見方，考え方——自然科学のいくつかの例　137
- 5.4.2　ミクロとマクロ——気体運動論による理想気体の方程式の導入　138
- 5.4.3　抽象，捨象——アインシュタインの振動子近似による比熱の式の導入　139
- ●コラム　アインシュタインの公式導出プロセス　141
- 5.4.4　仮説から法則へ——DNAの二重らせんモデルの成り立ち　142
- 5.4.5　観察から基本原理へ——セントラル・ドグマの成熟　144

第6章　レポートの作成 ─────────────────── 147
第1節　レポート作成のプロセス① ……………………………………… 147
- 6.1.1　情報や自分の考えを文章にする前に　147
- 6.1.2　原稿の完成後の作業　149
- 6.1.3　推敲の技術　150

第2節　レポート作成のプロセス② ……………………………… 152

- **6.2.1** 大学で求められるレポート　152
- **6.2.2** 準備からレポート作成まで　153
- **6.2.3** 実験レポート　155

第3節　論文作成のプロセス①──人文社会系の場合 ……… 162

- **6.3.1** 何をすべきか　162
- **6.3.2** テーマを選ぶ　163
- **6.3.3** 情報・データ・資料の収集　164
- **6.3.4** 論旨文の書き方　165
- **6.3.5** パラグラフの書き方　168
- **6.3.6** 序論と結論の書き方　172
- **6.3.7** 研究論文の書き方　173

第4節　論文作成のプロセス②──自然科学系の場合 ……… 178

- **6.4.1** 研究成果の公表　178
- **6.4.2** 学術誌と査読制度　178
- **6.4.3** 自然科学論文を作成するときの注意　179
- **6.4.4** 卒業論文，学位論文について　183
- **6.4.5** 英語論文の意義と実際　184
- **6.4.6** インパクト・ファクター　185

第5節　オリジナリティとは ……………………………………… 186

- **6.5.1** はじめに　186
- **6.5.2** 著作権の考え方──自他の考えを分ける　187
- **6.5.3** 著作権法における引用の考え方──他人の意見を取り入れる　189
- **6.5.4** 「著作権」とは何か　191
- **6.5.5** オリジナリティの大切さ　193

第6節　盗作，捏造 ………………………………………………… 194

- **6.6.1** 盗作，剽窃　194
- **6.6.2** 捏造　196
- **6.6.3** 表現におけるモラル　200

第7節　図・表のつくり方 ………………………………………… 200

- **6.7.1** はじめに　200
- **6.7.2** 表の種類と特徴　201
- **6.7.3** 表の構成要素　201
- **6.7.4** グラフ　202
- **6.7.5** グラフの種類　202
- **6.7.6** グラフの構成要素　208
- **6.7.7** グラフの作成手順　211

6.7.8 写真　212

第8節　引用文献，参考文献の記載項目と書き方 ……………………… 214
6.8.1 要約，パラフレーズおよび引用　214
6.8.2 文献表記の仕方——人文社会系の場合　216
6.8.3 文献表記の仕方——自然科学系の場合　219

第7章　プレゼンテーション ———————————— 227

第1節　プレゼンテーションの手法と心得 ……………………………… 227
7.1.1 プレゼンテーションの重要性　227
7.1.2 プレゼンテーションの注意点　228
7.1.3 黒板やホワイト・ボードを使った発表　228
7.1.4 レジュメを使った発表　229
7.1.5 ポスターを使った発表　229
7.1.6 スクリーンを使った発表　229
7.1.7 論文・レポート発表，討論等の発言の作法　230

第2節　プレゼンテーションの技術 ……………………………………… 231
7.2.1 パワーポイントとは　231
7.2.2 スライドのつくり方　231
7.2.3 文字，図，表，グラフ，写真の挿入方法　232
7.2.4 アニメーション　234
7.2.5 スライドショーと発表練習　235
7.2.6 配布資料の作成　235
7.2.7 パワーポイントを使用した場合の注意点　236
7.2.8 まとめ　237
　●コラム　効果的なプレゼンテーション　237

あとがき ———————————————————————— 239
索　引 ————————————————————————— 241

執筆者紹介 （執筆順，☆は編者）

☆天野明弘（あまの あきひろ）
　　　　　　担当：第1章第1節，第3章第2～3節，第5章第3節，第6章第3節
元兵庫県立大学名誉教授，元神戸大学名誉教授，元関西学院大学名誉教授（専攻：環境経済学）

深見　武（ふかみ たけし）　　　　　　　　　　担当：第1章第2節，第6章第6節
兵庫県立大学大学院工学研究科教授（専攻：金属物理学，固体電子物性）

丸橋　裕（まるはし ゆたか）　　　　　　　　　　　　　　担当：第1章第3節
兵庫県立大学看護学部教授（専攻：哲学，西洋古典学，生命論）

守屋　淳（もりや じゅん）　　　　　　　　　　　　　　　担当：第2章第1節
北海道大学大学院教育学研究院教授（専攻：教育学，教育心理学，教育方法学）

岡田真美子（おかだ まみこ）　　　　　　　　　　　　　　担当：第2章第2節
兵庫県立大学名誉教授（専攻：環境宗教学，地域ネットワーク論，仏教文献学）

宮本節子（みやもと せつこ）　担当：第2章第3節，第3章第4節，第6章第5節
兵庫県立大学環境人間学部教授（専攻：応用言語学，コミュニケーション論，教育工学）

田中　隆（たなか たかし）　　　　　　　　　　　　　　　担当：第2章第4節
兵庫県立大学政策科学研究所教授（専攻：保険論，リスクマネジメント論）

寺西雅之（てらにし まさゆき）　　　　　　　　　　　　　担当：第3章第1節
兵庫県立大学環境人間学部教授（専攻：英語文体論，英米文学，英語教育）

榎原正吾（えのきばら しょうご）　　　　　　　　　　　　担当：第4章第1節
兵庫県立大学国際商経学部准教授（専攻：微生物工学，資源利用化学）

☆野津隆志（のつ たかし）　　　　　　　　　　　　　　　担当：第4章第2節
兵庫県立大学名誉教授（専攻：比較教育学，NPO・NGO論）

杉山裕子（すぎやま ゆうこ）　　　　　　　　　　　　　　担当：第4章第2節
岡山理科大学理学部教授（専攻：地球化学，環境化学，分析化学）

藤原　顕（ふじわら あきら）　　　　　　　　　　　　　　担当：第4章第2節
福山市立大学教育学部教授（専攻：教育学，授業論，教師論）

執筆者紹介　ix

髙坂　誠（こうさか まこと）　　　　　　　　　　　　担当：第5章第1節
兵庫県立大学学長（専攻：国際関係論）

大隅　隆（おおすみ たかし）　　　　　担当：第5章第2節，第6章第4・8節
兵庫県立大学大学院生命理学研究科特命教授（専攻：生化学，分子生物学，細胞生物学）

安岡則武（やすおか のりたけ）　　　　　　　　　　担当：第5章第2・4節
姫路工業大学名誉教授（専攻：生物物理学，タンパク質結晶学，構造生物学）

三俣　学（みつまた がく）　　　　　　　　　　　　担当：第6章第1節
同志社大学経済学部教授（専攻：エコロジー経済学，環境経済学）

岩瀬真央美（いわせ まおみ）　　　　　　　　　　　担当：第6章第1・8節
兵庫県立大学国際商経学部准教授（専攻：国際経済法）

☆太田　勲（おおた いさお）　　　　　　　　　　　担当：第6章第2節
兵庫県立大学名誉教授（専攻：電子工学，光・電磁波工学，マイクロ波工学）

大貫恵理子（おおぬき えりこ）　　　　　　　　　　担当：第6章第5節
著作権教育フォーラム代表（専攻：知的財産権〔著作権〕，教育工学）

鈴木道隆（すずき みちたか）　　　　　　　　担当：第6章第7節，第7章
兵庫県立大学産学連携・研究推進機構研究企画コーディネーター
（専攻：化学工学，粉粒体工学，微粒子工学）

本書のコピー，スキャン，デジタル化等の無断複製は著作権法上での例外を除き禁じられています。本書を代行業者等の第三者に依頼してスキャンやデジタル化することは，たとえ個人や家庭内での利用でも著作権法違反です。

 # 大学での学習と研究

> 1 大学で何を学ぶのか
> 2 学習上の倫理
> 3 大学で他者とともに学ぶことの意味

1 大学で何を学ぶのか

1.1.1 優れた大学生の学び方

　大学では卒業論文を書くことを含め，レポート，小論文，論文試験など，多くの学術的な文章を書かなければならない。書く内容は，写経のようにお手本を書き写すのではなく，自分の理解したこと，および自分が新たに考えたことなどである。そして，それらを書く前の準備として，教科書，専門書，論文，資料等で指定されたもの，あるいは自分で探したものなどを読む必要がある。それらを十分に理解したうえで，それに自分の考え方を追加することが求められている。

　このように優れた大学生とは，よい読み手であり，考える人であり，そしてよい書き手である。

　それでは，よい読み手になる「こつ」は何か。また，よい書き手になる「こつ」は何か。それを身につけるには，それぞれ読み手としての考え方，書き手としての考え方を身につけるのがよい方法である。読むにしても書くにしても，自分の頭を使って考えながらそういった作業をしているのであるから，それらを一貫した考え方があるはずである。それは，どのようなものだろうか。

　言葉や発想を習ったまま受け入れて，それをそのまま使うのでは能がない。その言葉や発想が生み出された基礎にある考え方がどのようなものか，分析と

評価を行ったうえでそれを使うやり方がある。このようなやり方を会得できれば，その言葉や発想は他人のものの受け売りではなく，自分のものになって使えるであろう。習った言葉や発想を「身につける」ことができるであろう。

考え方を分析し，評価するとは，どのようなことを行うことになるのだろうか。「分析」とは，その字のとおり，複雑なものを「分けて晰かにする」ことである。考え方を，基本的要素に分けて分かりやすくするのである。このようにして分析した結果を，決められた基準に従って，重要性や善し悪しを判断するのが評価である。分析と評価を行うことで，判断力をもって主題・内容・領域等に関するさまざまな考え方を学ぶ力を高めることができる。

ある考え方に出会った際に，それを分析し，評価できるようになっていれば，いろいろな主題や内容，違った領域での発想などに出会っても，自分の判断力をもってそれらの考え方を学ぶことができるし，それを発展させたり，別の領域に適用してみたりすることができる。分析と評価の仕方を学ぶことは，いってみれば材料をさばいて栄養源とするための調理法を学ぶようなものである。

大学での学びには，一見，抽象的で自分の生活と無関係なものも多いように思われがちだが，実生活とのつながりを意識しながら分析し，評価する考え方を学ぶようにすれば，学びへの思いがさらに強まるようになるだろう。

1.1.2 考え方の構成要素と評価

われわれは，概念やアイディア，理論などを用いて，データや事実，経験などを解釈し，疑問と思う事柄を明らかにし，問題を解き，論争を通じて新しい考え方を生み出し，また係争を決着させる政策や仕組み・制度をつくるなどの活動を行っている。その際，リンダ・エルダーとリチャード・ポールは，あらゆる考え方を8つの基本的構成要素に分け，それらを一定の基準に基づいて評価することにより，考え方を理解するとともに，その考え方を自らの判断で取捨選択できる方法を提唱している（Elder and Paul, 2005 参照）。もちろん，考え方の分析・評価にはいろいろな方法があるが，コミュニケーションやライティングの学びに応用しやすいこの方法を，以下に紹介してみよう。

この方法では，あらゆる考え方を次の8つの構成要素に分けて考える。すなわち，ある考え方には

① 目的や目標（目的とは，成し遂げようと目指す事柄であり，目標とは，目的を達成するために設けた目じるし，あるいは的〔まと〕である〔『広辞苑』〕。目的がどちらかといえば抽象的な内容を含むことが多いのに対して，目標は具体的な標的であり，目的の達成度を評価しやすいため，一般に目的達成を真剣に考える際には，目標を合わせて定めるのが普通である）があり，
② 観点があり，
③ 解くべき問題や課題がある。また，
④ 情報（データ，事実，経験など）を用い，
⑤ 前提を設け，
⑥ 概念や理論を使って，
⑦ 推論や判断を行い，
⑧ その含意（含意とは，表面に現れていない意味を内に含んでいること，またその意味を表す）や帰結を導く

など8つの構成要素がある。考え方を分析するとは，これらの構成要素のそれぞれの内容を調べることである。

次に，考え方を評価する基準としては，次の9つのものが考えられている。

① 明瞭さ：理解できること，あるいは意味を把握できることであり，詳しく述べたり，例を挙げたり，あるいは図や表で説明するなどすれば，明瞭さは高まる。
② 正確さ：誤りや歪みがなく，正しいことであり，チェックの方法を示したり，証拠を挙げたり，あるいはテストを行うなどの方法により正確さが保証される。
③ 精密さ：必要な細目まで的確なことであり，詳細にわたる説明や解説を加えるなどによって確保される。
④ 直接的関連性：当面，問題としている事態に関連していることであり，問題への関連を明らかにしたり，問題解決に役立つことを示したりすれば，この点が明らかになる。
⑤ 深さ：複雑性をもち，複数の相互関係を含んでいることを指し，多様な関連要因があることを示したり，考察すべき多数の問題があることを指摘したりするなどすれば，深みが増す。

⑥ 広さ：複数の観点を包含していることであり，別の視点を持つことの必要性を示したり，別の考え方を取り入れたりして，考え方の広さを示すことができる。
⑦ 論理性：部分が全体として意味をなし，それらに矛盾がないことであり，前後関係の整合性を示したり，主張の証拠を示したりするなどによって論理性が確保できる。
⑧ 重要性：平凡ではなく，重要な点に焦点を合わせていることを指し，事実の重要性を示したり，何を中心的アイディアとすべきかを明らかに提示したりすれば，重要性が明らかになる。
⑨ 公正さ：自己の利益に奉仕したり，一方に偏ったりすることなく，正当性をもっていることを指し，書き手が論じている問題に対して既得権益を持っていないことを確認したり，他者の観点を考慮していることを確認したりすることを通じて確保することができる。

　各基準で高く評価できる文献や資料は，同意したり，参考にしたりするのに適したものであり，詳細に検討しながら読む価値がある。これに対して，全般的に低い評価であることが明らかなものは，丹念に読む必要はない。明瞭さや重要性などの基準は，自分にとってのものであるから，著名な書き手の作品であっても自分と波長が合わずよく理解できないものは，もし代わりの作品に代えることができれば，無理して読み続けることはない。
　構成要素，評価基準とも複数のものがあるため，全体としての総合判断が重要である。最初の間は意識して分析や評価をノートに書くようにすれば，この方法の使い方が飲み込みやすくなるであろう。

1.1.3　読んだことを「自分のもの」にする方法

　インターネットのウェブサイトで中古の教科書や参考書を買うことができる。新品同様のものは値段が高いが，安いものを買うとたくさんの書き込みで本が汚されている。大学レベルになると，本や論文を本気で読むときには，自分の本を持つか，読みたい部分をコピーして，それに書き込みをしながら読むことが薦められているからである（図書館から借りた書物には絶対に書き込みをしてはいけない）。

大学の教科書や専門的な分野の論文は，一度読んだだけですべてが分かることは珍しい。また，社会的な問題に関する論評などでは，かならずしも著者の意見にいつも賛同しながら読むとは限らない。読み進めるのに合わせて，そのときどきに思ったことを簡単にメモしたり，自分で決めた記号でマークしたりして，読み返す際の手がかりをつくるのが，読んだことを自分のものにする第一歩である。この部分は重要である，ここはよく分からない，この点は著者の議論に納得できない，この事実は覚えておく，著者は何を前提にしているか，ここは面白い，もっと調べてみたい，等々，いろいろな思いを持ちながら読んでいるものである。それらが頭の中を通り過ぎるままにせず，そのつど書き込んでいくことで，その部分以降の読み方も変わることがある。

　以下，書物や論文のコピーの「汚し方」で，ヒントになりそうなことを挙げてみる。参考にしながら，自分なりの方法を考案してほしい。

・目的が書かれている部分にアンダーラインを引き，欄外に「目的」と書く。
・基本的な問題について書かれている部分に囲みを付け，欄外に「基本問題」と書く。
・重要な概念にはマークを付け，定義を探す。定義が明確に書かれていない場合も多いが，そのようなときは概念の説明をよく読んで自分なりの定義をつくるか，または参考書や百科事典等で調べる（それほど複雑な概念でなければ，英語に翻訳し，インターネットの検索欄に「glossary スペース 当該訳語」と入力して検索すれば，複数の説明が得られることが多い）。
・議論の前提あるいは仮定されている事柄にアンダーラインを引き，欄外に「仮定」と書く。複数の仮定があるかもしれないので，漏れないように探す。
・議論の過程で使われる情報やデータにアンダーラインを引き，欄外に「情報」と書く。出所などにも注意をして，必要であればマークをつける。
・議論の根拠を説明している箇所は，とくに重要なので，枠で囲み，欄外に「根拠」と書く。議論が分かりにくい場合には，クエスチョン・マークをつけ，疑問と思う内容を欄外またはノートに書く。後のほうで理解できる場合もあるので，分かった場合は×印をつける。最後まで読んで

も分からなかったものは，別途調べたり，先生に質問したりする。
- 著者の観点が理解できる文面があれば，欄外にその観点をメモ書きする。
- 根拠とともに結論が述べられている場合は，結論部分にアンダーラインを引き，欄外に「結論」と書く。結論が複数ある場合は，番号を振り，重要度に応じたマークをつける。また，結論とともにその含意や帰結が述べられているときは，欄外に「含意」「帰結」などと書く。
- 重要な概念と推論の関係や，結論に至る過程を図式化できないか，考えてみる。余白にヒントをメモし，別紙またはノートで試し書きをする。よい概念図ができれば，読書は成功であり，何か新しい展開も生まれるかもしれない。
- 読んだ内容の中に，複数の類似または対照的概念，ケース，例などが含まれている場合には，それらの関係を考えてみる。分類できるか，重複していないか，欠けたものはないか，矛盾していないか，などから，別の議論ができる場合に気づくこともある。
- 読んでいるうちに，何か自分のアイディアが浮かんだ場合は，それを書き留める。簡単なことは欄外に，長くなりそうであればノートに書く。このような書き込みが増えるほど，著者の考えに対する自分の考えがよく分かるようになる。興に乗れば，読むのを止めて自分のアイディアを書くことに専念してもよい。ただし，著者の考えを批判する方向の議論に向かうのであれば，それは著者の考えを完全に理解してからにする。

　大学で教育を受けたといえるためには，多数の源泉からどのようなアイディアが入ってくるかを注意深く監視し，それらを評価する仕方を知っていなければならない。そうなって初めてアイディアに振りまわされるのではなく，アイディアを使い，生み出せるようになる。大学は，いろいろな専門に関するアイディアを学ぶところであるが，それ以上に学び方を学ぶところなのである。

1.1.4 学びと自問自答

　誰でも，朝起きてから夜寝るまでの間に多くの自問自答をしながらいろいろな決断をしている。今朝は何時ごろ出かけるか。昼食はどこでとろうか。Aさんと会うのは何時だったか。その前にあれとこれをしておくべきか，等々。こ

れらの自問自答は，問いと答えが直結した簡単なものが多い。しかし，大学における学びを身につけるにあたって，やや複雑な自問自答が重要な役割を果たすことにもっと注意を向けてよいであろう。すなわち，学んだことを身につける際に，①自分自身に問いかけて自身および他人の考え方を分析する，②自分自身に問いかけて自身および他人の考え方を評価する，そして③その結果により自分の考え方を改善する，という3つのステップを踏んで，学びを自分のものにする方法がそれである。

〈何を問いかけるか〉

前項では，読んだものを対象にして，そこで述べられている考え方を分析し，評価する1つの方法を学んだ。ここでは，同じ方法を自分自身の考え方に適用することを考える。つまり，第2項で取り上げた考え方の「8つの基本的要素」に対応した問いかけを，自分の考え方に向けるわけである（Paul and Elder, 2005参照）。

① この考え方の目的は何か。
  ・何を達成しようとしているか。
  ・この考え方で基本的に何を明らかにしようとしているのか。
  ・この章やこの関係，政策，法律，集まりなどは，何を目的としているか。
  ・論じようとしている問題の基本的な進め方をどうするか。どのような目標を考えておけばよいか。
  ・なぜこれを書こうとしているのか。誰を対象として書くのか。それらの人たちに何を説明または説得しようとしているのか。
② 自分の観点は何か。
  ・どのような観点からこの問題を見ようとしているのか。
  ・もう1つ別の観点も考慮すべきではないか。
  ・与えられた情況のもとでは，この2つの観点のどちらが適切か。
③ どのような問題（課題）に答えようとしているか。
  ・問題の立て方が分かりにくい。何に答えようとしているのか。
  ・現時点で，この問題に焦点を合わせるのが最善か。対応すべきもっと重要な課題があるのではないか。
  ・別の問題もあるが，それを取り上げるべきではないか。

・問題を別の表現で言い換えてみてはどうか。
・現状の考え方をベースにすれば，問題は○○であり，新しい見方を考えるとすれば問題は◇◇となる。現在の観点からすれば，どちらを採るのが洞察に富む考え方といえるか。
④ 問題を考えるためには，どのような情報が必要か。
・そのコメントは，どのような情報に基づいたものか。
・どのような経験からこのことを確信するようになったのか。
・この情報が正確だとどうして分かるか。
・必要な情報なのに，欠けているものがあるのではないか。
・このデータは何に依拠したものか。どのようにして作成されたものか。結論は確実なデータによるものか，それともソフトなデータに基づいたものか。
⑤ 自分が前提としていることは何か。
・正確に言って，自分は何を変えられないもの，あるいはすでに決まってしまったものとして考えているか。
・なぜそれを前提とするのか。それに代えて別の前提から出発するのはどうか。
・自分の観点には，どのような前提が潜んでいるか。代わりに考えられる前提としてどのようなものがあるか。
⑥ どのような概念やアイディアを使っているか。
・推論に用いている主要なアイディアは何か。それを説明できるか。
・適切な概念を使っているか。問題を改めて概念化する必要はないか。
・この議論の中で，○○という表現を使うとき，それは何を意味しているのか。
・もっと多くの事実が必要か。それとも事実の概念的分類の仕方を考え直したほうがよくないか。
・考えようとしている問題は，法律的問題か，理論的問題か，あるいは倫理的問題か。
⑦ どのような推論をし，どのような判断をしたか。
・その結論にどのようにして到達したか。

・推論の仕方を詳しく説明できるか。
・それに代わる妥当な判断はあるか。
・すべての事実に照らして，最善の結論とは何か。
⑧ 得られた結論や判断には，どのような含意（表面には現れていない意味）があるか。
・それ以外に付随して導かれる結論はないか。
・その判断に続いて導かれる事柄は何か。そのことを実際に意図しているか。

以上の問いかけを進めながら，その答えを9つの基準に照らして評価すれば，自分が最初に考えた内容のどこが満足のいくものであり，どこが改善の必要な部分であるかが明らかになる。

2 学習上の倫理

1.2.1 はじめに

大学に入学し，そこで学ぶ学生がその学びの過程で，学習成果をできるだけ高めるために，自ら律すべき態度がある。大学においては多くの知識が，教員による講義を通して教えられる。大学は4年間という限られた期間で，それぞれの分野の学問体系を学生に修得させるために，4年間を通した教育計画を立てる。それに従って，各々の科目の講義内容は体系化され，必要な内容が効率的に教えられる。学生はこれらの教育計画の中で，講義を受け，実習・実験・演習を行うことによって，専門家，技術者，研究者として育っていく。

一般に，講義は15週程度の期間でその体系を習得できるように計画されているので，講義に出席しなかった場合は，その講義の内容を自習しない限り科目を習得できたことにはならない。さらに言えることは，講義の内容は前後が関連して進行していくので，欠席した場合，その後の講義の内容が十分理解できないことがある。とくに理科系の学部・学科の講義では，初歩的な内容から高度な内容へと積み重ねて教える学科目が多く，講義を受けなかった部分を自習によって理解することは骨が折れるので，講義を欠席すると，その後の講義の内容がいっそう理解しにくくなる。理解できない内容に興味を失い，ますま

す講義から遠ざかるという悪循環に陥る。このことは，遅刻して講義に出る場合についても言える。遅れてくるとその前の講義内容が分からず，その後に続く講義の内容が理解しにくくなる。このことを考えると，遅刻しない，休まないことは授業の内容を習得するために必要な学習の倫理の1つである。

　学習は学生の本分であり，講義には自主的に出席することが本来の姿ではあるが，教員は学生の出席の状況を知るために，出欠を調べる場合もある。多くは講義の始めに出欠をとる。しかし，時折，出欠を取られた後，教員の目を盗んで講義室を出る学生を見受ける。この行為は学生の本分に反する行為であるばかりでなく，教員を欺く行為でもあり，学生が持つべき学習の倫理に反する行為である。

　大学では講義のほかに，学生が能動的に行動することを要求される実験・実習・演習が課される。とくに，理科系の学部・学科では，学部・大学院を通じて，多くの実験・実習が課され，学年が高くなるにしたがって，その内容や要求される技術等の難易度は高くなる。学部段階での実験・実習は実験の技術やその進め方，データ処理の方法，結果のまとめ方等を学ぶことが主な目的であるので，実験の手引書に従って，自ら実験を進めていく。

　しかし，実験が指導書の説明のとおりに進まない事例がしばしば起こる。その原因の多くは，機器の故障や器具の破損，あるいは機器の操作の誤りであることが多い。多くの場合，当事者は故障や破損の原因は何であるかを明確にしないまま，機械や装置が故障した，あるいは壊れたと抽象的に教員に報告する。自然に故障した，あるいは，機器自ら破損したかのように説明する場合も多い。実際，機械や装置の老朽化のため，そのような事例もあるが，多くは，機器の操作ミスによる故障，器具の取り扱い不慣れによる人為的な破損である場合も多い。

　これらのことは，教育を受けている過程にある学生はよく経験することである。しかし，このような場合は，故障・破損の原因が実験のどの段階で，どのような経緯で生じたか分析して，科学的にその原因を解明し，自分の行為との関わりを明確にする態度が必要である。このような日常の態度が，研究者や技術者としての科学的な判断能力を身につけ，客観的な責任の所在を明らかにする倫理観を持つために重要である。

1.2.2　科学者の倫理と学生

社会的に研究者と呼ばれる人たちは，種々の自然現象や社会現象を合理的に理解し，それらの現象に潜む普遍的な原理・法則を見出すために，研究や調査を行う。これらの研究・調査の成果は蓄積され，新しい科学や技術や文化が生まれていく。研究や調査の過程やそこから得られた成果の公表の過程では，守るべき規則や倫理がある。また，研究・調査の成果は，利用の仕方によっては，研究・調査に携わった科学者や技術者が意図した，人類の幸福と繁栄，生活や文化の向上に貢献するとは限らない。研究の成果が正しく使われ，人類の幸福と繁栄に寄与できるためには，科学者，技術者が自らに課された倫理観を持って研究や調査に携わることが求められる。すなわち，すべて，研究や調査の成果が人類の幸福・繁栄や生活や文化に，あるいは社会・地球環境にどのような影響を及ぼすかを，さまざまな観点から検証し，専門家の立場に立ってその悪影響についての説明と広報に努めることが必要である（本節1.2.6参照）。

科学者や技術者等はまず人としての倫理観を持って行動することは当然であるが，ここでは，科学者や技術者に特化して求められる倫理観に限定して述べる。大学で学んでいる学生の多くは，将来，高い専門知識と技術を体得した専門家・研究者・技術者として，さまざまな立場から社会的に影響を持つ職業に従事することになろう。したがって，学生はその学習過程において，次に述べる科学者・技術者が日常の活動において守るべき倫理も十分に体得することが求められる。

科学者・技術者に求められる倫理は，研究・調査の過程における倫理，得られた成果のまとめの過程における倫理，成果の報告書作成過程における倫理，および研究や調査の成果に対する責任・倫理に大別できるであろう。「技術者の倫理」に関する著書は多数出版されているので，その中のいくつかを参考文献として章末に挙げておく。

1.2.3　学習・研究・調査の過程における倫理

研究や調査の最初の段階は，実験や観察あるいは文献・アンケート調査を行い，基礎データを集めることである。この段階で得られたさまざまな基礎データは，この後に続く解析や分析および考察や結論を支える基盤となるので，実

験・観察・調査する過程では，正しい方法を用いて正確なデータや情報を得る態度が求められる．注意深い実験・観察・調査を心がけても，予期しない原因で，図らずも，誤ったデータを出すことはありうる．このような誤りは，実験・観察・調査を繰り返してデータの再現性を確かめることによって回避できる場合も多い．しかし，得られたデータを意図的に取捨選択したり，データや情報を捏造（＝事実でないことを事実のようにこしらえて言うこと〔『広辞苑』〕）することは決してあってはならない．

研究や調査の結果が真に科学的であり，その内容が広く認められるためには，まずは得られたデータや資料情報が正確で，客観的であることが要求される．実験データの正しい出し方等の技術的な方法は，第6章で説明される．実験データが客観的であるためには，別の研究者が同様の試料を用いて，同様の実験装置を使い，同じ実験条件で実験を行えば，同じ結果を得られることが必要である．そのためには，他の人がデータの正しさを検証できるための情報の開示が必要である．

実験に用いた試料について，その作製方法や条件，外観等の写真，また，その特性の分析データ等を示すことが求められる．使用した実験装置等については，その測定装置の機能，性能・測定精度や，得られたデータの測定条件を明記することは当然である．調査の場合も調査に使用した文献，統計調査の場合はそのサンプル数等の調査条件や統計処理の方法等を詳述することが必要である．

1.2.4 研究・調査の集約・分析における倫理

われわれは，研究や調査において得たデータや資料を正確に分析し，科学的に集約しなければならない．これらの研究や調査により得られたデータや情報は，整理されて表や図として表示される．予断や思い込み等により，結果を予想している場合や望ましい結果を期待している場合は，予想や期待に反する結果が得られたときは，予想や期待する結果に近づけるように，データや資料情報を修正したり（データの改竄），意識的にデータを取捨選択（データのピッキング〔picking〕）したり，あるいはデータの捏造を犯しやすい．このようなデータや資料に対する意図的な操作は決して行ってはならない．大切なことは，

使用した資料（試料），実験の装置，実験の条件，方法等を正確に記録しておき，得られたすべての実験データとこれらの諸条件との相関を十分検討し，総合的にデータや資料を検討することである。そのうえで，不合理なデータや資料があれば，データや資料の取捨選択を決めるという手続きをとる。

これまでにも，データ・資料の改竄，ピッキング，捏造を行い，問題を起こした事件が多々報告されている。これらの意図的に操作されたデータに基づく論文の捏造は，その行為が科学者・技術者の倫理に反し，また反社会的であるばかりでなく，論文の誤った内容は社会に著しい不利益や損害をもたらす。本人にとっても，研究者・技術者生命を絶つという取り返しのつかない過ちを犯すことになる。実例は第6章の第6節で紹介される。

1.2.5 論文・報告書等の作成過程における倫理

研究や調査が終了した後，その結果をまとめて，研究論文や報告書を作成する。これらの研究や調査を始めるに先立って，過去に行われた研究・調査の成果を専門誌や著作等で調べ，自分の研究・調査課題に関して，研究・調査が行われていないか，また現時点での進展の状況を調べておくことが第一歩である。したがって，自らの研究・報告書をまとめる場合は，これらの参考文献から得た情報を参照しながら，研究・調査を必要とする理由や経緯を述べ，研究・調査の目的を論じることが一般的である。また，過去の研究・調査の成果を取り込み，自分の論点を補強する場合も多い。このような場合，自分が行った研究成果と文献等から得た情報とを厳密に区別して，記述することが求められる。

論文や調査報告書等の文献を参照して，他の研究者の成果を利用する方法として，①自分の主張を補強し，裏づけるために参考文献の内容の一部を紹介する場合の「引用」，②文献の内容を短くまとめて紹介する場合の「要約」，③文献のある部分の原文や写真や図面をそのまま利用する場合の「転載」がある。いずれの場合もその利用の際に守らなければならないルールに従う。そのルールの1つは，参照した文献や資料等に関するデータを明記することである。これは，先人のなした研究成果を尊重し，自分の成果との区別を明確にするためであり，また，読者が必要に応じて情報源に立ち返って内容を調べることを可能にするためである。他の研究者の研究結果やアイディア等を上記①から③の

方法を使って，利用したにもかかわらず，それらの文献等に関する情報を自分の論文・報告書の中に明記しない場合，盗作（剽窃）として著作権を侵すことになるばかりか，その行為そのものに対しては，科学者としての責任・倫理観が問われる。情報源の記載の方法等については，第6章の第8節で述べられる。

1.2.6 研究・調査の結果に対する責任・倫理

研究者が研究や調査を始めるとき，その動機が純粋に学術的な興味にあったとしても，得られた成果はさまざまに応用され，人類の幸福と繁栄に寄与してきた。歴史を眺めてみると，多数の例を挙げることは容易である。遠くはワットの「蒸気機関の発明」，エジソンの種々の「電気器具・装置の発明」，ライト兄弟の「飛行機の発明」，ショックレイの「半導体の発明」等々，現代生活を支えている文明の利器を無数に数え上げることができる。

たとえば，「蒸気機関の発明」を考えてみよう。ワット（James Watt, 1736-1819，イギリス）が水蒸気の圧力を利用して発明した蒸気機関は，イギリスの産業革命の起爆剤になり，その後の世界の産業の発展と生活の向上に多大の貢献をした。産業革命進行過程では，伝統的な職業の衰退とそれに伴う多くの人の失業，貧富の差の拡大，環境破壊等さまざまな矛盾や社会不安を発生させた。しかし，それらは産業革命が進む途上において生じうる社会現象であり，次の段階へ飛躍するために通過しなければならない過程として，新しい政治や経済の仕組みを取り入れたり，研究や技術の成果を利用して，その負の部分は克服されてきた。

一方，科学技術の成果が，研究者や技術者の意に反して，人類に取り返しのつかない災害をもたらした例も多数挙げることができる。ここでは2つの例を挙げて，科学者・技術者が自らの研究成果に対して負うべき責任を考えてみる。

(1) ダイナマイトの発明と科学者・技術者の責任

スウェーデンの技術者，ノーベル（Alfred Bernhard Nobel, 1833-96）は，ニトログリセリン（nitroglycerin：三硝酸グリセリン $C_3H_5(ONO_2)_3$）を7％以上含む爆薬であるダイナマイトを発明し，巨万の富を得た。ダイナマイトはその爆発力を利用して，土木工事や鉱山開発に多大の貢献をした。その一方で，この爆薬を用いて鉄砲や大砲が多量に開発され，現在でも多くの紛争地域で，殺傷の

道具として使われている。ノーベルは，科学的な研究として発明したダイナマイトが自分の意に反して，戦争や紛争において殺傷武器として利用されていることを深く後悔した。その償いとして，事業で蓄えた資産をスウェーデンの王立科学アカデミーに寄付した。この基金の剰余金が，平和利用のための基金として科学研究や文化の発展や世界平和に寄与した人に毎年ノーベル賞として贈られていることは，よく知られている。

　ノーベルは，自分の科学研究の成果が，意に反して不幸にも殺傷の道具として利用され，人類に不幸をもたらした償いとして，科学者としての責任と倫理観から，ノーベル賞をもって社会への償いの一部を果たそうと考えたと思われる。

(2)　原子および原子核の研究と原子爆弾の発明

　科学者や技術者が純粋な科学的な興味に基づいて行ったその研究の成果が，人類史上最大の悲劇をもたらした事例は，原子爆弾の発明である。

　原子爆弾の発明の萌芽は，遠くギリシャ時代にさかのぼる。人類の興味は物質を限りなく細分化していったとき，最後に残る究極の物質は何かということに向いていた。この命題に最初に解答を与えた人物は古代ギリシャの哲学者デモクリトス（Demokritos）であり，分割できない究極物質としてアトム（atom）という概念を提唱した。人類が"原子"という概念を示した最初の成果である。

　17世紀に入り，錬金術への関心が科学研究の原動力になった。ボイル（Robert Boyle, 1627-91, イギリス）は，1660年に「元素」(element) の定義を明確にし，りん，白金，ニッケル，水素，窒素等を相次いで発見した。ドルトン（John Dolton, 1766-1844, イギリス）は1803年に原子説を提唱し，また，アボガドロ（Amedeo Avogadro, 1776-1866, イタリア）は1811年に分子説を提唱した。これらの一連の研究を通じて，「化学反応は，わずかな種類の原子が，互いに組み合わせを変えるだけ」という法則が確立し，元素は分割できない究極の物質であり，錬金術（他の金属から金を作ること）は不可能であることが認識された。

　20世紀の初めに，ラザフォード（Ernest Rutherford, 1871-1937, イギリス）は，原子は中心に正の電気をもった重い粒子を持つことを発見し，その粒子を原子核と名づけた。これらの研究の成果として，究極の物質は原子核と電子から構

成されていることが認識された。

キュリー夫妻（Pierre and Marie Curie, フランス）は，1898年に放射線を出している新元素ラジウムと84番元素ポロニウムを発見し，それまで定説だった「原子は安定な究極の物質である」という概念を根底から覆した。

チャドウィック（James Chadwick, 1891-1974, イギリス）が中性子を発見した研究に続き，1932年にハイゼンベルク（Werner Heisenberg, 1901-76, ドイツ）は，原子核は陽子，中性子から構成されることを理論的に明らかにした。

ハーン（Otto Hahn, 1879-1968, ドイツ）は1938年12月（第2次世界大戦が起こる9カ月前，日本は1941年12月8日に真珠湾攻撃し，世界大戦に参戦）にウランの原子核に中性子を当てるとウラン原子核が分裂し，3個の新たな中性子が発生するとともに，大量のエネルギーが放出されることを発見した。このエネルギーは，ウラン1kgが核分裂するとした場合，TNT（トリニトロトルエン，有機化合物の高性能爆薬）2万トン分に相当するすさまじい爆発力であることを見出した（広島，長崎の原爆がこの大きさの爆発力）。研究に関与した科学者は，核分裂が莫大な量の熱，強力な中性子線，ガンマ線，紫外線，可視光線，高速核分裂破片，爆風等を瞬時に，かつ，同時に発生させるため，その殺傷力と破壊力は想像を絶する規模のものであることを知って戦慄した。

ハーンが1939年1月に核分裂に関する研究論文を発表した結果，日本，ドイツ，イタリア，イギリス，フランス，ソビエト連邦，アメリカ等の軍事大国が，この核分裂を利用した新しい爆弾開発の可能性に関心を抱いたことは容易に想像できる。この研究の発表と第2次世界大戦の勃発が時期をほぼ同じくしたことが，純粋な科学研究の成果が，殺傷兵器としての原子爆弾の製造に利用され，実戦に使用されたことと密接に関係している。

このような世界の政治状況の中で，ハンガリーのユダヤ人物理学者シラード（Leo Szilard, 1898-1964），ウィグナー（Eugene Paul Wigner, 1902-95），テラー（Edward Teller, 1908-2003）は「ドイツは原子爆弾を開発する可能性が高く，ドイツの原子爆弾使用を阻止するためには，アメリカがそれに先駆けて，原爆を製造する必要がある」という趣旨の進言を1939年9月にアメリカ大統領ルーズベルト（Franklin Roosevelt, 1888-1945）に提出した。当時，台頭してきたナチスドイツが他の国に先駆けてこの爆弾を製造し，戦争に使うことが極度に恐

れられた．彼らは自らの進言を取り上げてもらうため，当時，特殊相対性理論，一般相対性理論など数々の輝かしい研究成果を上げ，世界的に有名であったユダヤ人科学者アインシュタイン（Albert Einstein, 1879-1955, ドイツ）の力を借りることを決心した．アインシュタインは平和主義者であったが，ユダヤ人の大量虐殺などヒットラーの狂気が世界を席巻している戦争状況を憂慮し，上記の進言書に署名した．アインシュタインが，このとき，「原爆製造にかかわるという」彼の生涯において唯一平和主義に反する行動に出た理由は，上記の趣旨によると考えられる．

　アメリカにおける原爆製造計画（いわゆるマンハッタン計画）はスタートした．研究の拠点はロス・アラモス（Los Alamos）研究所に置かれ，オッペンハイマー（Julius Oppenheimer, 1904-67, アメリカ）が所長を務めた．原爆の開発が完了した時期は1945年春であった．

　1945年4月にドイツが連合国側に降伏した後，原子爆弾開発の初期の目的は消滅したが，なお続いている日本との戦争を終結させるために使用するという，アメリカの強い主張で原子爆弾の開発が継続された．開発着手を進言したシラード，開発を推進したオッペンハイマー，コンプトンを始め，そのほか多くの科学者は日本への原爆投下に反対した．このような多くの著名な科学者の強い反対があったにもかかわらず，1945年8月6日に広島に，9日に長崎に原子爆弾が投下された．いずれの都市もほぼ完全に破壊され，これまでの殺傷兵器からは想像できないほど多数の一般市民の死傷者を出し，かつ，現在に至るまで60年以上にわたって，原爆後遺症に悩む被災者を残したことは，周知の事実である．

　1945年8月に第2次世界大戦が終了した後，今日にいたるまで，原子爆弾の製造は続けられている．一方，エネルギー源として，原子力発電装置も開発され，平和利用も進んでいる．このように，原子および原子核に関する純粋に科学的な研究の発展の歴史と，世界戦争の中で推進された原子爆弾の開発および戦争に使用された過程を振り返るとき，科学者や技術者は研究や技術開発の成果が，果たして人類にとって有益なのか，不幸をもたらすのかを常に念頭において，研究・開発を進めることが責務であることが納得できる．

1.2.7 修士論文，卒業論文，レポート作成における倫理

3年生までの講義や実験・実習を踏まえて，4年生では特定の課題について，研究・調査し論文や報告書にまとめる卒業研究が課される．さらに，大学院の前期課程（修士課程）では，さらに高度な研究・調査とそれらをまとめた修士論文提出が求められる．修士論文の場合，複数の審査員により，価値ある内容であると評価されて初めて修士論文として認められる．卒業研究・修士論文研究おいては，その性格上，上で述べた科学者・技術者の倫理や責任に準じた姿勢が問われる．すなわち，データの改竄や捏造の厳禁，資料の引用，要約，転載を行う場合の適切な手続きと取り扱い，研究成果に対する科学者・技術者としての責任，等である．

「レポート」は英語ではreportと書かれ，一般には「報告，公表，発表」と訳され，人に口頭で伝える場合と，文書にして提出することでその役目を果たす場合を含んだ言葉である．大学においては，講義の中で，講義の理解を深めるため，あるいは，成績評価のために提出されるレポートや，実験・実習において，その経過や結果を報告するレポートがある．教員側は，そのレポートを，成績を評価するための資料として取り扱う．一方，学生は，レポート作成の段階で，著書やジャーナル，論文等を調査し，課題に対する理解を深め，また，書く段階で文章力を向上させることができる．

このような観点に立てば，レポート作成における学生の取るべき態度・行動が自ずと明確になる．レポート作成の本来の目的を自分のために役立たせるためには，自ら調査し，課題を考え，自らの言葉でレポートを作成することが求められる．他人のレポートをコピーすることや模倣することは，レポート提出の本来の目的に反する行為である．また，他の人のレポートをコピーすることは「盗作」という倫理上許されない行為になるので，厳に慎むべきである．

最近，インターネットのホームページはさまざまな課題に関する主要な情報源の1つになっている．提出されたレポートを見ると，それらのホームページから収集された情報をコピーした内容も見受けられる．ホームページから情報を収集し，利用する場合に注意すべき点を挙げる．

① インターネットでの特定の課題に関する情報の提供は数多くあるが，提供された内容がすべて正しいとは限らない．それぞれの内容を十分吟味

し理解したうえで，内容の妥当性を判断しなければならない。
② ホームページの文章を原文のままをコピー（転載）して利用してはならない。コピーは手続きを経ない転載に当たり，盗作の責任を問われる。また，内容が正しいのか，レポートの課題に適切に答える内容かなど，内容を検討できていないことを意味する。したがって，レポート提出に込められた「課題の中身を深く理解し，知識を広める。文章力を高める」という目的がそこなわれる。
③ ホームページから得た情報を引用，要約，転載する場合，それぞれに固有な手続きをとり，情報源に関するデータを明記する。情報源から得た内容と自ら得た情報や考えとを厳格に区別して記述する。

3 大学で他者とともに学ぶことの意味
――コミュニケーションとは何かをめぐるソクラテスとの対話

以下では，時空を超えて現代日本によみがえったソクラテスが，「コミュニケーションとは何か」をめぐってテッタリア（現セサリア）の青年貴族メノンと対話を交わします。はたしてその結末は？

メノン 僕がこう尋ねたらどう答えますか，ソクラテス。コミュニケーション能力は人に教えることができるものであるか。それとも，それは教えられるようなものではなくて，訓練によって身につけられるものであるのか。あるいはまた，訓練や学習によって得られるようなものではなくて，生まれつきか何かの仕方で人間に具わっているものなのか。

ソクラテス さすがはメノン，遠くテッタリアからはるばるこの大学に留学してきただけのことはある。でもね，メノン，僕にはその問いに答えることができない。だって僕は，教えられるか教えられないかを知っているどころか，そもそもコミュニケーション能力というものそれ自体が何であるかということさえ知らないのだからね。それとも，メノンとは何者であるかを全然知らない人が，メノンはイケメンか，金持ちであるか，ええとこのボンボンであるか，あるいはまたそうした性質とは反対の人間であるか，

というようなことを知ることができると君は思うかね。

メノン それは確かにできないでしょう。

ソクラテス ならば訊くが，神々に誓って，メノン，君はコミュニケーション能力とは何であると主張するのかね？

メノン いや，ソクラテス，お答えするのは別に難しいことではありません。一口にコミュニケーション能力と言ってもさまざまで，論説文の読み方や人の話の聞き方，情報検索の仕方や調査の方法，論理的な思考法，異なる意見の理解の仕方，文章の作成法，意見発表や討議の技術など，たくさんの能力を挙げることができます。それに最近は，グローバル・コミュニケーション能力を身につけないと国際競争に勝ち抜けないという意見もあって，大学生にとって，英会話の能力や情報通信手段を使いこなす能力はなくてはならないものだとされています。こうして挙げていけばきりがないほどですから，コミュニケーション能力が何であるかを言うに事欠くことはありません。

ソクラテス ずいぶん僕も運がいいようだね，メノン，コミュニケーション能力というものは1つしかないと思って探していたのに，それがまるで蜜蜂のように，わんさと群れをなして君のところにあるのを発見したのだから。

でもね，メノン，僕が訊きたいのはそういうことではないのだ。たとえその数が多く，いろいろの種類のものがあるとしても，それらのコミュニケーション能力はすべて，ある1つの本質的特性を持っているはずであって，それがあるからこそ，いずれもコミュニケーション能力であるということになるのだ。その本質的特性に注目することによって，「まさにコミュニケーション能力であるところのもの」を質問者に対して明らかにするのが，答え手としての正しいやり方というべきだろう。僕の言おうとしていることが分からないかね？

メノン 分かるような気はします。でも，思うようには問いの意味がまだつかめません。

ソクラテス こう考えてみたまえ。たとえば，英会話の能力が高い人の場合も，情報通信手段を使いこなす力のある人の場合も，また文章の作成にすぐれた人の場合も，その人たちが本当の意味でコミュニケーション能力にすぐ

れているとしたならば，持っていなければならないただ1つの特性とは何か，ということなのだ。

メノン　なかなか難しいですね，ソクラテス。でもあえて答えてみることにします。僕が思うに，コミュニケーション能力とは，人間を相手とする行為を遂行するに際して用いられる言葉と身振りのやりとりの能力だと。

ソクラテス　うまい。僕が聞きたかったのはそういう答え方なんだ。でも，どうだろう，人間を相手とする行為といっても，その行為は働きかける側から働きかけられる側への一方的な行為でもよいのだろうか。

メノン　と言いますと？

ソクラテス　たとえば，医療行為は人間を相手とする行為だね？

メノン　ええ，もちろん。

ソクラテス　では，医療者がその医療行為を遂行するにあたって，患者を対等の人間として扱わずに，患者に病状と治療法を一方的に伝えるだけで，自分が最善と信じる治療法に半ば強制的に同意させるとすればどうだろう。そこに本当の意味でコミュニケーションが成り立っていると言えるだろうか。

メノン　いいえ，決して。

ソクラテス　そしてその場合，その医療者が医療の専門家としていかにすぐれた技能を持っていたとしても，すぐれたコミュニケーション能力を持っているとは言えないのでは？

メノン　はい。

ソクラテス　つまり，言葉と身振りで相手に自分の意見や考えを正確に伝えられるということだけが，コミュニケーション能力の本質的特性ではないわけだね。

メノン　そういうことになりそうです。では，いったい他にどんな特性が必要なのでしょうか。

ソクラテス　もし本当にコミュニケーション能力にすぐれた医療者がいるとすれば，どうするかを考えてみればいいんだ。おそらくその人は，まず専門家として患者の病気をその根源から本性に即して検査するだろう。そして患者自身ともその身内の人々ともよく話し合い，自分の方も患者から何か

を学ぶとともに，その患者自身にもできるだけのことを教える。さらに患者が納得するまでは処置の手を下さず，同意を得てからも説得によってたえず患者の気持ちを穏やかにさせながら，健康回復の仕事に当たるのではないだろうか。

メノン　確かに，そのような医療者にめぐり会えたら，患者の方も安心して自分自身の健康回復を任せられますね。

ソクラテス　いや，僕が言いたいのは，患者が自分の健康回復を医療者にお任せにしてはならないということなのだ。

メノン　どういうことですか。

ソクラテス　こう考えてみてごらん。もちろん医療者の側には，患者の病状と治療法について専門的な知識があるはずだ。

メノン　はい。

ソクラテス　他方，患者の側には，いいかねメノン，自分自身の人生の実情について他のだれにもうかがい知れない確信というものがあって，これから自分がどう生きていきたいのかということについて，何らかの判断を持っていてしかるべきなのではないか。

メノン　それはもう当然のことでしょう。自分自身の人生なのですから。

ソクラテス　とすればだ。人間を相手にする行為である以上，医療行為は医療者の側から患者の側への一方的な行為であってはならない。患者の側も主体的に決定に参加することによって，共同の行為者とならなければならないのだ。

メノン　おっしゃることは分かります，ソクラテス。でも，現実には医療者と患者のあいだには，問題になっている事柄について知識にも経験にも大きな差があるはずです。とすれば，両者が対等の立場で共同の行為をとるというのは難しいのではないでしょうか。

ソクラテス　難しいのは確かだろう。もちろん医療に関して言えば，医療者は専門家であり，患者は素人だ。でも考えてみたまえ，患者自身の人生設計は患者以外のだれのものでもないだろう？　それとも，患者がこれからの人生をどう生きていくのかということまで，医療者はあれこれと指図できるのだろうか。

メノン　いいえ，決して。

ソクラテス　そうなのだ。専門家は専門家として，また素人は素人のままで，しかも対等の立場で何らかの決定に参加することが，人間同士が真に共同して何かを行為することの始まりなのだ。

メノン　ということは，このことは，たんに医療行為にとどまらず，経済行為であろうと，法律や政治に関わる行為であろうと，また僕たちのように学問研究にたずさわる人々の行為であろうと，個人的にであれ社会的にであれ，とにかく人間同士が共同して遂行するあらゆる行為について必要不可欠だということになりますね。

ソクラテス　そのとおりだよ，メノン。ならば，あらためてコミュニケーション能力とは何であるかを訊かれたら，君はどう答えるかね？

メノン　それは，人間を相手とする行為を遂行するに際して用いられる言葉と身振りのやりとりを，働きかける側から働きかけられる側への一方通行のものではなく，両者の共同行為として成立させる能力です。

ソクラテス　うん，なかなかのものだ。実を言うと，君が言ったことは語源からも確かめることができるのだよ。コミュニケーションという言葉のもとはラテン語の動詞 communicatio（コンムーニカーチオー）にある。そしてそれは，分かち合い，共有すること，一般化し，普遍化し，公の立場に立つことを意味しているのだ。どうだね，君は，何かを分かち合ったり，一般化したりするためには何が必要だと思う？

メノン　まず自分自身のものが何かなければ，それを人と分かち合ったりできるはずはありません。

ソクラテス　そうなのだ，メノン。真の communicatio には，その前提としてまず何らかの私的なもの，個人的なものの存在が不可欠だ。つまり，communicatio とは，私的・個人的な領域に属するものを他者とのあいだで可能なかぎり分かち合い，共有することによって一般化・普遍化し，そのことを通じて私的・個人的なものをより豊かにしていくことなのだ，と僕は思う。だがね，メノン，本当の意味で私的なもの，個人的なものが成熟していくためには，何が必要だと思うかね？

メノン　よく分かりません。

ソクラテス こんな話を聞いたことはないかい？ 思考とは，魂が行う自己自身との対話（ディアロゴス）である。

メノン たしかプラトンの対話篇で読んだ覚えがあります。

ソクラテス 君は心の中で自分自身と対話することなしに何かを考えることができると思うかね？ 一度やってみてごらん。

メノン ……確かに，何かを考えようとすると，自分自身に問いを投げかけて，それに答えるというやり方にならざるをえません。

ソクラテス そうなのだ。そもそも思考が魂の内なる自己自身との対話であるという前提が存在し，そういった対話の決着が判断であり，その判断が口をついて出てきたものが，言葉としてのロゴスなのだ。

メノン あっ，そうか。それが私的で，個人的なものだというのですね。

ソクラテス うん。だが，このロゴスは，他の人が発するロゴスと何らかの関係のもとにおかれざるをえないのではないか。

メノン はい。そういう関係を持つことを求めていなければ，そもそも言葉を外に向かって発する必要もないわけですからね。

ソクラテス そして，このようにして両者のロゴスのあいだに普通の意味での対話（ディアロゴス）が成立するというわけだ。

メノン ええ，でも，僕の経験からして，他者との間になかなかそういう対話が成立しないというのが実情だとは思いますが。

ソクラテス いや，そのことに気づいていることこそが大切なのだ，メノン。僕の考えでは，対話というものは，決して各自の見解を伝え合う場ではない。それは，決してある結論を出すために議論をぶつけあって妥協し合うことではないのだ。

メノン 何ですって？ いったい何がおっしゃりたいのですか？

ソクラテス 君はこれまで誰かと対話しようとしたときに，なかなか自分の言いたいことが伝わらなくてイライラしたことがあるのだろう？

メノン ええ，それはもうしょっちゅうのことです。

ソクラテス しかし，その場合，君が伝えようとしたことは，はたして君自身にとっては明確で一貫した内容をもっていたのだろうか。

メノン そのつもりではいたのですが，いまそう言われてみると，自信があり

ません。

ソクラテス つまりね，対話というのは，まずは対話者同士の見解を問いの受け答えによって確かめ合おうとする場だということだ。そうすることによって，それぞれの対話者は，自分自身の見解を相手に対してよりもまずは自分自身に対して明確化することができるのだ。

メノン そう言えば，自分でもなにかもやもやしていた思いが，他人に話してみることではっきりと形を与えられたという経験があります。

ソクラテス 結局のところ，対話というものの目的は，魂の内なる論理を立て直し，自分自身の見解に一貫性をもたらすことにこそあるのだ。

メノン とすると，外なる他者との対話は，内なる自分自身との対話を深めるきっかけを与えるものにすぎないということになるのでしょうか。

ソクラテス 確かにそうとも言える。しかし，ちょっと妙な言い方になるかもしれないが，対話することの意味は，とりあえず，対話が成立しないという現実に直面することにあるのだ。他者とはそう簡単には理解し合えないのだと思い知って初めて，僕らは自分自身の内なる世界を揺り動かされ，自分自身の言葉をより正確なものへと立て直していくことができる。

メノン ようやく分かりました，ソクラテス。コミュニケーション能力が対話者同士の共同行為でなければならないことの意味が！ 専門家は専門家，素人は素人として，先生は先生，学生は学生として，各人が自分自身の魂の内なる対話をよりよく遂行できること，つまりよく考えることができるようになること，そしてそのようにして本当の意味で私的なもの，個人的なものを成熟させていき，さらにはそれを分かち合い，普遍化していくことが，コミュニケーションの真の目的なのですね！

ソクラテス いや，僕にはもう何もつけ加えることはないよ。ただ，君が最初に投げかけた問い，つまりコミュニケーション能力が教えられるものなのかどうか，今度はこのことについて一緒に，それこそ共同して考えてみようじゃないか。

参考文献

○第 1 節

Elder, Linda and Richard Paul (2005) *Critical Thinking: Learn The Tools The Best Thinkers Use*, Prentice Hall.

○第 2 節

今村遼平 (2003)『技術者の倫理――信頼されるエンジニアをめざして』鹿島出版会.

大貫徹・坂下浩司・瀬口昌久編 (2002)『工学倫理の条件』晃洋書房.

熊谷浩二・高橋康造編 (2006)『技術者の倫理――循環型社会に向けた技術者の責務と責任』技報堂出版.

黒田光太郎・戸田山和久・伊勢田哲治編 (2004)『誇り高い技術者になろう――工学倫理ノススメ』名古屋大学出版会.

斉藤三夫 (2004)『物理学史と原子爆弾――核廃絶への基礎知識』新風舎.

佐伯昇・杉本泰治編著, NPO 法人科学技術倫理フォーラム編 (2006)『技術倫理――日本の事例から学ぶ』丸善.

杉本泰治・高城重厚 (2001)『技術者の倫理入門』丸善.

中村収三 (2003)『実践的工学倫理――みじかく, やさしく, 役にたつ』化学同人.

藤本温編, 川下智幸・下野次男・南部幸久・福田孝之著 (2002)『技術者倫理の世界』森北出版.

ポノマリョフ, L. I. (澤見英男訳) (1996)『量子のさいころ』シュプリンガー・フェアラーク東京.

○第 3 節

プラトン対話篇, とくに『メノン』『テアイテトス』『法律』(いずれも岩波文庫などに邦訳あり).

内山勝利 (2004)『対話という思想――プラトンの方法叙説』岩波書店.

清水哲郎 (1997)『医療現場に臨む哲学』勁草書房.

第2章 読む，聞く

> 1 学術論文や専門書など論説文の読み方
> 2 批判的な読み方
> 3 人の話を聞く
> 4 講義の受け方，ノートやメモなど記録のとり方

1 学術論文や専門書など論説文の読み方

2.1.1 はじめに

ここでのテーマは「学術論文や専門書などの論説文の読み方」である。しかし，ここではもう少し広く，本を読むということ一般について論じていこうと思う。もちろんここで「本」とは，大学生である皆さんに読むことが期待される，専門的な内容を含む本を念頭に置いている。

私たち大学の教員は研究者であって，本を読むことなく研究を進めることはできない。大学のどの教員にとっても，本を読むということはほとんど日常であり，自分の生活の一部になっている。したがって実はその人なりのそれぞれの本の読み方のスタイルがあるはずである。そして普通はそんなきわめて基本的で個人的なことは人に語らない。顔の洗い方やご飯の食べ方を普通は人に語らないのと同じである。

これから「本の読み方」を語っていくことになるが，それはあくまでも筆者にとっての本の読み方にほかならない。誰にでも当てはまることとは言えないし，これから述べることを鵜呑みにしてはいけない。せいぜい参考にするぐらいにして，自分なりの本の読み方のスタイルを確立していってほしい。

筆者が願うことは，筆者の「本の読み方」をまねしてもらうことではなく，皆さんにとっても本を読むことが日常になってほしいということである。

2.1.2 なぜ本を読むのか

(1) 自分の世界を広げていく

　大学は文字通り「大いに学ぶ」場所である。皆さん大学生が「大いに学ぶ」ことができるように準備された場所である。そのために先生たちがいて，先輩学生たちもいる。そういった人たちに直接話を聞き，直接教えを受けて学ぶことは，きわめて大事である。

　しかし，大学で皆さんが直接出会える人の数は限られている。その限界をはるかに大きく超えていくのが，豊かに広がる本の世界である。それでは，本を読むことによって何に触れることができるのだろうか。

　まず第1に，同時代の最先端の問題と，それをめぐる多くの研究者たちの思考に触れることができる。高校までに皆さんが学んできたことは，原則としてすべて結論が出ていることである。何が正しいかということの合意が得られているからこそ，そのことが教科書に載っている。しかし大学教員をはじめとする研究者たちが取り組んでいるのは，結論が出ていない問題である。そうした探求に値する，切実で興味深い問題を著者とともに考えていくことができる。もちろん，そうした最先端の問題を考えるために必要な基礎的な（結論が出ている）知識を学ぶことが必要なこともあるが，そういったときも，いわゆる初心者向けの入門書が用意されている。

　研究分野によっては，最先端の問題が次々と更新され，数年経った知識はもう使いものにならないという分野もある。しかし，とくにいわゆる人文社会系の分野を中心にして，何百年，あるいは何千年前（たとえばギリシャ哲学がそうである）の古典が，今も十分に読む価値を有している場合がある。これが本を読むことによって触れることができる第2のものである。

　このように古典を必要とする分野は，一見すると研究が進んでいない分野だと思われるかもしれない。あるいはそもそも，古典を読んでも現代の問題の解決にはつながらない，したがって古典など読む価値がない，と考える人もいるかもしれない。

　しかし，人間について探求する学問については，その探求する人自身が経験を積み重ねることによって初めて見えてくることが多い。20代の頃にはまったく分からなかったこと，あるいは分かったつもりになっていたことが，40

代，50代になって，初めて分かったとか，誤解していたことに気づくということは，決して珍しいことではない。

「もの」についての学，すなわち自然科学は，ここ数百年，さらには数十年の間に，実にたくさんの新しい知見を次々と明らかにしていて，そうして人間の生活様式は大きく変化してきた。しかし人間自体が，人間の経験の仕方，思考の仕方や感情の持ち方自体が大きく変わったわけではない。ギリシャ哲学の有名なソクラテスの話を読んでも，共感できることは多いし，二千数百年前から人間は大して進歩していないと実感させられるだろう。

つまり，どんな時代であれ，その時代の最先端の知識人，偉人たちが考えてきたことは，そしてそれが何百年と生き残ってきたものであれば，必ず，今を生きる現代人にとっても読む価値は十分にあるのである。

このように，本を読むことは，限られた経験しかできず，限られた思考しかできない自分の狭い世界を大きく広げることにほかならない。本という様式が存在することによって，それが可能になっているということは，何とありがたいことか。本を読まない人は人生の無駄遣いをしているのである。

(2) 著者に付き従って考える

本を読むことにはもう1つ別の意味もある。

一冊の本を読み通すにはそれなりの時間がかかる。どんな本でも，著者は自分なりの考えを持ち，その考えを何らかの仕方で読者に伝えようとしている。本を読む時間とは，したがってそのような著者の考えに付き従って，著者と同じ角度から著者と同じ仕方で物事を見，考えようとする時間なのである。

もちろん，読みながら著者の考えに違和感を持ったり，疑問を持ったりすることはある。それでも，違和感や疑問を持ちつつも，著者はこの問題をどう考えようとしているのかということを理解しながらでなければ，その本を最後まで読み通すことはできないだろう。

しかも，一冊の本に書かれている内容は，おそらく皆さんの多くが高校までの間，教科書を通して勉強してきたような，単純な記憶すべき知識の羅列ではない。「Aが正しいから覚えなさい」ではなく，たとえば「一見Aが正しいと思われるが，それに反するこれこれの事実もある。だからといって一概にAが間違っていてBが正しいとも言えない。AでもBでもなく，Cという考え

方をすれば，このAとBの矛盾は解決できる。しかしながら，次にCという考え方をしたときに問題になるのは……」というふうに複雑な思考が展開されていく。

このように，本を読むということは，著者の思考に丁寧に付き従うということであり，他者の考えを丁寧に理解しようとすることである。だから，本を読むことは，日常の人間関係の中で，相手の話をよく聞き，相手の考えを丁寧に理解することの練習にもなるのである。本をよく読む人は，他人の考えをよく聞き，理解する能力が身についていくはずなのである。

(3) 主体として学ぶ構えを身につける

ここで1つ注意しておきたいのは，「著者の考えに付き従う」からといって，自分の考えを持たずに読むのではない，ということである。一方的に著者のメッセージを受け取ろうという受身の構えではなく，自分から著者に出会おう，あるいは著者の考えに立ち向かおうとする，積極的な構えが必要だということである。

何かを与えてもらう存在としてではなく，自分から何かをつかもうという主体として本に向き合う構えがなければ，本は絶対に理解できない。このような構えを筆者は「学ぶ主体としてのあり方」と呼んでいるが，これは本を読むときだけでなく，およそ大学で（実は大学だけに限られるわけではないが）学ぶあらゆる場面で必要とされる構えである。つまり，上から与えられる正しい答えを覚えようということではなく，自分がその問題を考える主人公（＝主体）として問題に立ち向かう，分からないことは自分が本当に納得がいくまで徹底的に調べ探求する，という構えである。

本を読むということは，このように，学ぶための基本的な構えを身につける練習にもなるのである。

2.1.3 本をどう選ぶか

(1) 本を探す情報の得方（講義，インターネット，書評）

それでは，本を読もうという気になったとき，膨大な点数の本が出版されている中で，いったいどうやって読むべき本を選ぶのか，ということに悩む人も多いかもしれない。

もちろん，基本は自分で選ぶことである。自分がおもしろいと思える本を自分で選ぶ，これは私たち本を読む専門家にも，皆さんのような初心者にも同様に当てはまる大原則である。しかしこれだけでは少し不親切であろうから，ここではあえて少しサービスして，本の探し方の具体的な手だてについて述べてみよう。

　まず，まるで見当がつかなければ，講義で紹介された本を読んでみることから始めればよい。「講義要目」を見れば，その講義の参考図書が挙げられていることがある。もちろん講義の中でいろいろな文献を紹介する先生も多いはずである。そしてその本の中にもいろいろな参考文献が挙げられているだろうから，次はその中からおもしろそうな本，重要そうな本にあたってみればいい。もちろんその本の中にもさらに次の参考文献が挙げられているに違いない。こうして，いったん本を読むことが習慣になり始めると，読みたい本，読まなければならないと思う本は次から次へと現れるのである。

　講義以外で本を探す方法の1つは，インターネットによる検索がある。それぞれのキャンパスの図書館（学術情報館）には検索可能な端末がそろっている。操作が分からなければ係の人に聞いてみればいい。たいてい親切に教えてくれるはずである。また，生協でもインターネットによる検索，注文が可能である。

　その他には新聞や雑誌等の書評欄も参考になる。新聞の場合ならば，たいてい日曜日の朝刊の中ほどに，最近出版された本の書評が載っている。そこに目を通してみれば，読もうかなという本の1冊や2冊は見つかるはずである（余談だが，当然のことながら新聞は書評欄だけに価値があるわけではない。新聞を読む習慣のない人は，この機会に毎日読む習慣を身につけた方がいい）。

(2) **本屋や図書館で手に取って見る**

　こんなふうに，その気になれば，おもしろそうな本を探す方法はいくらでもある。しかし，上に挙げたような方法で見つけた本が，実際に読んでみるとあまりおもしろくなかったということは実は少なくない。

　本は自分が読むのだから，その本についての他人の評価を100％信じることはできない。やはり，本は自分の目で実際に確かめるのに越したことはないのである。最近は主要駅の駅前などに大型書店が増えてきている。そういった大型書店や図書館に行って実際に自分の手にとって，パラパラとめくってみて，

本当に自分が読みたい本かどうかを調べてみることである。

　そもそも，そのように自分で手にとって見比べる経験を重ねなければ，良い本を見分ける力がつかない。月に1度や2度は，そうした書店や図書館に足を運び，時間をかけて本を探すことを習慣にすべきである。

　ちなみに，インターネットの検索では，最初から一定のキーワード等を使って必要な本を探すことになる。必然的に自分が想定していた範囲外の本は自分の目に入ってきにくいことになる。しかし，実際に本屋や図書館で本を見ていると，探していた本にたどり着く前に，思いもかけないところにおもしろそうな本があるのを見つけることがある。そのような偶然の出会いがおもしろいのであって，その意味でもやはり実際に書店や図書館に足を運ぶべきなのである。

(3) 「あとがき」から本を見分ける

　実際に手にとって本を見比べてみるとき，どこに着目すればいいのだろうか。

　1つの大きなポイントは，実は「まえがき」（「はじめに」）や，とりわけ「あとがき」である。本は最初から最後まで順番に読んでいかないといけないと律儀に思いこんでいる人がときどきいるが，そんなことはない。そんな人はいきなり「あとがき」を読むことに抵抗を感じるかもしれないが，「あとがき」には著者のその本に賭ける思いが率直に記されていることが多い。自分が読むべき本かどうかを決めるには，当然「あとがき」に目を通すべきである。

　「あとがき」を読むと，著者が本気で，自分の人生を賭ける覚悟を持って書いていることが伝わってくる本がある（「まえがき」や「はじめに」にもそういったことはあるが，どちらかというと「あとがき」の方にそういうことが書かれていることが多い）。そんな本は絶対読む価値がある。たとえ難しくても，人が自分の人生を賭けて書いた本には，必ず耳を傾けてみる価値のある言葉や思考が含まれているものである。

　そのような本に出会うことはそれほど多いわけではないが，その他にも，「まえがき」や「あとがき」を読めば，その本が自分の問題意識と合致しているかどうかはだいたい分かるものである。そうやって本を選んでいけばいいのである。

(4) 良書を見分ける力をつける

　ところで，最近，出版点数自体は非常に増えているのだが，それだけ良書が

増えているということにはならない。むしろ手軽に書かれた粗製乱造気味の本が増えているとも言える。じっくり腰を据えて読むべき本はたくさんあるのだが，本の山の中でそうした本を探し出すことは難しいかもしれない。

　しかし，やはりそういう本の良し悪しを見分ける目は，自分の経験を通して身につけていかなければならない。本を読むことに初心者の皆さんには，たとえば新書（文庫本よりやや大きいサイズで1冊700～1000円程度）から始めることを勧めたい。しばらく前までは，新書といえば，岩波新書，講談社現代新書，中公新書，の3種にほぼ限られていた。それが今では，いろいろな出版社から次々と新しい新書のシリーズが出版されている。

　これらの中には，手っ取り早く知識を得させてくれるが中身の浅い本や，根拠が曖昧だが一般受けしそうなことを書き連ねている本，あるいは同じ著者が似たテーマで次々と書き散らかしたような本が少なくない。もちろん，そういう本から得るものもあるだろうから，そういった本をどんどん読んでみること自体は悪いことではない。

　しかし，一方で新書の中には，著者が時間とエネルギーをかけて重要な問題をじっくり論じた良書も多い。そうした本は，上に書いたような手軽な本に比べて，読むのに少し骨が折れるかもしれない。すらすらと読み進むことができず，あちこちで考えさせられ，あるいは分かりにくい部分が多いかもしれない。それでも大事なことを論じていることが感じられれば，食いついて最後まで読み進めるべきである。そうした本を読み切ることができれば，読者であるあなたは，著者の本格的な思考とともに生きた充実感を得ることができ，そして，読む前には知らなかった新しい世界が自分のものになるのである。

　こうして，良い本を見分ける力を少しずつでもつけることができれば，もう少し本格的な本，1冊2000円～3000円，あるいはそれ以上する本にも挑戦してみてほしい。これらは文庫本や新書に対して一般に「単行本」と呼ばれるが，もちろんこれらの単行本にも，良し悪しはある。しかし新書で本を見分ける練習を積んでいれば，自然と良書に目が向くようになるはずである。少しページをめくってみただけで，読む価値のある本，価値のない本が見分けられるようになるだろう。

2.1.4 本をどう読むか

(1) 本は買って読む，汚して読む

いよいよ，本来のテーマ，本をどう読めばいいのか，という問題に入っていこう。

「2.1.3 本をどう選ぶか」では，書店や図書館で本を手にとってみることを勧めたが，私はできるだけ本は買って読むべきだと思っている。もちろん経済的な事情でそれが許されないのなら，どんどん図書館を活用して借りればいいのだが，たとえば携帯電話やスマートフォンの使用料にあなたが毎月使う費用と比べて，本の値段は決して高いわけではない。そうした費用を少し減らして本を買う方に回せば，あなたの世界はどれだけ広がるか分からない。

なぜ本は買って読むべきなのかと言えば，まず第1に，その出費に見合うだけの利益を得ようと，本気になって読もうとするからである。それだけその本を深く理解できるというわけである。

第2に，望めばいつまでも手元に置いておくことができ，とりわけ2.1.3の(4)で述べたような良書であれば，一生の間に何度も読み返すことができるからである。良書は読み返すたびに，その時の自分のあり方に従って，違った意味をそこから読みとることができるものである。

以上に加えて，あるいはそれ以上に重要なこととして第3に，自分で買った本はどう汚しても自分の勝手だということがある。つまりその本を深く理解し，その本から深く学ぶためには，本は汚した方がいいのである。汚すとは具体的には，重要だと思ったところに傍線を引く，余白に考えたことを書き込む，などである。あるいは重要なことが書いてあるページの端を折るということもある（言うまでもないが，図書館等で借りた本には，このようなことは絶対にしてはいけない）。

線の引き方，余白への書き込み方に決まったやり方はない。3色のボールペンを使って，黒，赤，青と使い分けて線を引け，という方法を提唱している人もいる（齋藤，2002）。どんな方法でも良い。要は自分の持てる力を最大限使って，その本に食らいつき，その本から学べることを学び尽くすということである。

やむをえず買うことができず借りた本であれば，付箋紙（糊の付いた細長い

紙，文房具屋で手に入る）を活用したい。重要なこと，気になることが書いてあるページに貼っていくのである。

ただし，借りた本は返さなければならない。その時には付箋紙もきれいにはがして元通りにしなければならない。だから，返す前に，何らかの記録をとっておきたい。簡単な感想や要約でもいいし，重要だと思った文章を書き写すのもいい。これらをパソコンに打ち込んで，データとして保存しておけば，将来，卒論を書くときなどにも利用できるかもしれない。

これはもちろん，買った自分の本についても言えることである。単に読むだけでなく，何らかの形で記録をとっておけば，たとえあとで具体的に卒論等で利用することがないとしても，その書くという作業によって，自分の記憶に刻まれ，それだけその本の内容が自分のものになるのである。

(2) すらすら読めないのは当たり前

「2.1.3 本をどう選ぶか」でも述べたように，読む価値のある本はすらすら読めなくて当たり前である。抵抗なくすらすらと読める本は，角度を変えて言えば，すでに自分が知っていることしか書いていない，つまり大して読む価値はなかったということかもしれない。

本を読み慣れない人は，いくら読んでもなかなか頭に入ってこない，という。人によっては，だから自分には本を読む能力がない，と思いこんで本を読もうとしなくなるかもしれない。

それは勘違いである。いきなり自転車に乗れた人，いきなり泳げた人，いきなり英語を話せた人はいないはずである。皆それぞれ最初は失敗しながら，困難を覚えながら，練習を積み重ねてできるようになるのである。本を読むことも実は同じである。読み慣れない人には，何度読んでも頭に入らない，読みながら他のことを考えてしまう，ということがよく起こる。それは初めて自転車に乗ろうとした人が，バランスがうまく取れずにすぐに倒れてしまうのと同じことである。いわば読むための基礎体力ができていないので，そこを少し我慢して練習を積み重ねればいいのである。つまり，よく分からなくてもあまり気にせず，読み進めるのである。

そして実は，このようなことは，本をよく読んでいる人にも時として起こることである。それはその人にとってなじみのない領域の本，あるいは癖のある

文体の著者の文章を読むときに起こる。つまり，読んでいて頭に入りにくいのは，著者の思考パターンと自分のそれが合致していないということなのである。また，読み進めるための知識が足りないこともある。著者がわざわざ説明しなくてもいいだろうと省略して書いていないことがあって，そこが理解できなくてつまずいてしまうことも多いのである。

　必要な知識が足りないということが見えてくれば，そのテーマについてのもう少し初心者向けの入門書を探してそこから理解を深めればいい。一方，著者の文章になじめず著者の思考パターンがよく分からないときには，とにかくよく分からなくてもいいから読み続ける，何度も読み直す，ということをするしかない。そのうちにだんだん文体になじんできて，著者の言わんとすることがはっきり見えてくることがある。それが読書の醍醐味の1つである。こういうことが起これば，確実にあなたの世界は1つ広がったのである。

　結局，読むために必要なのは，著者もあなたと同じ人間なのだから，基本的にはあなたと同じようにものを考え，それを言葉にしているに違いない，ということを忘れないことである。変に自己卑下して自分は頭が悪いから本を読めないなどと思いこんでしまったら，永遠に本を読む楽しみを味わうことはできない。気後れせずに，著者が何を大切にし，どこに向かおうとしているのか，なぜこのことを論じているのか，等々に着目して考えながら，ゆっくり読み進んでいけばいいのである。

(3) 補　足

　最後に2つ補足をしておこう。

　外国語を翻訳した本には，実に当たりはずれが大きい。訳者の語学力不足（や日本語力不足！）で，相当の誤訳が含まれていたり，そもそも日本語になっていないものも少なくない。翻訳本で，いくら読んでも分からないものがあれば，それは本（訳者）の方が悪い可能性がある。そういう場合はすっぱりあきらめた方がいい。原書を英語で読んだ方がよっぽどよく理解できる，という話も実は珍しくないのである（もちろん，優れた訳者が訳した，正確で，なおかつこなれた日本語になっている翻訳本も多い）。

　専門の学会誌などを読むことを求められる場合もあるだろう。そのようないわゆる学術論文は，その分野ごとにある程度決まった書き方があったり，その

分野独特の用語があったりする。そうした決まりになじまないと，当然，理解しにくいことになる。しかし，特殊な専門分野であれば入門書も見つけにくい場合がある。そんなときは，こうした決まりごとについては，先生や先輩に十分に教えてもらうことである。

● コラム　**本を読んでいると怒られた**

　私が大学時代に教わったある先生（現在 80 歳代）によると，その先生が子どもの頃，家で本を読んでいると親に怒られたという。なぜだか分かりますか。
　本なんか読んでいる暇があったら家の仕事を手伝え，ということなのだ。車も機械もろくにない時代，家事にしても，農業やら商売やらの家業にしても，とにかく人手が必要だったのだ。それでも，後に大学教授になるほどの人だから，本が好きで読みたくてたまらない。親に見つからないように，親に隠れて本を読んだそうである。
　そういう時代が，この国にも確かにあったのだ。そして，そうやって本をむさぼり読んだ人たちが，高度経済成長を支えてきた。彼らは自ら進んで本を手に取り，本の世界に入り込み，深く考えをめぐらしながら，新しい知識を吸収していった。そのような，自ら考え，自ら学ぶ人たちが，新しいものをつくりだし，新しい社会システムを構築し，豊かな戦後の日本をつくりあげてきたのだ。
　一方，今この本を読んでいる若いあなたたちの中で，本を読んでいて怒られた人はいるだろうか。本を読まないので怒られた人はたくさんいるだろうが。
　そんな何十年前の日本とは違って，今や情報化社会で，本など読まなくても，テレビやインターネットを通して，いくらでも知識は得られる，とあなたは言うかもしれない。しかし，あなたはテレビを見ながら，深く考えをめぐらせることがどれだけありますか。ネットサーフィンをしているときは，誰かがつくったできあいの知識を，ただ受け入れているだけではありませんか。そこで目にした画面は，気に入らなければ，あるいはおもしろくなければ，チャンネルを変え，あるいは別のサイトへとジャンプしてしまう。だから制作する側からすれば，少しでも多くの人に見てもらいたいなら，目を引きやすい，おもしろそうな番組，サイトをつくらなければならなくなる。
　今や本についても同じように，少しでもおもしろそうに，読みやすそうにしなければ，まったく売れないのだそうである。他ならぬこの本についても，図表や写真をもっと入れるようにと，出版社は私たち執筆者に求めてきた。
　大学生の皆さん，恥ずかしくないですか。もう一度，じっくり本と取り組み，

じっくり考える文化を取り戻しましょう。少なくとも本を読んでいて怒られることは，今はもうないのですから。そして，そんな文化を取り戻すことができなければ，つまりじっくりものを考える人がいなければ，あなた方が生きていくこれからの日本の社会に未来はないでしょう。

2 批判的な読み方

　十分な文献調査・資料収集・文献読解は，先行研究を正しく理解して自らの研究の方向性を定め，そのコンテンツを充実させ，議論の妥当性や説得力を高めるために欠くことができない作業である。得られた調査結果，資料，関連文献を扱う際に，研究者が常に心がけるべき作法の1つに，「批判的に読む」ということがある。しかしここでいう「批判的に」の意味は，日常的に使用され理解されているものと必ずしも一致しない。そこで，ここではまず「批判的に」ということの正しい意味を知ったうえで，批判的に読む力を養うことを目指す。

2.2.1 批判的とは
(1)「批判的」は「肯定的」の反対語なのか
　「批判的に（critical）」という語はいかなることを意味するのであろうか。この問題を考えるために，まず次の文章を読んでみよう。

　　「大学生に『次の文章を批判的に論ぜよ』などという問題をやらせると，かならずその主張の逆の主張を展開する。そうではなく議論そのものを批判しろといってもその意味さえわからない。大学生だけでなく論壇人も同じ。議論を批判するということの意味が分かっていないから日本の『論争』は全く無意味である」（永井均『読売新聞』1997年12月21日）。

　この短いパラグラフ中に「批判的に」とはどういう意味なのか，という定義は記されていないが，それにいたるヒントはある。すなわち，「批判的に論じる」ということは，「（批判の対象者が行っている）主張の逆の主張を展開する」ことではないということである。このことをもう少し考えてみよう。

　日常的に「批判的」の反対語，対になっている語であると考えられている語は何なのだろうか。次にあげる文章は，新聞とウェブに，「批判的」という言

葉が反対語と考えられるものとともに記されている例である。

　「中国の温家宝首相が戦後日本の平和的発展を積極的に評価して以降，中国人研究者らが『肯定的な日本論』を展開するケースが急増している。『指導部が反日に揺り戻したら，再び批判的論調が主流を占めるだろう』（政府系研究機関の研究者）と皮肉る声も出ている」（「『肯定的日本論』が急増」『共同通信』2007年5月8日記事を短縮）。

　「Web2.0型メディアでは，企業からだけでなく，ユーザーからも情報発信されるため，スポンサー企業そのものに対してまで，肯定的な意見だけでなく，批判的な意見が発信される可能性があります」（伊地知晋一，2006年10月2日ITmedia）。

　これらで「批判的」と対の言葉として用いられているのは「肯定的」という語である。上記はほんの一例にすぎず，このように「批判的」が「肯定的」の反対語と理解して使われることは日常頻繁に起こっていることである。そのため，「批判的に論ぜよ」というと，相手の主張に対して「肯定的ではない」主張をするということになるのである。

　「批判的」という語は，英語でいうとcriticalであって，これは「肯定的」affirmative, positiveの反対語ではない。「肯定的」の反対語は「否定的」negativeである。それなのに，日常的にはnegativeという意味で「批判的」criticalという語が使われているということに注意すべきである。

　以上のように「批判的に読む」ということは，「筆者の主張に反対しながら読む」ということではないことをまず確認しておきたい。

[例題1] 次の文章を読んで批判しなさい。
　「清潔はビョーキだ」の著書がある東京医科歯科大の藤田紘一郎教授（寄生虫学）も，座り派＊の増加について「清潔志向が行き過ぎてアンバランスになってしまっている」と指摘する。「出たばかりの小便は雑菌もほとんどいない。その意味では水と同じくらいきれいだ。なんで小便を毛嫌いするのか。ばい菌やにおいを退けすぎて，逆に生物としても人間本来の力を失いかけているひとつの表れでないといいのですが」（『朝日新聞』2000年3月26日付。＊座り派は，便器の跳ね返りを恐れて座って用を足す男性たちのこと）。

この文章を野矢茂樹が批判したものがある（野矢，2001，2-3頁）。これをかいつまんで紹介することによって，批判的な読み方の例を示そう。

野矢はまず議論の流れを追う。議論のはじめに藤田教授は「清潔の行き過ぎ」を指摘し，おしまいで「ばい菌やにおいを退けすぎて……」と清潔志向に対する苦言を呈している。ここで期待される続論は，多少，不潔でも気にしないほうがよいという議論であり，その論証である。ところが，中で語られているのは「不潔ではない」という清潔志向を認めるような発言である。野矢はこのような論理の欠如を指摘している。

次に，野矢が批判したのは「跳ね返りの染みが汚い」という座り派の心情に対して「雑菌もなくきれいだ」という議論を展開していることである。コーヒーの染みがついて汚いという人に，「コーヒーには雑菌もなくきれいだ」という議論でよいか，というのである。

野矢が行ったように，丹念に議論をたどってゆくことが批判的な読み方では重要である。

(2) 異論・立論

前項で掲げた永井の文章の中でいわれている「その主張の逆の主張を展開する」というのは，相手の議論に対する「批判」ではなく，対立する主張を自分なりに論証する「異論」である。この場合，相手がその主張に対して行った論証には触れないで，別の立論に移ってしまうので，議論はかみ合わない。テレビ討論会などで，発言者たちが声高に他人の発言に異議を唱えながら，おのおの自分の主張を繰り返すばかりで，議論が紛糾する場面をよく見る。これは，「批判的に」聞くことをせず，異論を唱えることに終始しているからである。そのような議論は不毛である，と永井はいうわけである。

それに対し，相手がその主張に関して行っている論証の部分に注目して，これの矛盾や不備を指摘することが批判である。したがって，「批判的に読む」というのは，筆者の主張に反対して読むことではなく，まず筆者の展開している議論を理解することをめざし，その議論の流れに沿って考え，そのうえで論証部分に論理の欠如や矛盾があればこれを取り上げて精査することをいう。このようにていねいに批判を行うことによって，文章をより公平かつ冷静に読むことが可能になる。

[練習1] 次のテーマで立論し，それに対して異論，批判を試みなさい。
テーマ：地球温暖化と原子力発電

2.2.2 批判的に読む力を養う
(1) 批判的に読むためのチェック・ポイント
次の文章を批判的に読んでみよう。
　「いつかどこかで見たのだが，温暖化すると穀物生産量が上がるというデータがあるので，ヒートアイランド現象が起こっても気にしなくてよい」。
　先にも述べたように，この文章を読んで，「ヒートアイランド現象には用心しなければならない。なぜならそれによって○○や××といった困った現象が起こることが知られているからである」というのは批判ではなく異論である。批判的に読むときには，次のようなチェック項目を使うとよいといわれる（野矢，1997，131頁参照）。
　☐曖昧さはないか
　☐具体的にはどういうことなのか
　☐独断的ではないか
　☐飛躍はないか

　これを使って先の文章に対する批判を試みると，たとえば以下のようになる。
・まず，「いつかどこかで見た」というのは曖昧である。客観性担保のために，研究者は引用するデータの出典を明らかにする必要がある。
・温暖化で生産量が上がるという穀物は何なのか。どのくらいの温暖化でどのくらい収量が上がるのか。
・ヒートアイランド現象は都市化に伴うものである。これと穀物生産との間にどのような相関関係があるのか。
などの批判的質問をすることができる。

[練習2] チェック項目を用いて，次の文章を批判的に読みなさい。
　軍隊は危険だと考えている人がいるが，それは大きな間違いである。事

> 実，わが軍隊の平均寿命は，わが国の平均寿命よりも高い。軍隊に入った方がむしろ長生きできるのである。

(2) 批判的に読む力を養うために：接続関係に注意する

　論理思考を培うために有効なトレーニングがある。それは，接続表現を明らかにしながら文と文の接続関係を考えて文章を読むことである。こうすることによって，議論の流れやまとまりをきちんとつかめるようになるし，また，自分も論理的な文章が書けるようになる。この訓練をより効果的にするために，論証的な文章を精読することを勧める。こうして日頃から論理的な文章の構造把握のトレーニングを積んでいると，論理の破綻した文章を見抜く力が培われるので，批判的に読む力が増すのである。

　一方，接続詞をほとんど使わない文章は，文と文の関係があいまいになり，何となく流れで読んでしまうということになりがちである。これを避けるために，接続表現が書かれていないときには自分でふさわしいと思われる接続詞を補って読む訓練をしてみることも必要である。

　次に，接続関係について簡単に説明しておこう。よく知られるように，接続関係には順接と逆接がある。付け加えたり，解説したり，論証したり，例示したりというのは順接であり，転換や，制限，対比，譲歩などの働きを持つ接続詞によって連結された関係は逆接であるとされる。1つずつの文と文の関係を考えながら練習3の文章を読んで，関係性を図示してみよう。全体の論理構造も考えてみるとよい。

> ［練習3］次の□□□□の接続構造を示しなさい。
> 　①知は表現しなくてはならない。(a) しかも ②一定の「きまり」を遵守して論理的に，かつ創造的に表現しなくてはならない。(b) では，③どのような決まりがあるのか，それに対応するどんな技法があるのか。ここはそうした技法を解説するためのパートである。
> 　(c) しかし，④すでに注の付け方や引用の仕方，あるいはプレゼンテーションの仕方などについては，旧版に詳しい説明があるし，第2作目にも，今度は卒業論文に焦点を当てて，それをどう準備し，どう書けばよいかに

ついてのさまざまなアドヴァイスがまとめられている。(d) だから，⑤ここでは，同じ事を，少し違ったアプローチから述べる努力をしてみたい。(e) すなわち，⑥細かな「きまり」については，前著などを参照してもらい，ここでは多少個人的な考えも織り込みながら，なぜそうした「きまり」があるのかを理解していただくために，知が表現に向かうときの基本的な問題について考えておきたい（小林，1998，245 頁を若干短縮した）。

［練習 3 接続構造説明例］
　(a)　しかも《付加》①＋②
　(b)　では《展開》　②→③
　(c)　しかし《制限》③―制限④
　(d)　だから《論証》④
　　　　　　　　　　↓
　　　　　　　　　　⑤
　(e)　すなわち《例示》⑤＝⑥

全体の接続構造は，たとえば次のように示すことができる。

　　①＋②→③―制限④
　　付加 展開　　　↓論証
　　　　　　　　　⑤＝⑥
　　　　　　　　　　例示

　以上ここでは，批判的というのはどういうことなのかについて考え，批判的に読むことについて解説し，具体的な読み方を紹介した。これらを使って批判的な読み方ができるようになると，書き手の力量が明瞭になり，文献をどの程度信頼してよいかも分かってくるという利点がある。
　さらに，上記にあげたチェック項目は，自分の書いたものを推敲するときにも使える。自分の文章もまた批判的に読んでみることが必要である。

(3)　課　　題
　以下に課題を 3 種類あげておく。いずれも 21 世紀初頭に書かれた古いものである。しかし，時間が経っている分，冷静に振り返ってみることが可能になり，批判的に読む練習には適していると考えて選んだ。課題は適宜変更するこ

とが可能である。

選択課題 1. 次の文章を批判的に読み，テーマに沿って論じなさい。

　「生命平等論」はすべての生命を平等な仕方で道徳的に配慮するという指令によって，全く不可能な要求を私たち人間に突きつけることになる。この平等主義を文字通りに理解すれば，人間は動物も，植物もたべることが不可能になる。動物解放論者であれば，菜食主義の道があるが，この生命平等論では菜食もまた不可能だ。こんなことが，果たして現実的だろうか。

　それに対する答えは，殺したり，搾取したりする「十分な理由」があるかどうか，あるいは「殺害，搾取，抑圧」を「過剰に」していないかどうかということになるだろう。だが，「過剰」かどうかはどうやって判断するのだろうか。「十分な理由」といえるのは，どんな場合なのだろうか。

　しかし，どのような基準を持ち出すにしても，「殺害，搾取，抑圧」という事実は決して消えない。もしこれを認めるとすれば，いったい何のために「生命圏平等主義」などという原則を唱えたのだろうか。「十分な理由」などを語るとすれば，生命平等主義はたちどころに消失してしまうに違いない。

　こうして，生命中心主義を唱えるとすれば，二つの道しか残されていない。一つはまったく現実的でない理想を語るか，もう一つは生命平等主義を骨抜きにしてしまうかだ。生命平等主義を文字通りに理解することは不可能だから，理想はただの偽善に他ならない（岡本裕一朗『異議あり！生命・環境倫理』ナカニシヤ出版，2002年，163-164頁）。

選択課題 2 次の文章を批判的に読み，テーマに沿って論じなさい。

　振り返ると日本の1990年代は文字どおり「失われた十年」であった。それは単純に何ごとも進まなかったという意味で「失われた」だけではない。1980年代に出現した将来性のある芽がほとんど摘まれてしまったという意味で真に「失われた」のである。その失われた代表的なものが，国民が蓄積してきた資産である。特に実物資産である土地や株式の価値が80年代のピーク時とくらべると文字どおり半減してしまった。

もともと地価は土地からの収益の将来の流れを現在価値で表わしたものである。また株価もその企業からの収益の将来の流れを現在価値で表わしたものに等しいはずである。その地価や株価が半減したということは，土地や企業からの収益の見通しが大幅に下落したことを意味する。その主要な理由は，日本経済が80年代に予想されたような情報化の成果を達成できず新しい経済社会を実現できなかったことによるといえるであろう。
　しかしそうはいっても情報通信革命の波はいやおうもなく日本にも押し寄せている。事実，ここ数年のインターネットの普及は日本でも目覚しいものがあり，情報通信革命は着実に日本を変えているように見える。実際にほとんどの会社や役所で，ホームページの開設や電子メールの利用は不可避となっており，そのためにインターネットを利用した人の数は急速に増えている。さらに都会の若者の間では，パソコンや携帯電話が日常的に使われ，その多くがインターネットにつながるようになってきた。
　はたして，このような動きが日本社会全体のあり方を変えるような「日本型の情報化社会」を生み出しつつあるのだろうか。また情報通信革命によって激しさを加えたグローバルな競争の中で，日本が生き残っていけるのであろうか。
　この問いに対しては，どちらかというと否定的な答えにならざるをえない。なぜなら会社や役所での仕事で電子メールなどを使っている人の大部分が，自分の家に戻るとインターネットとはまったく無縁の生活を送っているからである（宮尾尊弘『日本型情報化社会——地域コミュニティからの挑戦』ちくま新書，2000年，17頁以下）。

選択課題3　次の文章を批判的に読み，テーマに沿って論じなさい。
　ゴミの中から金属とガラス類をあらかじめ分別する方法には，二つの不合理な点があります。
　一つ目は，分別すると社会全体の循環量が非常に多くなり，リサイクルするためにいよいよ物質やエネルギーを多く使うことになって，本末転倒になるという点です。
　二つ目は，私たちが使っている工業製品の多くは金属やガラスだけででき

ているわけではないという点です。多くはプラスチックなどの可燃性のものが混合していて，それをきれいに分けることができる製品はまれです。ということは，分別を進めると，その過程でかなりの金属がプラスチックや紙と混ざって捨てられることになります。

身の回りの小さな電子部品を考えてみてください。多くはケースがプラスチックで，内部に銅やアルミ，金などを少量使った電子回路が入っています。この電子部品を丹念に分解して金属とプラスチックに分けることは大変で，特定の処理工場で金と銅を回収することが可能な程度です。一般には，分別を進めると金属やガラスは失われがちになります。

以上から，金属とガラスを分別収集するのは不合理であることが分かりました。

分別をせず紙や厨芥と一緒に廃棄すれば，金属は原理的には100％回収することができます。しかし，そのまま埋め立てるのは適切ではありません。その第一の理由は，紙やプラスチックは見かけの比重が小さく，かさばるので，廃棄物貯蔵所がいくらあっても足りないということ，第二の理由は，焼却せずに埋めた廃棄物は，そうやってかさばった状態なので，相対的に金属の含有濃度が薄く，資源として有用ではないということです。このことは分離工学の立場からは，「濃度の薄いものは利用できない」ともいえるし，「品位の低いものには価値がない」ともいえます。

結局，金属とガラスの循環には，廃棄物を分別せず，埋め立てず，すべて焼却し，その熱で電力をつくり，残りの灰を「人工鉱山」として日本国内に貯蔵する方法が残ります（武田邦彦『リサイクル幻想』文春新書，2000年，142-143頁）。

3 人の話を聞く

2.3.1 はじめに

「聞く」という人間行動にはさまざまな側面がある。ここでは，大学という場で必要となる「知的活動」としての「聞くこと」について考えてみたい。

まずはじめに「聞く」とはどういう活動か，考えてみよう。手元の電子辞書

を引くと,「聞く・聴く」という項には,①聴官に音の感覚を生ずる。②人の言葉をうけいれて意義を認識する。③他人から伝え聞く。④聞き入れる。従う。許す。⑤よく聞いて処理する。⑥傾聴する。⑦尋ねる。問う。と,7つもの細目が現れる。

しかし,なぜ「きく」という1つの活動にこれほどの広がりがあるのだろうか。そこには,耳から入る情報が多種多様であること,私たちはその一部を「何らかの理由」で選び取り,「何らかの方法」で意味づけていることが関係している。たとえば,講義を聞いている間にも,窓から聞こえてくる廊下のざわめき,講師の声,周囲の学生の私語がある。しかし,ある人は講義の内容をよく覚え,ある人は友だちとのおしゃべりしか覚えていないかもしれない。また,講義に耳を傾けていたとしても,話の内容よりも,「張り切っているな」とか「今日は機嫌が悪い」といった先生の雰囲気だけが記憶に残ることもある。

私たちの脳は,実は,さまざまな音源から,意識的,無意識的に音を拾い,意味づけを行い,記憶している。ここに大きく関わるのが「注意」という仕組みである。「注意を向ける」という最初のステップがなければ,音を拾い上げることすらできない。講義をしっかり理解するためには,注意を向けることが肝要な理由はここにある。

ただ,やっかいなことに,講義に注意を向け続けることがしばしば難しい。私たちは,無意識のうちに,何らかのきっかけで,おもしろいものに惹かれ,おもしろくないものを排除してしまう。講義を聞いていたはずなのに,翌日思い出せるのは脱線した冗談やエピソードばかりだったりするのもこのためである。「聞く」ことは,実に奥の深い活動といえよう。

本節では,こうした多様な「きく」活動の諸側面を,「議論を深めるための活動」と「人間関係を深めるための活動」に分けて考えてみることにする。

2.3.2「聞く」というプロセス

図1はコミュニケーションの基本的モデルである。コミュニケーションの講義で,筆者は,コミュニケーションのメカニズムをこの図を用いて説明する。まず,太郎が頭の中に,何か伝えたいメッセージ,たとえば「好きだよ」が浮かんだとする。次に,彼はそれを何らかの言葉,あるいは表情という記号に変

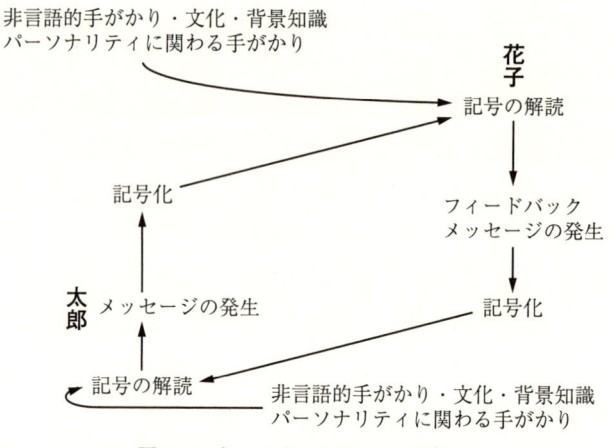

```
            非言語的手がかり・文化・背景知識
            パーソナリティに関わる手がかり        花子
                      ┌─────────────────→ 記号の解読
                      │                      │
            記号化 ←──┘                      ↓
                                      フィードバック
                                      メッセージの発生
       太郎  メッセージの発生
                                          記号化
            ┌ 記号の解読 ←── 非言語的手がかり・文化・背景知識
            └                パーソナリティに関わる手がかり
```

図1 コミュニケーション・モデル

換し，花子に伝える。すると花子はその記号を自分なりに解読する。このとき，花子にリアクション，「困るな」が発生したとしよう。次の段階，花子はそれを言葉あるいは表情という記号に変換する。そして，「どうして？」と問い返すかもしれない。コミュニケーションとはこのような連続的な相互作用である。

さて，ここで「聞く」という行動を考えてみよう。太郎がメッセージを発している間，おそらく花子は表情をみつめ，言葉を聞いている。しかし，同時にさまざまに頭を巡らす。そしてありとあらゆる手がかり——社会文化的文脈，非言語，パーソナリティ——を捉え，言葉の意味を解読しようとする。彼の言葉の断片から，言葉の裏表を考える。沈黙すればその意味を問う。目の色や笑顔の意味と重ね合わせ真意を探ろうとする。ここでは，「聞く」という作業は，まさに頭の活動となる。そして，その結果，「なぜ，そんなことをいうの？」という問いを発するかもしれない。このように「聞く」活動には複雑なプロセスが含まれる。

ここで，重要な点は「聞く」側にも意味が発生することである。話し手側が送り出した記号（言葉）にも意味はあるが，それが受け手において解読されたときにも意味は発生する。聞き手は，言葉そのものだけではなく，話す速さ，声のトーンや声色，間の取り方など周辺言語的特徴や，表情や態度など非言語的特徴まで総動員して意味を解読する。意味はまさに聞き手によって創造され

るのである。「言った」「言わない」の言い争いは，話した側が思いこんでいる意味とは別に，受け手が手がかりをもとにメッセージを解読するために起こる。

メッセージの受け手によるフィードバックは，この「解読」に基づいて行われる。第1段階の「聞く＝解読」作業が底の浅いものであると，第2段階の「問う＝フィードバック」も底の浅いものとなる。深く傾聴し，多面的に考えることを通して，「問う」活動は奥深く，高次のものとなる。大学が求めるのはこうした高いレベルの「聞く」である。

一方，私たちの日常生活には人間関係を円滑に取り結ぶための「聞く」活動もある。以下の項では，「公」と「私」，2つのコミュニケーションの場における「聞く」活動を一緒に考えてみたい。

2.3.3　議論を深めるために「聞く」活動

ゼミや講義が始まるとき，何がこれから語られるのか，トピックなり，前回の話なりをまず念頭に思い浮かべる人はどのくらいいるだろうか。漠然と耳を傾けている人や，いつの間にやら，講義が始まっていたと気づく人もいるだろう。しっかり理解するためには，実は，この最初の一瞬が重要である。そこで，これから，「聞く前に」「聞いているとき」「聞いた後で」と3つの段階に分けて，何を心がけるとよいか，論を進めていきたい。

（1）聞く前に

テストを受けるときのテクニックとして，まず問題をよく読み，出題者の意図を探れと言われるが，「聞く」ときも同様である。話が始まってから，慌てて何を言おうとしているのか探るより，あらかじめ，何が語られるか予測してから聞いた方が，はるかに分かりやすい。その意味で予習は有効である。講義の始まる前，今日は何の話かと一瞬頭に思い浮かべるだけでもよい。講義の内容がよく頭に入るだろう。前の週のプリントなりレジュメなりに目を通しておけば，話の連続性も分かる。これはスキーマ理論という学習理論によって裏付けられている。あらかじめ，頭の中に枠組みがつくられていると，次々と入ってくる新情報が整理しやすい。

同様のことはゼミや授業での他者の話を聞くときにも当てはまる。誰かが発言しようと手を挙げるとき，あるいは語り始める前に，今はどういう展開にな

っているのか，その人はどのような意見の持ち主かなど，瞬間に頭を巡らせると，発言内容が分かりやすい。いずれの場合においても肝心なことは予測である。書かれたものを読む場合と異なり，音声言語では，言葉は次々と消えていく。それゆえ，予測できるかできないかが，音声言語を理解するときの決め手となる。誰かが何かを語り始めるとき，何を言いたいのだろうと一瞬でも考えてみよう。

(2) 聞いているとき

　聞きながら，私たちがするべきことは非常に多い。山本（2003）によれば，イギリスの国語教育では，ナショナルカリキュラムとして，「聞くこと」においても「話すこと」と同程度に高遠な目標が掲げられているという（これはイギリスにおいて1988年に導入された全国統一カリキュラムを指す。目的は広範でバランスのとれた標準的なカリキュラムを実施することにあり，話す，読む，書くなどすべてのレベルで，カリキュラム全般にわたって国語である英語が重視されている）。一部を紹介しよう。

「〈5歳から7歳の指導事項〉

　・児童は注意力を傾け集中して聞くように促されるべきである。聞いたことに対して，後で的確に反応したり，また，自分がその問題について本当に理解しているかどうかを確かめるために質問したりするように指導される必要がある」（山本，2003，66頁）。

　日本の小学校でも同様な指導がなされているとは思うが，「的確に反応」「自分の理解を確かめるために質問」と明確に書かれている部分は目を引く。さて，皆さんは講義やゼミでの議論で，こうした態度をとっているであろうか。一見，簡単そうにみえるが，「的確に反応」することは難しい。なぜなら，的確に反応するためには，何を注意して聞くべきかが分かっていなければならないからである。以下は高学年向けの指導事項であるが，ここにヒントがある。

「〈11歳から16歳の指導事項〉

　・効果的に聞くために，生徒は話している内容の主要点が何かを明らかにする方法を指導されたり，話の口調，語調，暗示やその他の話し手の本来の意図を示すものを見分けることができるように指導されるべきである。話の曖昧性とか，故意に不明瞭にした言い方，証拠の不当な使用法，

<u>根拠に根ざさない議論など</u>についても，それに気づくように指導を受けるのが望ましい」（山本，2003，66頁，下線は引用者による）。

　効果的に聞く方法として，ここでは，実に多くの注意点が挙げられている。「口調」「語調」などの話し手のコミュニケーション・スタイルばかりでなく，「暗示」「本来の意図」など深いレベルの理解が求められている。さらに，「どこか故意に不明瞭にした言い方はないか」「挙げられている論拠がおかしくはないか」「この議論の展開は論理的に大丈夫かな」といった探りも必要とされている。これらは，受け身の聞き方ではとても達成できない。求められているのは，話し手と向かい合う，まさに真剣勝負の「聞く」活動である。山本は，こうした指導のあり方について，「話す」目的を達成するために「聞く」ことが奨励されていると述べているが，確かにここまで聞き込めば，質問や発言は自ずと引き出されるであろう。

（3）聞いた後で

　次に，「聞く」の最後の段階「聞いた後で」を考えてみよう。まず，大切なことは「自分の理解を確かめるための」質問である。上述のイギリスのナショナルカリキュラムでは，なんと5歳から7歳の指針として挙げられている。翻って日本では，講義の後，「質問はありませんか」と尋ねても，滅多に手は挙がらない。恥ずかしいためかもしれないが，「分からないところを聞こう」と思っているからではないだろうか。ここに問題がある。

　実は分からないことを言葉にすることは難しい。たとえば，英語のリスニングで，どこが分からないのかと聞かれても，すっと答えられる人は，英語能力が高い人である。英語力が不足すると，分からないところを口にできない。そもそも分からない発音を繰り返すことができないのである。母語であっても同じである。曖昧模糊とした理解から質問を紡ぎ出し，まして明確に言葉にすることは困難である。講義で分からないことがあれば，自分が分かったところだけを取り出して，「私はこのように理解したが，それでよいだろうか」と聞いてみよう。

　「自分の理解を確かめるために質問する」ことは，別の視点でも重要である。私たちは，この節の冒頭で述べたように，聞くとき，無意識のうちに注意を選択的に働かせている。そのため，おもしろいことや興味があることだけが文脈

から取り出され，記憶されやすい。そうなると，後で思い出すのはおもしろかった断片である。話の全体像をこの断片から構築すると，誤解が発生しやすい。納得がいかない場合，自分の理解が間違っていないか確認することは大切である。正確な理解に基づかない議論は論理性を失いやすい。

できれば，興味深かった内容は他の人に伝え，話し合ってほしい。ゼミで他者の意見を聞いたあと，なるほどと思うこともあるだろうし，逆に，どうも腑に落ちないということもあるだろう。こうしたときこそ，考える力を養うチャンスである。「自分の意見とどこが違うのか」「なぜそのような発言をするのか」尋ねてみよう。ついでに自分の意見も述べるとよい。気まずい場合もあるだろうが，会話を打ち切りにせず，なぜそう考えるのかを問い，変だなと思うなら意見を言おう。そこから真の人間関係も生まれる。多面的な発想は多様な考えの交換から獲得される。踏み込んだ問いの繰り返しから，考える力が育っていく。

質問するという「目立つ」行為は避けたいとか，上の立場の人には従うといった教室文化があることは否定できない。しかし，質問や発言の少なさの裏には，イギリスの事例が示すような，厳しい心構えが欠けている部分がありはしないだろうか。いま一度，自らの「聞く」態度を点検してほしい。聞くことが考えることや話すことにつながることを実感できるであろう。

2.3.4 人間関係を深めるために「聞く」活動

「聞く」技術や心構えはプライベートな対話でも重要である。このセクションでは，学生生活のさまざまな場面で必要となる「聞く」コミュニケーション技術を紹介する。

(1) 会話進行を助ける工夫：あいづち

あいづちは「聞く」という行為になくてはならないものである。ところが，ゼミや授業で学生の話しあいに耳を傾けていると，あいづちが少ないことに気づく。まじめなコミュニケーションであいづちを打つことは苦手のようにみえる。一方，プライベートな会話では「ソウソウ」「ウン」「ハー？」が頻繁に挿入され，盛り上がる。携帯メールなどは，あいづちから始まる場合も多い。ウン，それで……といった具合である。なぜこのような違いが生ずるのであろう

か。ここではあいづちがコミュニケーションに果たす役割について紹介し，どのようにあいづちを打てば会話がスムーズに進行するのか考えてみよう。

あいづちは日本語談話の特徴の1つとされ，共同して1つの流れをつくるところから共話とも呼ばれる（水谷，1984）。仲のよい2人が楽しげに語るとき，頻繁にあいづちが交わされる。聞く側ばかりではなく，話し手も同時にあいづちを打つことがある。同調行動とよばれる。試しに，あいづちを打たないで話しあってみてほしい。とても辛い。1分もたたないうちに，ついあいづちを打ってしまうだろう。日本語会話はあいづちなしでは成立しない。あいづちはまさに会話の潤滑油である。一方，テレビやニュースの視聴であいづちを打つ人はほとんどいないだろう。仲のよくない相手との会話でもあいづちは少ないであろう。あいづちは人間関係の指標ともなる。

さて，ここで，話を学生同士，あるいはゼミでの議論に戻そう。どのようなあいづちが望ましいのであろうか。学生の生の会話を聞いていると，「ウーン」「ウン」「アハハ」「アア」など，短い言葉と同時にうなずきが頻繁に観察できる。議論で適当なあいづちが見つからないときは，一生懸命にうなずいている。しかし，社会人の会話では，「ナルホド・ナルホドネ」「ソウデスカ・ソウデスネ・ソウデスヨ・ソウナンデス」などのあいづちが用いられる。一度，議論の場などで試してみてはどうだろう。テレビやニュースの対談などもあいづちの宝庫である。使いたい表現があれば，メモをとるとよいだろう。就職の面接試験でも困ったという声をよく聞く。聞き上手の第一歩として，会話進行に有効なあいづちを多様にもっていることは財産となる。

(2) 話を聞く技法

最後に，異文化コミュニケーションのトレーニングで用いられる2つの「聞く」技法を紹介しよう。

(1) アクティブ・リスニング

異なる文化の人とコミュニケーションをとるとき，対立や葛藤が生じることはよくある。異なる価値観が根底にある場合，現実の認識がずれるためである。異文化対立の解決では，いかにこの壁を乗り越えるかが鍵となる。アクティブ・リスニングはその1つの技法である。

アクティブ・リスニングは文字通り「積極的に聞く」ことである。ただし，

ここで重視されるのは，注意して聞くとか，集中して聞くという「聞き方」だけではない。オープンでかつ柔軟な心で聞くこと，極端な場合，自分が聞きたくないと思っていることも含めて相手の主張に耳を傾けることである（八代ほか，2001）。

　賛成にしろ，反対にしろ，まずは相手の主張を正確に理解することが大切である。十分な理解のないままに議論がこじれると，反論なのか誤解なのか分からなくなり，混乱する。とうてい合意には達せず，人間関係は悪化する。ゆえに，アクティブ・リスニングでまず大切にされることは，相手の意見や立場を尊重する態度，心の構えである。しかし，これは容易なことではない。日本人といっても現代は多様な文化の人々の集合である。クラスメート，先輩・後輩といった若者同士でも異文化のことはある。さまざまな価値観がコミュニケーションの根底にあり，ぶつかることも十分にありうる。考えが違うからといって，対話を避けるのではなく，少しでも心を開き，相手の主張に耳を傾けてみよう。

(2) エポケー訓練

　他者の話を聞くとき，聞きながら同時に，自分ならこうする，それはおかしいといった判断を頭の中でしていることはよくある。この節の前半では批判的に聞くことの重要性を述べた。しかし，人間関係を新たにつくりたいときは，自分の頭をまっさらにして，相手の意見を聞くことが大切である。異文化コミュニケーションでは，こうした態度をエポケーと呼び，話を聞く際に，自分の判断を一端停止，あるいは留保して状況を認識するといったトレーニングを行う。ここでは次のような聞き手の態度が重視される（八代ほか，2001より）。

　・自分の意見を挟まずに一生懸命聞く。最後まで聞く。
　・話し終わったら，自分なりに受け止めたことを自分の言葉で表し，相手の意図を確認する。
　・会話が自然に終わるまでこれを繰り返す。

　「話を聞く技法」として，ここではアクティブ・リスニングとエポケーを手短に紹介したが，これは私たちの日常生活でも大いに役立つであろう。さまざまな機会を捉えて試してほしい。

4 講義の受け方，ノートやメモなど記録のとり方

2.4.1 講義の受け方
(1) シラバスを活用して講義に出席する

大学では新年度のはじめに開講科目一覧とその実施要項を記した講義要目（シラバス）が配布されるので，受講科目については最初の講義を受ける前に，必ずシラバスの当該箇所に目を通しておかなければならない。

シラバスを読むことで，各学年で受講する科目のテーマや目的を理解することができ，授業計画やテキスト，参考文献，成績評価の基準，履修上の注意などを把握することができる。また講義を受けた後も，その日の授業が全体の講義計画の中でどこに位置するのかや，講義の進み具合を確認することができる。初回の講義では，担当教員から詳細な講義の意図や授業計画，テストやレポートを含めた採点方法・採点基準などについて具体的な説明があるので，必ず出席して講義の概要と全体像をしっかり理解しておくことが肝要である。

(2) 講義の流れを把握し，ポイントをつかむ

大学の授業では，教員によってテキストを用いたり，プレゼンテーション・ソフトを用いたり，プリントを配布したり，板書中心だったりと，さまざまなスタイルで講義が行われている。受講生は，類似した科目でも，担当教員によって講義内容も講義スタイルも多様であるということを念頭に置いて，授業の中身を正確に理解していくことが求められる。

講義においては，講義の流れを絶えず把握しながら聞くことが必要になる。一部の説明や項目に気をとられると，講義全体の流れを見失うことがあるので注意しなければならない。講義全体を完全に理解することが理想だが，細部まで理解することは難しいこともあるので，この場合は全体の流れを把握し，疑問点を確認しながら，講義についていくことが望ましい。他方，大切な概念やキーワードについては講義中に繰り返し強調されたり，板書されたり，時間をかけて説明されたりといったケースが多い。教員によっては，「大事ですよ」と指摘してくれる場合もある。

講義に出席しても，話を漫然と聞いているだけでは重要なポイントを見失っ

てしまう。講義の流れを把握する一方で，重要なポイントを押さえながら聞くことが不可欠となる。もし理解が不十分でも，その後の質問が適切に，具体的になるはずである。このような心構えでいつも話を聞くことができると，社会人になってからも会議や打ち合わせなどで，素早く正確な理解を可能にさせてくれるのである。

(3) 良い聞き手として講義に臨み，自らを向上させる

授業に遅刻したり無断欠席したりすることは厳禁である。また講義中に携帯電話を使用すること，飲食や私語をしながら聞くこと，惰眠を貪ることも，当然，慎まなければならない。当たり前であるが，良い聞き手としての意識や行動に反するこれらの行為は，講義の理解を妨げ，周囲に迷惑をかけることになり，教員に対しても礼を失する。また，マナーやモラルという点だけではなく，失礼な行為に注意を払うように自ら努めることで，自分も失礼な態度を受けることや，大学生活において日常感覚が狂うことを防いでくれる。

講義に臨む際には，前回までの講義内容についてしっかりと復習してくるとともに，可能な限り，予習に取り組んでくることを忘れてはいけない。最初は多少手間がかかると思っても，この姿勢を持って講義に臨むことは，集中力を持続させ，講義内容の理解や吸収の度合いを格段に高めてくれるのである。もし講義の内容を自分自身の言葉で正しく説明できなかったり，理解について確信が持てなかったりする場合には，授業後でもオフィス・アワーのときでも担当教員に質問してみよう。理解を深めるための努力に，教員側も喜んで協力してくれるはずである。

高校ではあまり経験のない90分という長丁場の講義で集中力を保つこと，その内容を正確に理解して自分で正しく説明することを，最初からできる人は多くない。最初は誰もが初心者であり，時間がかかっても焦らずに，平衡感覚を保ちながらスキルアップを心がけていくことが大事である。そうした努力を続けているうちに，いずれ社会人になっても通用するような基礎的な能力が身についていることを実感するときが来るであろう。

2.4.2 ノートやメモのとり方
(1) ノートをとる目的
　講義において，担当教員から与えられた説明を自分で整理してノートにとることは，大学生活で自分の考えを確立していくための基本となる，最も重要な作業の1つである。

　ノートをとる第1の目的は，授業を正確に理解し，確かな知識を身につけることである。講義では重要な内容が必ずしも板書などで文字にされないこともあり，ノートをとることで忘却を防ぎ，自分の頭の中を整理することにもつながる。ノートをとる第2の目的は，自分のつくったノートから，復習の効率を確実に高めていくためである。講義中において理解が難しい内容であっても，それをノートに書き留めておくことで，復習時に理解を可能にすることができる。ノートという「あなた色」のかけがえのない記録は，自分自身の知識の習得と考えを生み出す確実な基盤になるのである。

(2) ノートをとる場合にすべきこと
　講義では，教員の板書やプレゼンテーション・ソフトの文字が見やすいように，ノートがとりやすいように，できる限り前列に着席する。前列に着席することは教員にも好印象を与え，自然と教員の説明が活気を帯びたり，名前を早く覚えてもらったりと，講義の時間を楽しくさせてくれる。

　また講義では板書や画面の文字を書き写すだけではなく，教員の説明する内容を取捨選択しながら，できる限りノートにとることが望ましい。ノートは行間にゆとりを持たせ，書き足せる余白を確保しながら，重要と思われることを確実に，それに加えて説明されたことをしっかりと書き留める。ここでは，講義で話された用語などを不用意に自分の言葉で置き換えることはせず，正確にノートに書き留めておく。教員の話が速くてもあきらめず，復習時に隙間になった部分を埋め，整理しておく習慣が必要である。現在は，小型のテープレコーダーやノートパソコンなどの便利な機器が登場しているので，これらの機器を活用してもよい。

(3) 講義内容と重要項目を把握できるノートをつくり，メモを活用する
　講義の内容や話のスピードから，ノートをとる作業は時間に追われがちになる場合が多く，書く時間が十分にないため順を追っていねいにノートをとる

のが無理なこともある。この場合も含めて，ノートをとる作業で心がけるべきは，講義で説明された大切な内容やキーワードを見落とさないことであり，単なる書き写し作業では意味がない。また後から講義内容全体を把握できるようにイメージしてノートをつくり，重要項目や疑問点には，アンダーラインを引いたり，印をつけたりしておく。自分自身がひらめいたり思いついたりしたことも書き添えておくと，レポートや試験のときには，貴重な材料となってくれる。

また説明の順番が逆になったり，板書に変更が出たりといった事態にも十分対応できるよう，行間にゆとりを持った書き方が望まれる。ふとひらめいた考えは，そのままにしておくと往々にして忘れてしまうが，メモする習慣をつけることによって忘れずに活用することができるので，メモ用紙や大きめの付箋紙をいつも持ち歩き，すぐに記録できるようにしておきたい。

(4) 良い聞き手として臨むことで，知識を習得する

講義中，教員の説明や板書の文字を書き写す作業に徹していると，せっかくの講義を受ける意味や楽しみがまったくなくなってしまう。良い聞き手としての態度を守ることは，向上心を高め，集中力を身につけ，理解を基礎とした表現力を強化することになるとともに，講義を聞く楽しみを与えてくれる。地道なように見えても，このスタイルを続けて繰り返していけば，知識と考える力が確実に蓄積されていき，学ぶことの喜びと創造的なエネルギーを養ってくれるはずである。

※ 本節においては，斉藤編（1983）の第1章，第2章，佐藤編（2006）の第2章，中島・上田（2006）の第2章，第3章，藤田編（2006）の第0講，第1講，第2講を参照した。

参考文献
○第1節
齋藤孝（2002）『三色ボールペンで読む日本語』角川書店（角川文庫，2005年）。
○第2節
小林康夫（1998）「知の表現と創造」小林康夫・船曳建夫編『新・知の技法』東京大学出版会。
野矢茂樹（1997）『論理トレーニング』産業図書。

野矢茂樹（2001）『論理トレーニング101題』産業図書。
○第3節
保坂亨・中澤潤・大野木裕明編（2000）『面接法』（心理学マニュアル）北大路書房。
水谷信子（1984）「日本語教育と話しことばの実態——あいづちの分析」『金田一春彦博士古稀記念論文集 第二巻 言語学編』三省堂。
八代京子・荒木晶子・樋口容視子・山本志都・コミサロフ喜美（2001）『異文化コミュニケーション ワークブック』三修社。
山本麻子（2003）『ことばを鍛えるイギリスの学校——国語教育で何ができるか』岩波書店。
○第4節
斉藤喜門編（1983）『受講ノートの録り方——大学・短大で学ぶ人のために』蒼丘書林。
佐藤望編（2006）『アカデミック・スキルズ——大学生のための知的技法入門』慶應義塾大学出版会。
中島祥好・上田和夫（2006）『大学生の勉強マニュアル——フクロウ大学へようこそ』ナカニシヤ出版。
藤田哲也編（2006）『大学基礎講座——充実した大学生活をおくるために』（改増版）北大路書房。

第3章 書く，話す

> 1 構想を練る
> 2 文章作成法
> 3 表記の慣例
> 4 話すこと，語ること，議論すること

1 構想を練る

3.1.1 はじめに

勉強に関して，大学が高校と決定的に異なる点は，評価の方法である。高校までは，成績評価は主にペーパー・テストに基づき，答案は選択式も多く，記述式のテストの場合でも数十字，せいぜい数百字の日本語で解答すれば良かったのではないだろうか。ところが，大学ではエッセイやレポートが主流である。試験の場合でも論述式の場合が多く，とにかく大学生には「書いて説明する」能力が要求されるのである。本節では，「大学生らしく書く」ための必要最低限の知識と秘策をまとめる。

3.1.2 書く前にすべきこと

(1) トピックを選ぶ

どんな文章を書く場合でも，最初に行わなければならないのは，トピックを選ぶことである。講義の課題の場合，各先生がトピックに関して何らかの指示を与えてくれるが，その場合でもさらにトピックを絞り込む必要がある。

講義を真剣に聞き，その内容に関して問題意識を持っていれば，トピックの選択に困ることはまずないが，何を書いて良いかまったく分からない場合（いわゆる頭が真っ白とかパニックの状態）の対処法として「ブレーン・ストーミン

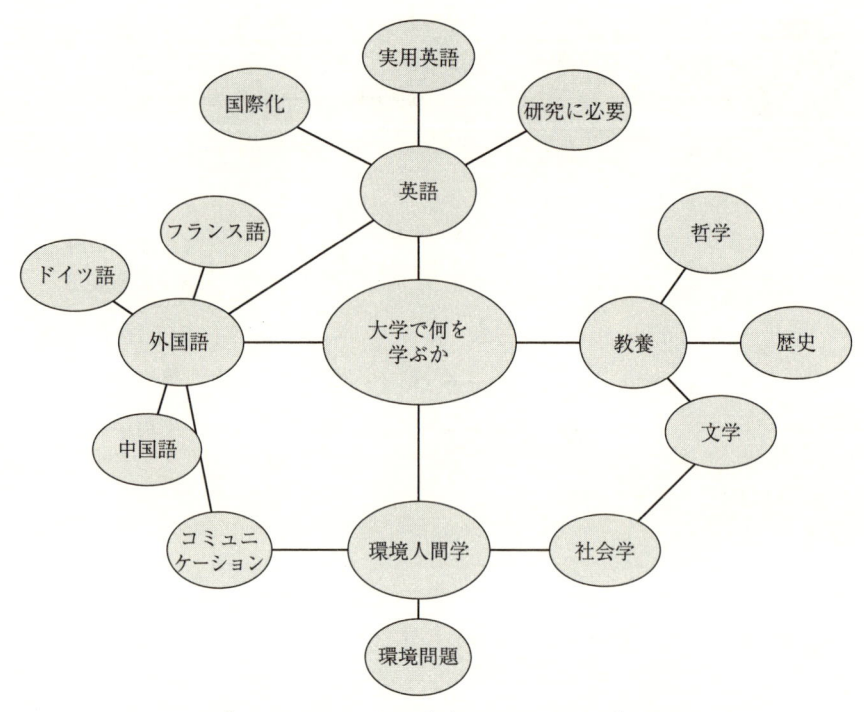

図1 ブレーン・ストーミング（マインド・マップ）の例

グ」が効果的であろう。嵐（ストーム）のようにアイディアの雨粒が紙上に降り落ちるイメージを描いてもらえばよいが，要するに頭に浮かんでくるアイディアをすべて書き写すということである。下でその1例を説明するが，万が一のときのために知っておくと便利である。

(2) アイディアを出す

次に準備すべきことは，選んだトピックに合ったアイディア（細項目）を揃えることである。この際大切なのは，いきなり書き始めるのではなく，トピックに合ったアイディアを一通り揃えることである。そのための具体的方法としては，いま紹介したブレーン・ストーミングがある。

ここではブレーン・ストーミングの実践法の1つである「マインド・マップ」を紹介する。これは，欧米の教育現場で一般的に用いられている方法である。図1に示す例は，「大学で何を学ぶか」という主題で，ある学生が作成したも

のである。

　まず紙面の中央にトピック（もしくはエッセイのタイトル）を置く。図1では，「大学で何を学ぶか」がそれにあたる。次にトピックに関連する項目（あまり細かくないもの）をいくつか挙げていく。図1では，「英語」「外国語」「教養」「環境人間学」がそれである。さらにそれぞれの項目について思い浮かぶアイディアを枝分かれさせて記入していく。たとえば図1では，「教養」という項目から，「哲学」「歴史」「文学」という細項目が思い浮かんだことが示されている。また，異なった項目から派生した細項目間においても，関連がある場合はその項目同士も線で結んでおくと良いであろう。図1では，「英語」と「外国語」，「文学」と「社会学」などが線で結ばれている。

　このほかのブレーン・ストーミングの方法として，「リストをつくる」「自由に書いてみる（freewriting）」などが挙げられる。どの方法を実践する場合でも，出したアイディアが実際に使えるかどうかは考えず，とにかく思い浮かぶことをすべて書き留めておくことを心がけなければならない。

(3)　アイディアの分類・推敲と全体像

　アイディアが一通り揃った段階で，その分類と推敲をする必要がある。アイディアを出す段階では，実際に使うかどうかは考えなかったので，今度は手元の資料を見ながら使えるものだけを選択していくのである。

　このときに重要なのは，「このエッセイで最も言いたいことは何か」を意識することである。すなわち，ぼんやりとではあってもこの段階で，ある程度「結論」を考えながらアイディアを分類する必要がある。「木を見て森を見ず」ということがないように，詳細（それぞれのアイディア）が全体で（あるいは結論に導いていくうえで）どういう役割を果たすのかを，この段階でもできれば考えておいた方がよい。もちろん，この段階で思い浮かんだ「結論」は，後からでも修正可能である。

(4)　アウトラインを書く

　上記の準備が整ったら，全体のバランスを考えながらアウトラインを書いてみるとよい。エッセイで必要な章の数や，アイディアの提示の順番等といった大まかな構成をあらかじめ決めることが，ここでは重要である。また，各章に小見出しをつけておけば，後で実際に書き始めるときに役立つであろう。ちな

みに，プレゼンテーションを行う場合であれば，配付資料の方を先につくるようにすれば，おおよそ今述べたような手順を踏むことになる。

3.1.3 表現上のポイント

ここまで，書く前にすべきことをまとめたが，次に実際に書く段階での注意点および秘策を，構造，表現法・文体の観点からまとめる。エッセイの価値は内容だけでなく，その提示法・表現法によるところが大きい。とくに，「客観的データ」という点では証明の難しい文化系のエッセイの場合，その価値は表現法やレトリックによって決まるといっても過言ではない。ここでは「読みやすさ」(reader-friendly) という観点から，説明していく。

(1) パラグラフ（段落）について

まず，数日中に200枚近くのエッセイを読んで成績をつけなければならない教師を想像してほしい。"多忙な"教師がエッセイに期待しているのは何であろうか。もちろん，「テーマとの関連性」や「独創性」など内容のおもしろさもあろう。しかし案外採点する側として"助かる"のは，「読みやすい」ということではないだろうか。成績の採点の締め切りに追われている教師が「読みにくい」文章を，最後まで読む気になるだろうか。書き手は読み手に気持ちよく読んでもらえるように最善を尽くさなければならないのである。

文学（的）作品はさておき，「読みやすい」文章とは，書き出しを読んだだけでも何が書いてあるかが明確であり，さらに読み終えたときにも言いたいこと（結論）がしっかりと伝わるものである。このように序論と結論の明確さが優れたエッセイの条件であるが，この構造は次に説明するパラグラフ単位でも言える。

パラグラフは，日本語の段落に相当するが少しニュアンスが違うところもある。すなわち，パラグラフと言った場合，その中の構成要素が明確化されるのである。次に，典型的パラグラフの例を示す。

①日本ではスポーツが盛んであるが，中でも野球は特別である。②日本では，しばしば，親子でキャッチボールをしているのを見かける。③小学生ぐらいになると，多くの子どもたちがソフトボールや軟式野球を始める。④

また，高校野球はいわば国民的行事で，その試合はすべて全国中継される。⑤さらに優秀な選手は，日本のプロ野球や大リーグで活躍している。⑥要するに，野球は日本人にとって「国技」なのである。

　典型的パラグラフはトピック・センテンス（主題文）と呼ばれるもので書き始められる。その役割は，そのパラグラフが何について書いてあるかを示すことであり，この例では①がそれにあたる。
　トピック・センテンスに続いて，そのトピックに関する説明がなされる。これは，サポーティング・センテンスと呼ばれる。上の例では，②から⑤までがそれにあたり，トピックである「日本での野球の人気」に関する具体例が示されている。サポーティング・センテンスでは，上記のように具体例を挙げたり，説明を行うなど，トピックを発展させることが重要な役割となる。
　パラグラフは結論文で終えるのが普通である。結論文は，トピック・センテンスと関連しており，多くの場合その言い換えや強調となっている。⑥がこれに値する。欧米の大学で課されるエッセイでは結論が最も重要になってくる。日本人の書いたパラグラフ（段落）では，結論文がないものが多いように思われるが，本書を読んだ学生には常に結論（何が最も言いたいか）を意識してエッセイやレポートに取り組んでほしい。
　課題の内容や，エッセイ（全体）におけるパラグラフ（部分）の役割によって，パラグラフの中身も多少違ってくる。一般的なパラグラフとしては，「記述・描写」「比較」，あるいは「問題解決」などが挙げられるだろう。ただ，パラグラフの種類が異なっても構造に大きな変化は普通見られない。主題文で書き始め，結論文で書き終えるように心掛けたい。
　以上がパラグラフに関するおおまかな説明であるが，実際のパラグラフには「例外」も見られる。たとえば，筆者が本書で書いている段落に関しても，1つの段落に必ずしもトピック・センテンスと結論文が含まれていないものもある。ただし，その場合であっても，数段落単位では主題文と結論文は見つかるはずである。また，後に説明するエッセイやレポートに関しても，パラグラフであれば主題文に当たる「序論」に始まり，その展開を経て，最後に「結論」で終わる構造が守られる。繰り返しになるが，常に主題と結論を意識して書く

ように心掛けよう。

3.1.4 エッセイ作成の手順

この項では，書く準備を終えた後，パラグラフに関する知識に基づいて実際にエッセイを書く手順を述べる。

(1) ドラフトの作成

3.1.2で述べた準備を終えたら，次にドラフト（草稿，下書き）を書く。これは，ある意味「気楽に」取り組んでよい箇所ではあるが，きわめて重要な工程である。ちなみに，筆者の教師経験から言えば，不合格のエッセイはほぼ「下書き」の段階で提出されたものだと思われる。「下書き」と「清書」との区別を明確にするためにも，まずドラフトとは何かを説明しておきたい。

ドラフトの段階で重要なのは，とりあえず最初から最後まで書き終えることである。3.1.2で示した準備ができていれば，これはそれほど難しいことではない。また，あくまでも「下書き」であるので，この段階では内容的にも表現上も細かい点には注意する必要はない。起承転結（あるいは「序論」「展開」「結論」）を明確にし，書くべきことがすべて網羅されているかどうかに注意を払いたい。3.1.3でも触れたが，序論ではエッセイで何が述べられるのかを読者にはっきりとかつ簡潔に伝え，展開部では主題をサポートする資料，証拠，説明文などを置く。そして，最後は主題と関連する結論で締めくくる。結論では新しいことは書かないのが一般的で，あくまでもそれまでに書かれたことをまとめるというイメージを持つとよい。また，今後の課題などを書いておくと，書き手の問題意識の高さを強調できるので，効果的である。

繰り返し述べているように，エッセイを書く際に心掛けることは，常に結論を意識しながら書くことである。すなわち，場合によっては結論から書き始めることがあってもよいであろう。逆に結論をまったく考えずに書いた場合，それぞれがバラバラでエッセイ自体の統一性を失ってしまう。序論から展開部まで細部にわたり，「結論とどう結びつくか」を常に意識して書くようにしたい。

(2) 見直し

(1)でも述べたとおり，ドラフトはあくまでも「下書き」であって，そのまま提出することは絶対にあってはならない。エッセイの出来は，見直しの回数

と精度にかかっているのである。ここでは，見直しの種類と方法，そして注意点をまとめておきたい。

　見直しの方法としては，大きく分けて（A）「自分で見直す」，（B）「他人に見てもらう」の2つがある。（A）は文字通り自己チェックであるが，この際最も大事なのは，「他人（読者）の視点」で読むことである。自分で書いたものに関しては，「著者が最も言いたいこと」をすでに知っているため，「協調的に」原稿を読んでしまい，少々の問題点であれば見逃してしまう。しかし，これではチェックの機能を果たしていない。これを防ぐ秘策としては，ドラフト完成後，一定期間を置いてから読む，などが効果的であろう。

　（B）は，英語のアカデミック・ライティングでは peer editing と呼ばれる過程で，提出する前にクラス・メートらと課題を交換して読みあうことである。客観的読者の視点を通すことにより，自分のエッセイの長所や問題点が明確になり，また，他人のものを読むことによって自分のエッセイの長短も見えてくるはずである。

　次に見直しの種類であるが，「内容」と「表現」に分けられる。最低この2つはそれぞれ別の機会を設けてチェックされなければならない。内容としては，情報・説明の添削，論理関係やパラグラフ構成のチェックなどが挙げられる。また，表現としては，語彙，語法，漢字などがある。また，章や図表などに正しく番号が振られているかなども，これに含まれるだろう。一度に複数の項目を見直すのが困難な場合は，さらに細分化された項目ごとにチェックを行うとよい。

　この項の最初に述べたように，多くの「失敗作」は，見直しの不十分さに原因がある。十分な見直しを実践するためには，まずドラフトを早めに仕上げる必要がある。とくに，自分のエッセイを「時間を置いて」読むためには，提出締め切りよりもかなり前にドラフトを仕上げておかなければならない。普段から早め早めに課題を進めていく習慣を身につけよう。

3.1.5　応用編──文体論的視点から

　この項では，ここまで説明してきた基礎知識を踏まえて，さらに洗練されたエッセイやレポートを作成するための技巧を，英語表現との比較や文体論的視

点から紹介したい。とくに国際的舞台での活躍が期待される学生諸君には必要不可欠の内容であるので、ぜひ注意して読んでほしい。

(1) 「繰り返し」の回避

一通り完成したエッセイをさらに磨き上げる際、重要な項目として挙げられるのが「同じ語の繰り返しの回避」である。英語で論文やエッセイを書くために、英語類義語辞典（シソーラス）を活用している人が多いが、これには無意識に繰り返し使っている単語などを別の語に言い換えるという目的もある。これと同様のプロセスが日本語のエッセイでも必要な場合があるであろう。実際、その需要を満たすべく日本語においても優れた類語辞典が何冊か出版されている。同じ語の繰り返しを避けることにより、語彙が豊富になり、読者に「単調さ」を与えずにすむ。

ちなみに、英語で書かれた文学批評では、登場人物に言及する際にも、代名詞、名字、名前、ニックネームなどを使って、繰り返しを避けるルールがある。英語の規則をそのまま日本語でも使うことは、言語学的、文化的観点からも問題があるが、必要に応じて類語辞典を活用する習慣はぜひ身につけてほしい。

(2) 内容の繰り返し

次に重要な項目も、「繰り返し」に関連する。しかし、今度は「繰り返し」を多用することである。あるイギリスの言語学者によると、日本人は本文中ですでに触れられている内容を必要に応じて繰り返し述べたり、言い換えたりするのが苦手だそうである。これは、「曖昧」を好んだり、「言い過ぎ」を嫌ったりといった文化的な理由によるものかもしれないので、もちろん全否定されるものではない。しかし、「分かりやすい」文章を書くためには、気をつけておくべき点であろう。

エッセイの統一性・一貫性を保つには、多かれ少なかれ内容の「繰り返し」が必要である。実際「主題・発展・結論」というエッセイの構造の観点から見ても、エッセイは新しい情報の連続であってはならない。主題はエッセイ全体を包括的にまとめたものでなければならないし、発展部分は主題を承けたものでなければならない。また、結論では基本的に新しいことは述べられない。このようなエッセイの構造を考えると、同じあるいは類似した内容が繰り返し触れられるのは当然である。

「繰り返し」をする際に気をつけるべきこととして，2つ挙げたい。1つは，まったく同じ表現を用いない，つまりコピーをしないということである。同じ内容を別の言葉で言い換える工夫が必要である（この際も類語辞典は便利であろう）。もう1つは，どこでその内容に触れたか，あるいは触れられる予定かを明示することである。「序論でも論じたように，」「4.3で詳述するように，」といった表現を使うことにより，エッセイ，論文全体の統一性が高まり，また著者の意識がエッセイ全体（詳細）にわたっているという点も強調されるだろう。

(3) エッセイと視点

　最後に，エッセイにおける視点の問題に関して触れておきたい。テキストの分類分けの1つにフィクションとノンフィクションがあり，エッセイは後者にあたる。フィクションとノンフィクションを区別する要素として，視点の問題（誰の言葉・立場・思考から語るか）がある。前者では視点の変化が複雑で曖昧であるが，後者では統一・一貫していると考えられている。したがって，エッセイを書く場合には基本的には視点は統一する。とくに自然科学系の論文では，このルールは厳格に守られるようである。

　しかしながら，論文において反対意見に言及する場合には「他者の視点」も取り入れられるであろうし，また人文社会系の場合，反対意見をまったく示さなければ，逆にエッセイの説得力が損なわれてしまう。基本として，自然科学系であれ人文社会系であれ，反対の視点を取り入れる際に重要なのは，視点の変化を明確にすることである。さらに，他人の意見と自分の意見をしっかりと区別することも大事である。

　しかしながら名著と言われるものの中には，上記のルールから逸脱しているものも少なくない。ここでは，ノンフィクションでありながら，"例外的に"視点の変化をあえて曖昧にしている例を見てみたい。自分以外の視点を自分の言葉の中に取り込む技巧は，高度なレトリックの1つである。これは，英語などの外国語表現によく使われるが，日本語でもときに目にする。次に挙げた『武士道』の一節を見てもらいたい。

　　You are out in the hot, glaring sun with no shade over you; a Japanese acquaintance passes by; you accost him, and instantly his hat is off —— well, that is perfectly natural, but the **"awfully funny"** performance is, that all the while he talks with you his parasol is down and he stands in the glaring sun also. **How foolish!**——**Yes, exactly so**, provided the motive were less than this: "You are in the sun; I sympathize with you; I would willingly take you under my parasol if it were large enough, or if we were familiarly acquainted; as I cannot shade you, I will share your discomforts." Little acts of this kind, equally or more amusing, are not mere gestures or conventionalities. They are the "bodying forth" of thoughtful feelings for the comfort of others.

(訳)

　ぎらぎらと照りつける暑い陽光を浴びているとしよう。あいにく日陰もない。そこに日本人の知り合いがやって来る。声を掛けると、すぐに帽子を脱いで挨拶をしてきた——まあ、ここまではきわめて自然な成り行きだとして、「**きわめて滑稽**」なのは、話している間、その人がずっと日傘を下ろして、同じようにぎらぎらと照りつける陽光のなかに立っていることである。**なんと愚かな行為だろう！——そう、そのとおり**。だが、その振るまいの根底には次のような考え方がある。「あなた様は陽の当たるところにいて、暑くてかわいそうだ。この日傘の中に入れて差し上げられればいいのだが、二人で入るには日傘が小さすぎる。それに、それほど近しい間柄でない以上、ここにお入りなさいというのもはばかれる。日傘を差し掛けられない以上、あなた様と同じ不快を味わうことに致しましょう」。これに類する、ときにさらにおかしな立ち居振る舞いは、けっして単なる形式的・儀礼的な行為ではない。それは、人に不快な思いをさせないようにとの配慮が「具現」したものなのである（Nitobe, Inazo, 1899, *Bushido: The Soul of Japan*, 斎藤兆史・上岡伸雄『英語達人読本——音読で味わう最高の英文』中央公論新社, 2004 年, 39-49 頁）。

　まず背景知識から説明したい。『武士道』はある外国人学者の「宗教教育がない日本でどうやって道徳を教えるのか」という問いかけに対して、新渡戸稲造が答えるかたちで書き始めたものである。すなわち、日本に興味を持っている外国人に分かりやすく日本を紹介した本だと考えてよいであろう。したがって、日本人が何となく行っている振る舞いを「客観化」し、分析的に説明して

いるのがこの本の特徴となっている。またこの抜粋からも分かるように，具体的な例から，一般的な結論を導いている文章構成も特徴的で，エッセイ作成にも参考になるであろう。

さて，本論に戻るが，太字の部分に注目していただきたい。この部分の「視点」は誰のものであろうか。もちろん，単純に考えれば著者自身のものと言えなくはないが，それ以外には考えられないだろうか。上記の背景知識があれば，新渡戸が読者として意識したであろう西洋人の視点とは考えられないだろうか。この例のように自分の主張のために（ここでは日本人の行動の奥にある配慮）反対側の視点（ここでは西洋人の視点）をあえて先取りして述べる文体は，「先制攻撃的」(preemptive response) とも呼ばれるが，『武士道』は，まさしく「先制攻撃」が説得力と直結している例と言えるだろう。

真の国際人の育成が叫ばれて久しいが，国際的な舞台においては，argument（論争）は文字通り「争い」であり，これはアカデミックな世界でも同様である。日本的な情緒を大切にする一方，上記のような高度なコミュニケーション能力をも身につけ，国際舞台においては「策略的に」言葉を利用する能力も，これからの日本人に必須のものになっている。

2 文章作成法

ここでは，書き手の意図した内容を，できるだけ誤解を招かず，また読み手に大きな負担を与えずに伝えるにはどうすればよいか，書き手が配慮すべき基本的な注意事項をいくつか集めて紹介しよう（左横書き，常体〔ふつう体〕を原則とし，縦書き，敬体〔ていねい体〕は扱わない）。

3.2.1 明快な文章をつくる

学術的なコミュニケーションに求められる1つの基本的な事項は，誤解のない表現により意思疎通の食い違いを避けることである。そのため，①読み手や聞き手に負担をかけるような入り組んだ表現になっていないか，②用語や構文が複数の意味にとれることはないか，の2点に注意することがとくに重要である。逆にいえば，簡潔な表現，明快な意味をもった用語や構文を用いることで

ある（本項の執筆にあたっては，古郡，1997，第3章，および本多，2005，第2〜4章が参考になった）。

(1) 構文をできるだけ簡単化する

　日本語の文章は，述部が最後尾にくるため，主語や主題と述部との間に長い修飾語が多数介在すると，それだけで意味がとりにくくなる。それに加えて，述部が複数になるような構文にすれば，さらに読者や聞き手の負担は重くなる。多数の修飾語をもつ文は，なるべく意味を分けて，それぞれの意味を持つ部分を独立させた単文にする。また，複文も，できれば単文に分解する。

　例：「海洋については，海洋の開発及び利用が我が国の経済社会の存立の基盤であるとともに，海洋の生物の多様性が確保されることその他の良好な海洋環境が保全されることが人類の存続の基盤であり，かつ，豊かで潤いのある国民生活に不可欠であることにかんがみ，将来にわたり海洋の恵沢を享受できるよう，海洋環境の保全を図りつつ海洋の持続的な開発及び利用を可能とすることを旨として，その積極的な開発及び利用が行われなければならない。」（海洋基本法第2条）

　わが国の法律条文には，このような例が少なくないが，次に示すように，この条文にはもともと4つの文が含まれており，また根拠から結論を導く2つの立論が述べられている。それらが順序だてて並べられないまま1つの文章として書かれているため，読者の負担はきわめて大きく，普通の人が一度読んだだけでは理解が難しい。これを，

　「海洋の開発及び利用は，我が国の経済社会の存立の基盤である。」したがって，「海洋の積極的な開発及び利用が行われなければならない。」しかし，「海洋の生物の多様性が確保されることその他の良好な海洋環境が保全されることは，人類の存続の基盤であり，かつ豊かで潤いのある国民生活に不可欠である。」そのため，「将来にわたり海洋の恵沢を享受できるよう，海洋環境の保全を図りつつ海洋の持続的な開発及び利用を行わねばならない。」

というように分解して，論理的関係が明確になるような接続詞でつなぐと，読者への負担を軽減できる。

(2) できるだけ肯定文で書く

　肯定文は一般に表現内容がはっきりしているが，否定文は否定的内容を明確

に述べる場合と,「肯定とは限らない」広い範囲を含む場合とがあって,後者の場合には,いろいろな意味に理解されることがある。たとえば「大きくはない」というのは,「大きくも小さくもない」場合から「小さい」場合までが含まれる。学術的な文章では,直接的,一意的な表現を用いることが求められるので,いろいろな意味にとれる否定的表現はなるべく避けたほうがよい。

例:「この案の支持者は少なかった。」(肯定文);「この案の支持者は多くなかった。」(否定文)。否定文の場合には,「少なかった。」の意味と「多くはなかったが,少なくもなかった。」あるいは「多くはなかったが,有力者の支持があった。」など,「多くはなかったが,しかし……」といろいろに解釈ができる余地がある。

(3) できるだけ能動態で書く

能動態は説明が直接的・積極的になるが,受動態では説明が間接的・消極的になる。「能動」は文字通り自己の作用を他に及ぼすこと,「受動」は他からの働きかけを受けることであるため,何かを説明したり,読み手を納得させたりすることが目的の文章では,受動態は不向きなことが多い。

例:「○○であると思われる。」は,誰かによって思われるということであるが,誰にそう「思われる」のかが明確ではない。書き手に「思われている」のであれば,「○○であると思う」または「○○である」とはっきりすればよい。もし仮に「一般的にそう思われていて,自分もそう思う。」という趣旨であれば,自分だけがそう思っているわけではないということを言外に意味していることになる。要するにこの表現は,「思う」と断定するのを避けたいという意識が表れていると受け止められ,それだけ書き手の意図が不鮮明になる。

(4) 段落には統一性をもたせる

文章の重要な構成要素は段落(パラグラフ)である。段落内の文は,文法的にも意味的にも統一がとれていることが大切である。以下は,段落に統一性をもたせる「こつ」である。

・1つの段落の主題は1つに限定し,段落で扱うトピックを明確にする。段落内で主題が変転するような書き方はしない。
・段落の途中で主題から離れた雑談をはさむような道草を食わない。

- 事実は事実，評価は評価として区別し，両者を混在させるような書き方は避ける。
- 文と文のギャップを埋める橋渡しが自然に推論できるような文章を書く。

3.2.2 主語と述語の対応関係を明確にして表現上の混乱を避ける

(1) 主語を省略しない
- 原則として主語を省略しない文を書く（「Xは」の形で文の陳述の対象を表す要素を，主語とは呼ばず，「主題」と定義する文法書もある。たとえば，益岡・田窪，1992参照）。
- 繰り返し同じ主語が出てくる場合は，それを省略してもよいが，何が抜けているか直観的に分かるものだけを省略するようにする。

(2) 述語や目的語を省略しない
- 原則として，述語や目的語の省略は避ける。
- 文章を体言止めにすることで述語を省略することが多く見られるが，述語の省略は文を不安定にするので避ける。

(3) 主部と述部の不一致に注意する
- 「Xは，どうする」「Xは，どんなだ」「Xは，なんだ」の部分を抜き出したときに，主部と述部がきちんと対応していない文を書かないようにする。
    例：「持続可能な発展に必要なことは，発展途上国の生活水準を現在の先進国並みに高めるのに世界の生産を5～10倍に増やさねばならないが，これは資源の枯渇や生態系の破壊をもたらしかねず，途上国の経済発展と環境保全とをどう両立させるかが問題視されるようになった。」

この文の主部は，「持続可能な発展に必要なことは，」であり，述部は，「途上国の経済発展と環境保全とをどう両立させるかが問題視されるようになった。」であり，両者は対応していない。「持続可能な発展に必要なことは，発展途上国の生活水準を現在の先進国並みに高めるのに世界の生産を5～10倍に増やさねばならないけれども，資源の枯渇や生態系の破壊をもたらさずにそれを実現する方法を見出すことである。」とするか，「発展途上国の生活水準を現在の先進国並みに高めるには，世界の生産を5～10倍に増やさねばならないが，これは資源の枯渇や生態系の破壊をもたらしかねない。持続可能な発展に

必要なことは，発展途上国の経済発展と環境保全とをバランスさせることである。」と2つの文に分けるかすれば，不一致をなくすことができる。どちらにしても，最初に書き出した主部に対する適切な述部を補う必要がある。

日本語の文では，述部が重要な役割を果たし，主語や主題が軽く見られる傾向があるが，文章を書いた後，述部が主語（主題）ときちんと対応していることを確認するよう心がけたい。

・主語の位置
  論理的な文では，主語を最初に置いたほうが分かりやすい。
・修飾の多い文
  主語を最初に置いた場合，述語との間に多くの修飾語がはさまるような文では，文を分割して複数の文にする。
・頭でっかちの文
  多くの修飾語が文頭にあるために主語が後ろのほうに出てくるような場合にも，文を分割すると分かりやすい文章を書くことができる。

3.2.3　修飾語と被修飾語の関係を明確にする

(1) 読点による明確化

いくつもの修飾語が続き，前後にある被修飾語のどれを修飾しているのかが分からなくなりそうな場合に，読点(とうてん)を打って修飾関係をはっきりさせることができる。読点が修飾関係を切断する機能を持っていることを利用するのである。

　例：「私はさよならと手を振って立ち去る彼女を見送った。」という文は，2通りの理解ができる。「私は，さよならと手を振って立ち去る彼女を見送った。」または「私はさよならと手を振って，立ち去る彼女を見送った。」のように区切るとどちらの意味かが分かりやすくなる。冒頭のような文を書かないために，書いた文を読み直して2通りの意味にとれないかどうか確認したい。

(2) 直結の原則

かかる言葉（修飾する言葉）と受ける言葉（修飾される言葉）はできるだけ直結させる。

・かかる言葉と受ける言葉の間に多くの修飾語・被修飾語が存在する場合，

かかる言葉を受ける言葉の直前に置くような文章構造に直すと分かりやすくなる。

例：「シンガポール海峡は，東京湾，瀬戸内のように巨大船の航路が決められ，対向船が違うルートを運航するよう航路が分離されていない。」という文では，「東京湾，瀬戸内のように」が何を修飾しているかが分かりにくい。「東京湾，瀬戸内では巨大船の航路が決められ，対向船が違うルートを運航するが，シンガポール海峡では航路が分離されていない。」のように両者を近づける（本多，2005，55-56頁）。

・修飾・被修飾の関係にある言葉が何重もの入れ子になっている文は，分かりにくい。入れ子を外して，修飾・被修飾関係の言葉を直結すればよい。修飾する言葉と修飾される言葉を抜き出して，修飾関係を線で結べば，修飾・被修飾関係が理解しやすくなるので，内容を理解してからできるだけ直結するように並べる。
・複数の修飾語が1つの被修飾語にかかる場合がある。この場合は修飾語の語順を考えて分かりやすい文をつくる。
・修飾・被修飾の関係が多数ある場合は，それぞれの修飾語と被修飾語を直結させる。

例：「私は小林が中村が鈴木が死んだ現場にいたと証言したのかと思った。」

修飾の関係は，

     私は────────────→と思った。
        小林が→証言したのか↑
      中村が→いたと↑
    鈴木が→死んだ現場に↑

となっているので，それぞれを結んで「鈴木が死んだ現場に中村がいたと小林が証言したのかと私は思った。」とすれば，分かりやすくなる（本多，2005，43頁）。

(3) **修飾語と被修飾語の位置関係**

・修飾の順序
① 「句」（述語を含まない文節）より「節」（1個以上の述語を含む複文）を先

に置く。すなわち，節を被修飾語から離れた位置に，句を被修飾語に近い位置に配置する（この部分は，本多，2005，91-99頁による）。
② 長い順に配置する。すなわち，長い修飾語は被修飾語から遠い位置に，短い修飾語は近い位置に配置する。
③ 大状況から小状況へ，重大なものから重大でないものへと配置する。すなわち，大きな状況をとらえている（重大な）修飾語は被修飾語から遠く，小さな状況をとらえている（あまり重大でない）修飾語は近く配置する。
④ 親和度（なじみ）の強弱により配置転換する。親和度というのは，言葉と言葉が語感として結びつきやすい性質のことで，親和度の強い言葉が直接的に修飾・被修飾の関係にあるときは近づけ，それが並列的な関係にある場合は離す。
　例：「初夏のみどりがもえる夕日に照り映えた。」の文で，「みどり」「もえる」「照り映える」は，互いに親和度が高い。しかし直列的に「もえる」と「夕日」，「みどり」と「もえる」の関係を見た場合，前者の親和度が高い。他方，「初夏のみどり」と「もえる夕日」は，並列的に「照り映えた」にかかっている。そこで上の原則に従い「もえる」と「夕日」，「みどり」と「照り映える」は近づけ，「夕日」と「照り映えた」は離して，「もえる夕日に初夏のみどりが照り映えた。」とすれば違和感が少なくなる（本多，2005，91-93頁）。

・文章外に暗黙の修飾関係をもつ文をつくらない
　例：「長年の安全運転にもかかわらず，対向車の正面衝突で妻は死亡し，母は大怪我をした。」
　長年の安全運転を誇っていた運転者は「私」であることが，文中には示されていない。
　例：「電車がおくれているようだけれども，もうそろそろくるでしょう」（金田一，1988，94-95頁）。
「くる」の主格は来る予定の待ち人だが，文中にはない。
　会話の中では，状況が共有されているため，例文のような省略はしばしば行われるが，不特定の読み手を想定した文章では読者に理解することを要求するような表現はふさわしくない。

3.2.4 「ハ」と「ガ」の働き

(1) 「ハ」の働き

「ハ」には次の4つの働きがある（以下，上とか下というのは，縦書きにしたときの位置関係を指す）（この項は，大野，1999に基づいて書かれている）。

① 題目を提示する。問題（トピック）を設定して，下にその答えが来ると予約する。

　例：「私は太郎です。」

② 対比する。「Aは」どうだ，「Bは」どうだ，と比べる。

　例：「碁は打つが将棋は指さない。」「猫は嫌い。」（「他のものは好き」ということが省かれている）。

③ 限度を表す。

　例：「6時には持ってきてください。」6時が限度で，6時を過ぎてはだめ。
　　限度を超えたものと対比していると考えれば，これは②と基本的に同じ用法である。

以上3つの働きには共通点がある。「ハ」は，自分の上に来る事柄またはものを受けて，「これは確かな事柄またはものであり，他とは違う」と取り立てる役割を果たしている。この「ハ」の基本的性格が，再決定の形で現れているのが次の用法である。

④ 再問題化する。

　例：「私が行くか行かないかは分かりません。」「私が行くか行かないかということ」は，「ハ」の上にあり，話題として確定しているが，その内容を改めて問題とし，答えは「分かりません」ということになる。

　例：「美しくはなかった。」「美しくなかった」のような単純な全面否定ではない。「美しく」といったん確定した判断を下したものを改めて問題とし，「ない」とか「あるけれど」といった否定や留保が示される。

以上，「ハ」の働きには，題目の提示，対比，限度，再問題化の4つがある。

(2) 「ガ」の働き

他方，「ガ」には以下の2つの働きがある。

① 名詞と名詞をくっつける。

　例：「彼が病気をして医者にかかった話は聞かない。」彼という名詞と病気

をして医者にかかった話という名詞をくっつけている。このような「ガ」の用法は，上で述べた「ハ」の①の用法と次の点で異なる。ハはそこでいったん切って，ハの上を孤立させ，下にある別の要素を抱え込むけれども，それを隔てて述部と結ぶ（彼は〔病気をして〕医者にかかった）。これに対して，ガは直上の名詞と下にくる名詞とをくっつけて，ひとかたまりの観念にする（〔彼が病気をして医者にかかった話〕は聞かない）。

② 現象文をつくる。

例：「花が咲いていた。」①と違って「ガ」の下に名詞が来ない。現象を描写する表現で，新しい情報を意味する。

このように，「ガ」の働きには，名詞と名詞をくっつける機能と現象文をつくる機能とがある。

(3) 「ハ」と「ガ」の違い

例：

① 「アメリカの大統領は，ジョン・F.ケネディ氏に決まりました。」
② 「アメリカの大統領が，ジョン・F.ケネディ氏に決まりました。」

①は，アメリカの大統領がどうなったかという問いに，ケネディ氏になったという答えを返している（題目提示）のに対して，②は，選挙の結果を知らせるもの（現実描写）であり，ケネディ氏の名前を新しい情報として示している。

3.2.5 読点の打ち方

ここだは，読点を打つことが原則的に求められるいくつかの場合について述べた後，読点を必ず打つ場合や，好みに応じて打ってもよい場合などを，やや個別に例示する（この項は，本多，2005，128-189頁，藤沢，2004，119-124頁，および野内，2003，79-92頁を参考にして書かれている）。

(1) 主要な原則

(1) 原則1：長い修飾語の境界に打つ

ここでいう「修飾語」とは，述部を主役と考えたとき，それにつながる他のすべての文を指すものとし，長い修飾語の終わりに境界を明らかにする意味で読点を打つ。ただし，述部とその直前の修飾語の間には読点は打たない。修飾語が長いかどうかの判断は，書き手の主観により決まる。次の例文を見よう。

「……働きざかりと思われる年齢の人の急死が報じられるのをみると，ついいろいろと考えさせられる。病名が心筋梗塞だと，元気にまかせて過労をかさねたのではないかと思い，ガンだと，どうして早期発見できなかったのかと気にかかる」（本多，2005，129-130頁）。

この例文だと，修飾語の関係は
病名が心筋梗塞だと────────────────↓
　元気にまかせて過労をかさねたのではないかと→ 思い
ガンだと──────────────────↓
　どうして早期発見できなかったのかと→ 気にかかる

となっているので，上記のようにアンダーラインの箇所に読点を打てば分かりやすくなる。

(2) 原則2：逆順のときに打つ

「逆順」とは，読んだときに自然な語順が崩されていると感じられる状態を指し，その場合に逆順であることが明確になるよう，読点を打つ。

　例：自然な語順の文「大雨の日ではあったが彼女は弟といっしょにプールへ行った。」

で「彼女」を強調するために前へ出し「彼女は大雨の日であったが弟といっしょにプールへ行った。」とすると，逆順になる。このとき，「彼女は，大雨の日であったが弟といっしょにプールへ行った。」のように読点を入れることで，彼女を強調しながら不自然な感じを少なくすることができる。

(3) 原則3：誤解防止のために打つ

　例：「警官は自転車に乗って逃げる犯人を追った。」

この例では，自転車に乗ったのが警官と犯人のどちらであるか，分かるように読点を打つ。犯人の場合は「警官は，自転車に乗って逃げる犯人を追った。」警官の場合は「警官は自転車に乗って，逃げる犯人を追った。」とする。

76ページの(3)で述べた，修飾語と被修飾語の関係を明確にするための読点の利用である。

このように，修飾語の区切り，逆順の明確化，修飾関係の明確化のために句読点を有効に利用することができる。

以上のような一般的原則も含めて，読点を打つことが適切な場合や，好みに

より読点を打ってもよい場合がかなりある。野内良三は，次のように箇条書きにしている（野内，2003，91-92頁参照）。

(2) 読点を打つ場合（①～⑦）
① 長い語群の前に置かれた短い語群の後
② 並立関係におかれた文や連続する長い語群の切れ目
③ 条件や理由や時などを表す従属節の後
④ 主題提示部または主語が長くて，しかもそれを受ける述語が離れているときに，主題/主語の後
⑤ ある語句が，次の語句を飛び越して遠くの語句を修飾するとき，その語句の後
⑥ 倒置法が使われたとき，倒置された語句の後
⑦ 曖昧さを避けるため

(3) 好みにより読点を打ってもよい場合（⑧～⑫）
⑧ 漢字あるいは平仮名ばかりが続いて読みづらいとき
⑨ 助詞が省略されたり，感動詞が使われたりするとき
⑩ 文全体に係る副詞（いわゆる「文の副詞」）の後（多分，恐らく，事実，無論，確かに，等）
⑪ 「……と（驚く）」や「……というような」といった引用や説明を表す「と」の前（後に打つ場合もある）
⑫ 「しかし」「そして」など接続詞の後

3 表記の慣例

　日本語の表記には，漢字や仮名，数字などのほかに，句読点，括弧類などの記述記号が用いられる。原稿を正しく，簡潔に，読みやすく書くために，それらの扱い方に関する重要な慣例がいくつかある。ここでは、左横書きを原則とする場合について，基本的な事項についてまとめておこう。

3.3.1 一般的慣例
・読点（とうてん）には「,」を，句点には「。」を用いる。

- 繰り返し符号は，「々」（同の字点という）以外は用いない。
- 数字を書く場合は，アラビア数字を用いる。数の桁のくぎりについては，3桁ごとに「，」を入れる（例：第38回，午前10時，1,500名）。
- 小数，分数，帯分数は，それぞれ3.14159，1/2，1 2/3のように書く。
- ただし，慣用的な語，または数量的な意味が薄い語は，漢数字を用いる（例：一般，一部，一時期，七つの子）。
- 次のような場合には，漢字を用いることができる。
  万以上の数を表す単位として最後にのみ用いる場合（例：10億，6,000万）。
  概数を表す場合（例：数十日，五，六人）。

3.3.2 くぎり符号の使い方

　くぎり符号とは，文の構造や語句の関係を明らかにするための符号で，「。」（まる，句点），「，」（てん，読点：縦書きの場合は「、」），「・」（なかてん：中点，または，なかぐろ：中黒），「（　）」（かっこ，まる括弧），「「　」『　』」（かぎ，かぎ括弧）の5種がある。

- 句点は，1つの文を完全に言い切ったところに必ず用いる。まる括弧やかぎ括弧の中でも，文の終わりには句点を用いる。
- 読点は，文の中で，言葉の切れ目を明らかにしないと誤解される恐れのあるところに用いる。また，対等の関係で並ぶ，同じ種類の語句の間に用いる（詳しくは，3.2.5を参照されたい）。
- 中点は，名詞を並列する場合に用いる。ただし，名詞以外の語句を列挙するときや，数詞を並列する場合には用いない（例：社会的，歴史的考察；犬が2，3匹）。
- まる括弧は，語句または文の次に，それについてとくに注意すべきことがらを加える場合に用いる。
- かぎ括弧は，語句や会話を引用するときとか，とくに読み手の注意を引きたい語句を書くときに用いる。『　』は，「　」の中に，さらに語句を引用する場合に用いる。
- 日本語では，疑問詞（?）や感嘆詞（!）をつけることは少ないが，文末にそれらをつけるときは，さらに句点をつけることはしない。この場合の?や

！の後は，1字（あるいは半角）分空けておく。

3.3.3 その他の注意事項
・同じ音読みで意味の異なる熟語がある場合，使い分けを間違わないためには，用語辞典や国語表記ハンドブックなどをこまめに参照して適切なものを使うよう心がけたい。ワープロで作業をしているときは，漢字変換の際に変換候補をゆっくり探せば，使い分けの説明が表示される場合がある。
・現代仮名遣い，送り仮名のつけ方，外来語の表記などについては，たとえば，日本エディタースクール編（2005）のようなハンドブックを参照されたい。

4 話すこと，語ること，議論すること

　気のあった友だちとのおしゃべりや要件連絡だけなら，誰でもそれほどの労力をかけることなくできる。しかし，その発言によってどういう人間関係がつくられるか，どのような評価がかえってくるかまで考えると，「話す」ことは高度な技術を要する活動と気づくであろう。以下では，大学という場で必要となる「話す」ことに関わるさまざまなスキルについて考えていく。

3.4.1 自己紹介をする
　大学に入学すると，さまざまな場所で自己紹介を求められる。基礎ゼミ，専門ゼミ，演習，実験，サークル，アルバイト先と，場は異なるであろうが，自己紹介は，人が初めて顔合わせをするとき必要となる一種の儀式だからである。これをうまく乗り越えると，新たな人間関係が生まれる。さあ，ためらわずにトライしよう。
　まず第1はあいさつである。深呼吸をして，その場の人たちをざっと見回し，できる限り大きな声で挨拶をしてみよう。次に，一呼吸おいて，自分の名前を，ゆっくりとはっきり伝えよう。初めて聞く他人の名前は聞き取りにくいものである。また名前には地域性がある。出身地ではよくある名前でも，別の土地では珍しいということもある。名前にエピソードがある人はそれを伝えるのも良いだろう。他者に名前を覚えてもらうことは，自己紹介の要である。

次は基本情報の提供である。名前，所属，学年，出身地，専門，趣味，将来の夢でもよい。自己紹介は人生の節目ごとに必要となる。出身地や専門，趣味などは，メモをつくっておくとよいだろう。名前同様，出身地の地名も異なる土地では新情報であり，案外に分かりにくい。土地勘がなければイメージはわきにくい。実際，筆者自身，東京の職場で，関東圏以外についてはよほど説明しないと分かってもらえなかったという経験がある。箱根の山を越えると西はすべて関西だという感覚の人もいて驚いたものである。さらに，たとえば「山口県の海に近いまちです」と言うならば，「子どもの頃はよく貝を拾いに行きました」「釣りは得意」と言えば，聞き手の記憶に残るであろう。

さて，この基本情報だけで終わると少しさみしい。時間があれば，エピソードの1つくらいは話してみよう。空いた時間に何をしているか，寝る前にすることは何か，いつも心がけていることは何かなど，自分をいま一度振り返ってネタを探してみよう。自分にとっては当たり前でも，他者にとっては目新しいということもある。聞き手の側にたって想像することは大切である。

最後は「終わりです」では味気ないので，「皆さんと仲良くしていきたいです」「友だちになってください」など，一言，言葉を添えてほしい。

3.4.2 エピソードを語る

ゼミやサークルでは，初めての集まりや，久しぶりの顔合わせのとき，夏休みの過ごし方や高校時代の思い出など，一言求められることがある。心づもりをしておくと気持ちが楽になる。

以下，荒木ほか（2004）で紹介されている手順が参考になる。

① 数多くの思い出・体験から1つ選ぶ。
② その中から紹介したいトピックを選ぶ。
③ そこでとくに強調したい体験（ハイライト）を紹介する。
④ その体験を通して聞き手に伝えたい自分の考え（テーマ）は何かを考える。

では1つ，筆者の体験をこの手順で語ってみよう。

① 大学1年の夏の短期留学の経験（数多い異文化体験の1つ）
② イギリスでのホームステイ先での初めての食事（体験の中の1つ）

③　ライス・プディングをデザートに出してくれた。日本人は米が好きだろうという配慮だった。しかし，私はご飯が甘いプリンの中に入っていることに仰天した。おいしいとは思えず，さりとて断ることもできず，食べるのにとても苦労した。
④　日本での米の食べ方を説明すべきであった。異なる文化・習慣を理解することの難しさと大切さを学んだ。

　学生が話すのを聞くと③で終わるパターンがよくある。③で終わると聞き手には「それで？」という印象が残る。④の「この経験で何を学んだか」「この経験をどう受け止めたか」が大切であり，それが"テーマ"となる。ここで「語り手」の人柄が浮かび上がる。

　自分の体験は，整理して語らなければ伝わりにくい。大枠から順を追って詳細に入ること，ハイライトとテーマを意識することを心がけてみよう。機会を捉えて自分の体験を話してみるとよいだろう。回を重ねるごとに間違いなく上達する。

3.4.3　記事について意見を述べる

　大学の授業では，読んだものについて説明や意見が求められることがよくある。ここでは1つの事例として，「新聞記事について意見を述べる」方法を紹介しよう。

（1）記事を選ぶ

　授業で課題を出すと，ときに新製品の紹介記事をもってくる学生がいるが，「便利そうなので使ってみたいです」ではつまらない。自分がある程度まとまった「意見」を述べられる素材を選ぶとよい。

（2）記事を選んだ理由を説明する

　ここからがスピーチである。第1に述べることは，記事の出典である。○○新聞朝刊第○○面，署名入り記事なら記者の名前も確認しよう。次に伝えることは，自分が「なぜその記事を選んだのか」「どこに関心をもったのか」である。ただ，この部分はイントロであり，さらっと触れる程度でよいだろう。

（3）記事の概略を説明する

　いつ，どこで，何があったのか，明確に，簡略に説明しよう。そして，でき

れば，その新聞社や記者がどのようにその事件を捉えているのか，「新聞社」の姿勢を読み取ってみよう。同じ事件であっても新聞社によって報道は異なる。それは，第何面に掲載されるか，誌面の大きさはどのくらいか，見出しはどのように付けられているか，から推測できる。

(4) 自分の意見を述べる

記事には書かれていないオリジナルな自分の考えを述べよう。そのためには，自分が興味をもった箇所，疑問をもった箇所を明確にし，関連する情報を調べる必要がある。そのうえで，自らの意見（賛成，反対，疑問）を論拠とともに示そう。この記事のこの部分，この言葉，と明確に挙げて，ここがおかしいと思う，このようにも考えられるのではないか，と具体的に述べてほしい。これは記事を書いた記者との議論であり，対決である。この深さが説得力を増す。

(5) 終わりの一言

最後に，記事の文言そのものから離れ，自分の人生に照らして，もう一度，そのテーマを考えてみよう。たとえば，石油値上げの記事であれば，地球温暖化の問題に触れてもよいし，あるいは生活に困窮する人々の冬の暮らしに思いを馳せてもよいだろう。最後の一言がスピーチを印象づける。話し手の姿勢が現れるからである。締めの言葉をどうするかよく考えてほしい。

3.4.4 姿勢，表情，ジェスチャー，視線

私たちはスピーチというと，言葉にとらわれがちだが，実は聞き手は，言葉以外の非言語要素から，実に多くの情報を受け取っている。しかも，話し手が意図しないことまで意味づけしてしまう。

話し手に対する好悪感情は第一印象で決まることがよくある。明るい人だな，元気な人だなと感じれば，その後の話もポジティブに聞こえる。椅子からの立ち上がり方，部屋への入り方，立ち姿，すべてが受け手には人物情報となる。話すときは姿勢を正すよう心がけてほしい。しゃきっと歩く姿も含め，人の行動のすべてから意欲は伝わる。

スピーチでは，立っている位置や語りながらの動きにも配慮が必要である。状況によっては聴衆に近づいたりして，語りかける雰囲気をつくるとよいだろう。さらにジェスチャーを交えると活気がでる。手はさまざまな表情をもつこ

とができる。量や勢いなど手のジェスチャーで伝えられる。自分自身も動くことによって，緊張がほぐれる。

さて，「姿」の次は感情をもっとも伝える「顔」の話に入ろう。笑顔で話されれば誰でも心地よい。とはいっても人前で話すと緊張するものである。ゼミで毎年，就職活動の前にスピーチの練習をするが，笑顔を意識していても，なかなか微笑みが自然には出せない。普段から心がけることが近道のようである。

最後の決め手は「目」である。座っていても，目に力があると説得力が増す。日本文化では，目を見て話すことが奨励されていないため，視線が合うとむしろドキドキしてしまうだろうが，ある程度，聴衆との間に距離があるスピーチでは，会場の正面，右，左と見渡して，できる限りアイ・コンタクトをとるとよいだろう。このとき，話にうなずいてくれる人がいたら，その人に向けて，時折アイ・コンタクトをとると，「語り」の雰囲気が出しやすい。気持も落ち着く。

私たちはジェスチャーや表情を案外無意識に使っている。一度話している様子をビデオにとってもらい，自分の語りの実態を客観的にみるとよい。笑顔のつもりがガチガチだったり，無意識のジェスチャーが出ていたり，目が下を向いていたりと発見もあるだろう。自分のスピーチをビデオで見るのは嫌だという学生が多いが，それが他者に見えている真実である。現実の姿をしっかり把握し，意識的に直すことも必要であろう。テレビを見ていて，素敵だなと思う語り手がいたら，そのジェスチャーや表情をとりいれてみることも勧めたい。スピーチは何より訓練である。ぜひトライしていただきたい。

3.4.5 コミュニケーション・スタイル

コミュニケーション・スタイルとは，一言で言えば「話し方」である。これがしばしば話の中身よりも印象に影響する。あなたは人と話した後，「言いたいことは分かるが，あの言い方は感じが悪い」，あるいは「意見が合わなかったはずなのに，いつの間にか意気投合していた」という経験はないだろうか。

以下では，八代ほか (1998) からコミュニケーション・スタイルの一部を紹介する。

① 螺旋的スタイル，直線的スタイル

螺旋的スタイルでは，お天気の話，家族の話，友だちの話，あるいは着ているものなどから，次第に螺旋を描くように，核心にたどりつく。一方，直線的スタイルでは，要件に直接的に入っていく。螺旋的スタイルの人の話を直線的スタイルの人が聞くとイライラするだろう。回りくどくて何を言いたいのか分からないということなる。

② 飛び石的スタイル，石畳的スタイル

飛び石的スタイルの人は，状況で理解できる部分は言葉にしない傾向がある。一方，石畳的スタイルの人は言葉を尽くして要件を伝えようとする。後者の人からすると，飛び石的スタイルの人の話は，不明瞭でよく分からない，不安が残るということになるかもしれない。逆に，飛び石的スタイルの人は，石畳的スタイルの人の話を，そこまですべて言わなくても分かるのに，くどくどしていると感じるかもしれない。

メッセージの器ともいうべきコミュニケーション・スタイルは，生まれ育った文化で形作られ，無意識のうちに定着している。それゆえ，自分とは異なるスタイルに違和感がある。しかし，コミュニケーション・スタイルが合わないからといって，話が通じないわけではない。会話に居心地の悪さを感じたら，自らのコミュニケーション・スタイルを振り返ってみてほしい。私たちは今，同じ日本文化圏といっても，多様な副次文化に取り巻かれている。さまざまなコミュニケーション・スタイルがあって当然である。多様なコミュニケーション・スタイルをむしろ楽しんで，人間関係を発展させてはどうであろうか。

3.4.6 意見の合わない相手とどのように話すか

授業で，この1カ月以内に，友人や家族とけんかや対立を経験したことがある人はと尋ねると，ほとんど手が挙がらない。だが，よくよく聞いてみると，対立がないわけではない。不満や苛立ちはあったという。表だって争いたくないから，「譲る」「我慢する」「無視する」ということらしい。しかし，これでは問題は解決しないし，コミュニケーション不全をもたらす。ゼミや演習では，活発な議論が望ましい。多様な意見の交換の中で，よりよい結論を導くことが大切だからである。反論を避けるようでは，コミュニケーションが死んでしまう。他者とよりよい人間関係を築くためには，反論や異論を心の中に潜在させ

るのではなく，言葉にして相手に伝えることが必要である。とはいっても，相手への反論をうまく伝えることは難しい。以下では2つの側面から解決法を考えてみる。

(1) ウィン・ウィン

コミュニケーション研究の一分野に「対立管理」（コンフリクト・マネジメント）がある。次は有名な「オレンジの話」である。

> 課題：テーブルの上に1個のオレンジがあります。姉も妹も1個ほしいといいます。どうすればよいでしょうか。
> 選択肢：①2人とも諦める，②どちらか1人が1個もらう，③1個を半分に切って分ける，④姉も妹もほしいものを手に入れる。（鈴木，2004 より）

望ましいのは④であろう。しかし，そんなことはありえないからと，多くの読者は③を選ぶだろう。ところが④は可能なのである。鍵はコミュニケーションにある。では，どのように④の結論に至るのであろうか。

第1にすべきは，互いが，何を求めているのか知ることである。そのためには，なぜ「今」「1個ごと」ほしいのか，聞き出さなければならない。この段階で，たとえば，妹はオレンジ・ジュースが飲みたい，姉はマーマレードをつくりたいと分かれば，身と皮を分けるという解決法が引き出せる。こうなれば双方が満足できる。これは Win-Win（ウィン・ウィン）と呼ばれるストラテジーである。安易に譲ったり，諦めたりしないで，交渉してはどうだろう。まずは自分の要望をきちんと話すことから始めよう。

(2) アサーティブ・コミュニケーション

双方の満足を目指して交渉することがよいと分かっていても，実はこれが難しい。たとえば，サークル活動にいつもバイトで遅刻してくる後輩に，いったいどう言えば，状況を改善できるのだろう。相手を責めるのは簡単だが，遅刻がなくなるかどうかは疑問である。逆に，我慢すれば相手の行動は変わらないだろう。こうした場面では，相手を尊重しながら，一方で自分の気持ちや考えを，適切に主張すること，すなわち「アサーティブ・コミュニケーション」が有効である。

以下では，八代ほか（2001）でコミサロフ喜美が挙げているアサーティブ・コミュニケーションのポイントを紹介する。

① 相手の言い分をしっかり聞いて，理解し，尊重する

確かに，対立場面で相手の話を理解することは容易ではないが，解決のためには，正しく理解することが第一歩である。相手が何を伝えようとしているのか，自分の考えとどこが違うのか，詳細に検討しながら聞かなければならない。このとき，自分の思い込みをできる限り排除し，白紙の状態で，相手の視点から状況を組み立てることが大切である。状況が適切に把握できれば，相手の気持ちも理解しやすくなるだろう。

② 相手の言い分や気持をこちらが理解していることを伝える

話は聞いて理解するだけではいけない。自分が何をどう理解したか，きちんと伝えることも大切である。この理解を伝えるという行為は2つの利点をもつ。1つは，こちらの理解を伝えることにより，対立が和らげられることである。「君の気持ちはよく分かった」と言われるだけでも，怒りが少しは収まるだろう。その後の人間関係を考えると，何も言わないよりは，言った方がはるかによい。もう1つは理解を確認することにより，その先の誤解が避けられることである。私たちは分かったつもりになっていても，案外，誤って理解していることも多い。自らの経験枠組みや言葉の定義で，相手の言い分を勝手に受け止めていることが十分ありうる。ただし，「気持ちや言い分を理解すること」と「相手に賛同すること」は異なる。言い分は分かるが，通すわけにはいかないこともある。理解することと賛同することの違いをしっかり見極め，話をしよう。

③ 相手を責めずに自分の主張をしっかり伝える

私たちは対立すると，ついつい相手を責めてしまう。たとえば，ゼミで分担した課題を忘れてきたと言われると，責任者であれば，「どうして忘れてきたの。無責任！」と言いたくなるだろう。しかし，ここは，「君の報告をとても楽しみにしていたんだ。残念だ」と言ってみてはどうだろう。ずいぶんと雰囲気が違うだろう。叱られる側にたてば，後者の方がはるかに気が楽であり，次回は気をつけようという気持ちになるのではないだろうか。この違いは「主語」にある。「どうして忘れてきたの」という非難

では、隠れた主語は、「あなた」である。一方、「君の報告をとても楽しみにしていたんだ」の隠れた主語は「私」である。「困った」「心配だ」「不安だ」「迷惑だ」といったネガティブな感情を伝える場合、隠れた主語は何だろうかと再考してみよう。そして、「私」を主語にした文で話してほしい。

④ 問題を整理する

　対立場面では「その言い方はないでしょう！」という「コミュニケーション・スタイル」が原因となる激突もあるが、話が混乱しているために、解決できないということもよくある。そうしたトラブルを避けるためには、問題を整理し、争点を明らかにしておくことが大切である。「自らのメリット、デメリット」「相手のメリット、デメリット」を十分把握しておくことも勧めたい。サークルの部員がさぼると、なぜ自分は困るのか、客観的な視点で自分の気持ちを整理しておけば、感情的にならず、対処できるであろう。頭の整理は、対立場面のコミュニケーションを成功させる重要な要因である。

　ただ、この段階で、ハードルとなるのが「ものごとを直接的には言わない方がよい」という文化である。確かにはっきり言わない方がよいこともある。しかし、はっきり言わないように心がけるあまり、物事を深く突き詰めて考えないという習慣がつくのは恐ろしいことである。「深く考えること」と「直接的な表現を使うこと」は異なる。熟考し、問題を整理し、話すときは、相手に配慮して言葉を選ぶことができれば理想的である。

⑤ 自分の主張の根拠を論理的に説明する

　事前知識や前提が異なる相手の場合、自分には当たり前ということも、筋道を立てて、丁寧に説明する必要がある。この際、第1に気をつけなければならないのは、相手の事前知識や前提である。たとえば、入ったばかりの新人部員やゼミ生に、部室や研究室の使い方、実験器具の取り扱い方を説明する場合、自分にとっては「当然」ということも、相手にとっては未知の出来事であり、混乱の種となることもある。相手がどこまで知っているのかを、あらかじめ推し量り、相手の表情を見ながら、話すとよいだろう。そうすれば、聞き手の表情に疑問が浮かんだとき、これは分からな

いのだなと立ち止まれる。そしてさらに丁寧に説明できる。

　次の留意点は，話す順序である。話す側と聞く側で，前提や事前知識にギャップがあると，「論理的」に話を進めようとしても，どこから，どの順序で話すかについて，配慮が必要となる。考えをよく整理し，ストラテジーを考えて臨んでほしい。

⑥　解決方法を提案する

　ミーティングや議論で，ただ相手を批判して終わる場面があるが，それでは問題は棚上げになるだけである。クリティカルに相手の意見を分析し，批判するならば，同時に，自ら，代案（別の解決方法）を提案してほしい。代案を出すのが難しければ，「すぐに良い案は浮かばないので一緒に考えたい」でもよい。代案を考える中で，相手の苦労を，身をもって理解できるようになる可能性もある。ともに考える姿勢を打ち出すことは，対立を乗り越える原動力にもなろう。

　異なる価値観や考えをもつ人と，対立することは脅威である。確かに同じような考え方や見方の人同士でコミュニケーションをとれば，十分に説明しなくても分かりあえる。楽である。しかし，それでは，自らを厳しく振り返ることもなく，新しい考え方を見つけることも困難である。異なる文化の人と出会い，大いに議論し，複眼的に考えることを身につけていってほしい。対立場面こそ成長のステップである。

3.4.7　議論の方法

　高校とは異なる大学ならではの勉学形式にゼミがある。ゼミでの学びの基本は議論である。数名から十数名程度の小グループで，論文や専門書を読んで意見を述べあったり，専門のトピックについて議論したりというのが一般的な形であろう。そこで，このセクションでは，まず第1に議論とは何かを，日本と西欧との比較を通して検討し，次に，グループ討論を効果的に進める司会の方法について述べることにする。

(1)　「意見を戦わせる議論」と「意見をまとめる議論」

　皆さんは「さあ，これから議論だ！」と聞くと，どのような場面を思い浮かべるだろうか。議会の討論やテレビの討論番組のようなものをイメージするの

ではないだろうか。そこにあるのはおそらく激しい意見の応酬であろう。中澤（2001）は，「勝つか」「負けるか」，個人の名誉を賭けた直接対決というのがギリシャ時代からの西洋の「議論」コミュニケーションの基本的なスタイルだという。ここで理想とされるのは相手を打ち負かすような「説得」である。意見は明快に，論理的に語ることが求められる。グループのメンバーは互いに意見を戦わせ，ベストの結論は何かを決める。ゼミや演習ではこうした活発な意見交換が必要である。「意見を戦わせる」ことを通して，より理解を深めていく。

一方，議論では「意見をまとめる」ことも必要である。話し合いを通して，皆の意見の合意点を見いだし，納得できる結論を導く。これはどうすればできるのであろうか。中澤は，日本の伝統的な「村寄合の話し合い」文化の中に，その知恵を見いだしている。以下に紹介する。

まず大切なことは，メンバーの意見をできる限り引き出すことである。そのためには，1人ひとりが自分のペースで考え，安心して話すことができるように司会者は気配りをしなければならない。グループでは，ゆっくり考える人もいれば，素早く結論を出す人もいる。賛否両論が対立しているときは，じっくり時間をかけて話し合うことも必要である。異なる意見を自分の中で消化するには時間がかかる。こうした議論をまとめるためには，司会者に力量が求められる。村寄合では，村人の意見が出し尽くされたかどうか，長老が「潮時」を適切に見計らい，過去の先例や経験をもとに結論を提案したという。現代流にいえば，「空気を読む」力といえようか。意見をまとめる議論では，「聞き役」に徹し，異なる意見を調整する，いわばファシリテーターの役割を果たすことが，リーダーの条件であろう。

(2) グループ討論

グループで議論をすることには，どのようなメリットがあるだろうか。さまざまなアイディアや，論の発展が期待できる，というのが大きな理由である。以下の①〜③は，グループ・インタビューにおけるメリットであるが（ヴォーンほか，1999），ゼミやサークルでの討論にもあてはまる。少し詳しく見てみよう。

① 相乗効果性

グループで議論することにより，問題を多面的に見ることができる。参

加者の異なる意見や観点は議論を深くする。
② 雪だるま性
　　1人の発言が，別のメンバーにヒントを与え，「そういうこともあったのか」「そういえば……」と，発言の連鎖反応を引き起こす。司会者とメンバーの間のやりとりを聞くことを通しても，新たな発想が生まれる。
③ 安心感
　　1人に意見を求められると緊張するが，グループで話し合うことは安らぎをもたらし，率直な反応が促進される。

さて，こうしたメリットを最大限にするためには，どのように議論を運営すればよいだろうか。そこで，次に司会者の心得について述べることにする。

(3) 司会の留意点
① テーマについて，あらかじめよく調べておく。
　　議論をスムーズにするうえで事前準備は何より重要である。ただし，さも知っているようには振る舞わない。
② 議論のプロセスで，何が不明で，何が明らかを常に意識する。
　　不明な点や分かりにくい点は，タイミングを逃さず発言者に問い返す。
③ 気さくで温かい雰囲気づくりを心がける。
④ メンバー個々の発言を前後の発言と関連づける。
⑤ 予想にとらわれず，受容的に聞く。
⑥ 消極的なメンバーには，司会者から意見を求める。
⑦ メンバー間の発言量の優劣をなくすように配慮する。
　　発言したい場合，表情やアイ・コンタクトに変化がある。手を軽く挙げるなどジェスチャーや前に乗り出す姿勢にも発言意思は現れる。司会者は，メンバー全員の非言語行動に十分に注意を向けてほしい。
⑧ 無関係な話題にあまり時間を割かない。
　　話が盛り上がると脱線してしまうことがある。司会者はテーマを常に念頭に置き，議論を進めなければならない。

議論の成功は司会者の技量にかかる部分が多い。ただし，これは大変だと司会を引き受けるのを避けてはいけない。何より大切なことは「場」を踏むことである。経験が増えれば，誰でも力がついていく。議論が楽しめれば世界が広

がる。どんどんチャレンジしてみよう。

参考文献
○第 1 節
Zemach, Dorothy E. and Lisa A. Rumisek (2002) *Success with College Writing*, Macmillan.
○第 2 節
大野晋 (1999)『日本語練習帳』岩波書店 (岩波新書)。
金田一春彦 (1988)『日本語 新版 (下)』岩波書店 (岩波新書)。
野内良三 (2003)『うまい！日本語を書く 12 の技術』日本放送出版協会 (生活人新書)。
藤沢晃治 (2004)『「分りやすい文章」の技術』講談社 (ブルーバックス)。
古郡廷治 (1997)『論文・レポートのまとめ方』筑摩書房 (ちくま新書)。
本多勝一 (2005)『日本語の作文技術』(新装版) 講談社。
益岡隆志・田窪行則 (1992)『基礎日本語文法』(改訂版) くろしお出版。
○第 3 節
日本エディタースクール編 (2005)『日本語表記ルールブック』日本エディタースクール出版部。
○第 4 節
荒木晶子・穐田照子・尾関桂子・大道卓・甕克美・山本薫 (2004)『口語表現ワークブック——自己表現スキルをみがく』実教出版。
ヴォーン, S. ほか (田部井潤・柴原宜幸訳) (1999)『グループ・インタビューの技法』(Focus group interviews in education and psychology) 慶應義塾大学出版会。
鈴木有香 (2004)『交渉とミディエーション——協調的問題解決のためのコミュニケーション』(八代京子監修) 三修社。
中澤美依 (2000)「村寄合の『話し合い』の技法——日本的コミュニケーション文化の原形を探る」『平安女学院大学研究年報』第 1 号, 83-94 頁。
八代京子・荒木晶子・樋口容視子・山本志都・コミサロフ喜美 (2001)『異文化コミュニケーション ワークブック』三修社。
八代京子・町恵理子・小池浩子・磯貝友子 (1998)『異文化トレーニング——ボーダレス社会を生きる』三修社。

第4章 調べる

1 情報検索の仕方と目的
2 調査をする

1 情報検索の仕方と目的

4.1.1 情報収集および文献検索の必要性

　あるテーマについて自分の考えをプレゼンテーションや文章にまとめる際，その材料となるさまざまな種類の情報を収集する必要がある。学生の場合，テーマが提示されたとしても，何をどう書けばよいのかすぐには思い浮かばないであろう。そこで情報収集が始まる。

　レポートや論文を書くときには，自分自身の考えを少しずつまとめながら，それを具体的な文章の形として表現していかなければならない。文章は，初期の段階では収集された資料，情報の中から，自分の考えに基づいて選び取られたもので構成されていく。そして先行研究や情報データを綿密に検証することで思考も膨らみ，内容が熟成していく。すなわち，適切な資料やデータの存在が，自らのオリジナルな考察を裏付けする強力な証拠となり，文章に客観性を与えるとともに読み手を説得する材料にもなるのである。したがって，あるテーマに沿った文章を作成する際には，情報収集を十分に行いそれを吟味し，有効に利用するための考える時間を持つことが大切である。

4.1.2 情報・資料の種類と分布

　マルチメディア時代の今日にあっては資料にはさまざまな種類が存在し，書

く目的やテーマによって，それにふさわしい文献，情報を利用しなければならない。文献とは，狭義の意味では発行される印刷物，図書，雑誌，年鑑，研究紀要など印刷メディアに限定される場合もあるが，近年では電子メディア（ビデオ，CD，DVD，インターネットなど）が急速に拡大しており，広く両方を検索対象とした方がよい。よく利用されるものには，次のようなものがある。

(1) 辞典・事典

辞典には言葉の発音や意味，その活用法などが記されており，事典には事物や事件についての説明がなされている。文章作成の初期段階でまずこれらの書籍を利用すれば，与えられたテーマの大まかな概要，基本的な知識，関連用語を理解するうえで役に立つ。また，情報検索の際のキーワードの設定にもつながる。

(2) 専門学術書

単行本，シリーズ出版など，さまざまな形態があり，前提となる知識をとくに必要としない一般書とは区別される。学生は，講義中に指示されたり，参考文献として指摘されたりした専門書については，必ず目を通しておくようにしたい。

(3) 雑誌・紀要

各大学やそれぞれの専門分野の学会が刊行している紀要や学会誌の数は，非常に多い。大学図書館にはほとんどの場合，それらのバックナンバーが揃っているはずである。これらの書物からは最近の情報を得ることが可能である。同時にバックナンバーを利用することで，過去にさかのぼってあるテーマの背景や研究過程を追跡することもできる。ただし大学図書館に限ると，分野によっては大きな偏りがあるため，図書館の蔵書の特色や傾向をあらかじめ把握しておく必要がある。

(4) 公的機関の刊行物・年鑑

各省庁や政府が管轄する機関では，白書などの調査・統計資料を数多く出版している。中には時事問題などに焦点を当てた特集的な報告書も多く含まれており，最も信頼度の高い情報の1つとして利用できる。また，新聞社などが発行する年鑑の類には，日本や海外で起こった各年度のニュース，トピックが政治，経済，社会，環境，人物など分野ごとにまとめられている。

(5) 新聞・パンフレットなど

　新聞は情報の宝庫と言われる。内容は政治，経済，国際，文化，地域，スポーツ，メディアなどあらゆる分野を網羅し，そのニュース・ソースは国内外を問わない。またテーマによっては，企業が発行する年次報告書や会社案内，コンサートや旅行会社のパンフレット，新聞広告などが，重要な情報としてその威力を発揮することもある。

4.1.3　検索ツールと検索方法

　ツールとは，どのような情報がどこに存在するのかを調べるために利用される道具のことである。学生は可能な限りあらゆる努力をして，必要な資料を探さなければならない。情報収集・文献検索にはさまざまな方法がある。大学図書館（学術情報館）にはそのためのノウハウが蓄積されているが，最近ではGoogle などウェブサイトの各種検索エンジンを通して，インターネット上にあるさまざまな情報を手軽に検索，収集することができる。

(1)　図書館の利用

　大学の教育・研究活動の基盤である図書館には，図書，雑誌，新聞その他の資料や情報が収集され，分類に従ってきちんと整理され保管されているため，利用者に対して必要とされる情報を，すみやかに提供できる仕組みとなっている。

　図書館を効率よく利用するためには，まず自分で足を運び，各種図書や雑誌，新聞など，館内における資料の並び方，整理の仕方を把握しておく。さらにビデオ，DVD など，利用可能なメディアの状況も確認する。それによって，より適切な情報をより早く見つけ出し利用することができる。また図書館の利点は，カウンターにいつでも相談でき，頼りになる情報検索の専門家（司書）が待機していることにある。

　最近では図書館の蔵書管理は，コンピュータを用いた蔵書検索システム，通称 OPAC（Online Public Access Catalog）により行われているため，学生は，できるだけ早い段階で，その使い方についてマスターしておく必要がある。大学に所蔵がない書籍でも，インターネットで他大学の OPAC（たとえば「東大OPAC」）や，多くの加入大学の蔵書情報を集めた国立情報研究所の「Webcat

Plus」(後述) にアクセスして検索できるし、これらの蔵書は自分の大学の図書館を通じて所定の手続きをすれば、借用やコピーの取り寄せができる。また近隣の大学と図書館相互利用制度を締結している場合もあるので、確認しておこう。大学の蔵書は公共のものであり、貸出期間などのルールを守ることは当然として、書籍に対し付箋をつけるくらいならよいが、書き込みやマーカーを入れること、一部ページを破ることなどは決して行ってはならない。

(2) 電子情報の利用

電子情報とは、従来、紙に記された、あるいは印刷された書物によって伝達されていた情報が、電子化した媒体として提供されたもののことである。電子情報は、さまざまな分野で大規模なデータベースを形成している。学生はインターネットなどを介して、さまざまなデータベースにアクセスし、必要な情報を検索、収集することができる。各種データベースへのアクセスは、個人では不可能であったり課金されたりすることがあるが、図書館のホームページからだと無料で利用できる場合が多い。学生は、積極的に図書館に足を運び、電子情報の利用の仕方を尋ねておくとよい。

① データベースの種類

インターネット上には、検索に利用できるデータベースは数多く存在する。以下に、比較的簡単な検索サイトを挙げる。

〈例〉

Google ：検索エンジン（http://www.google.co.jp/）

Yahoo ：検索エンジン（http://www.yahoo.co.jp/）

GeNii ： NII 学術コンテンツ・ポータル
　（http://ge.nii.ac.jp/genii/jsp/index.jsp）

NACSIS-WebCat ：全国大学図書館など総合目録（http://webcat.nii.ac.jp/）

NDL-OPAC ：国立国会図書館（http://www.ndl.go.jp/jp/data/opac.html）

EBSCO HOST ：環境問題関連のフリー・データベース
　（http://www.greeninfoonline.com）

最近は、学術雑誌が電子ジャーナルという形で提供されるケースが増えている。また契約により、学内やキャンパス内など限られた場所でしか利用できないデータベースもある。

〈例〉

ProQuest：ビジネス・経済関連分野（http://proquest.umi.com/login）

SpringerLink： 1996年以前は全文閲覧可
　（http://www.springerlink.com/home/main.mpx）

Science Direct： 2003年以降は全文閲覧可
　（http://www.sciencedirect.com）

　情報を検索する場合，その検索対象が印刷物なのか電子情報なのかに関係なく，最も重要なことは，検索に利用する「キーワード」の設定である。

② キーワードの設定

　キーワードとは，ある情報を検索するうえで，「鍵」になる言葉のことである。必要な情報にたどり着くためには，与えられたテーマ中に使われている用語やそこから連想される言葉が最初のキーワードとなる。また，あらかじめ参考資料が提示されたときは，その著者名や雑誌名，年代，分野なども有効なキーワードとなる。学生は，対象データベースにキーワードを入力することで，そのキーワードにまつわるすべての情報を，データベースから呼び出し利用することができる。

　しかし，キーワードが適切でない場合，実際には対応する情報が存在していても，検索結果のヒット数がゼロとなることもあり，逆に数万という膨大な情報が表示されることもある。したがって，あらかじめ，データベースに向かう前に，テーマに対する自分の立論や調査内容を簡単にまとめ，箇条書きなどの形でアウトプットしておく作業が必要となる。指定されたテーマがある場合，それに関するアイディア，関連事項，疑問，直感などがあれば，すぐに紙上にメモを取っておくこと。これもキーワードとして利用できる。後回しにすると，必ず忘れてしまう。

　キーワードには日本語だけでなく，その他の言語も使用するように心がける。英語のキーワードを用いることで，日本国内のみならず，海外のさまざまなデータにもアクセスできるため，検索される情報量が格段に増加することが多い。またデータに関していえば，日付の新しいものから，分量の少ないものから調べていく方が効率的であることが多い。

③ キーワードの組み合わせ

　適切なキーワードを設定すると同時に，いくつかのキーワードを組み合わせることで，より効率よく検索を行うことができる。たとえば，同時に2個以上のキーワードを入力し，その間に，「AND」や「OR」など演算子をはさむことによって，「複数のキーワードを同時に含むものを抽出」したり，「そのいずれかを含むものを表示」したりすることができる。それによって，検索された情報の範囲を絞ったり，または広げたりすることができる。その際，データベースによって使用可能な演算子や記号，ルールが異なっているケースが多いため，使用する前に必ずデータベースの「ヘルプ」，あるいは「使い方」の内容を確認しておく必要がある。

④ 引用・参考文献の利用

　文献検索の過程で，いくつか有用な情報や文献が得られた場合には，その中で引用されている資料や参考文献リストが大いに役立つ。引用文献や参考文献に当たることで，テーマに沿った形で集中的な資料収集を進めることができる。

(3) 検索して得られた文献内容の確認と吟味

　学生が課題としてあるテーマについて文章をまとめる際，そのテーマに対して，あらかじめ自分の考えを十分に持ち合わせていることは，ほとんどない。その場合，与えられたテーマについて何もないところから，自分の頭を使って考え，学習を進めることになる。その際，集められた情報が正確なものか否か，妥当か否か，それがオリジナルなデータ（原典）か二次データかを峻別し，吟味する作業はきわめて大切である。

　またテーマに沿って，できるだけ幅広い分野の情報に目を通しておく方がよい。それにより自然と視野が広がり，偏りのない情報収集が可能となる。情報発信源の分野の違いにより，同じテーマであってもその捉え方が必然的に異なるため，その違いの発見が，自分の考えをまとめていくうえでの大きな材料につながる。したがって，1つの考えに引きずられないためにも，利用される情報の数は，1つのテーマに関して1つや2つということはありえない。これらの点を踏まえたうえで，収集された情報の吟味と評価，整理に当たるべきである。整理の仕方には，どれが一番ということはなく，情報の内容をノートにまとめたり，抜粋コピーしたり，リストを作成したりとさまざまな方法があるた

め，早めに試行錯誤することで，自分に合ったやり方を見つけておく必要がある。

　情報・文献検索を実施するうえで，むやみやたらと情報を集めることだけに時間を費やし，情報におぼれて満足することほど時間の無駄はない。調べているテーマを念頭に置きながら情報や資料を整理し，場合によっては対象データベースを変更してみるなど，検索の大幅な見直しが必要になることもある。適切で必要な情報を入手し効果的に利用するためには，その手間を惜しんではならない。

〈電子情報に対する注意点〉

　インターネット上には，電子化された膨大な情報が存在する。コンピュータを使用することで，それらの情報を手軽に検索し利用できるようになった。しかしながら，その中には発信源が特定できないような，信頼性に問題のある情報も多数含まれている。学生は自分の作成した文章上で，ある情報を引用する場合，その情報の出所を参考資料として明記しておく必要がある。これは情報検索・利用上の常識である。よって，引用文献を選択する際には，発信源が明確な情報を選ぶように心がけ，その出所を明記することを忘れないように注意する。この点は文章作成においてきわめて重要なことであり，他者の意見と自分の見解を区別したり，著作権を遵守し，盗作・盗用を避けたりすることにもつながるのである。

2　調査をする

4.2.1　人文社会系のフィールドワーク

　フィールドワーク（fieldwork）は，実験室や教室の外の野外（field）で，作業（work）や調査をすることである。フィールドワークは，別名では「野外研究」「実地調査」「現地調査」などとも呼ばれる。人文社会系でも自然科学系でも広く行われる研究の方法である。通常の教室での学習や，読書による「文字」からの専門的知識だけでは身につかない，総合的で経験的な問題把握の能力を養うために，フィールドワークは重要である。

　人文社会系のフィールドワークの方法を一言で言うと，まずフィールドに身

を置き，目で見，耳で聴き，肌で感じ，舌で味わった生の体験にもとづく調査レポートである。社会科学には政治学，経済学，社会学，経営学，人類学，教育学などさまざまな分野がある。これらの学問分野では，現実の社会や人間の活動・現象を直接知り，活動・現象の背後にあって，それらの活動・現象を成り立たせている複雑な要因を解明するために，フィールドワークという研究方法が重視されている。

さらに，最近では小中高校での総合学習の時間に，生徒が地域に出かけ，福祉，環境，農業などの現場を体験する活動が増えている。これらも広い意味でのフィールドワークによる学習である。

フィールドワークをする人のことをフィールドワーカーと呼ぶ。フィールドワーカーの分かりやすい例は，文化人類学者が行う異民族や異文化社会の研究である。文化人類学者は，異民族や異文化社会の研究のために，長期間現地に滞在し，現地の言葉を取得し，現地人の生活を実際に体験し観察する中で，文化の全体像を明らかにしようとする。

人文社会系のフィールドワークを行ううえで最も基本的な技術は，「見ること」，つまり観察（observation）と，「聞くこと」，つまり面接（interview）である。われわれは日常的に，人と話し，人の話を聞き，さまざまなものを見ている。これらは漠然と，意識しないで行っている行為である。大学でのフィールドワークで行う「観察」と「面接」は，ある特定の目的（調査テーマ，研究課題など）をもって行い，また，よりよく「見て」「聞く」ために，「面接」と「観察」の技術を学ぶ必要がある。日常的な見聞きができるからといって，よいフィールドワークができるわけではない。やはり，以下で示す「面接」と「観察」の技術に関する基礎的知識を学んでおく必要がある。

4.2.2 自然科学系のフィールドワーク——準備が調査の成否を決定する

本項では，自然科学系のフィールドワークについての注意点について述べていくこととする。フィールドワークというと，日本国内や近辺の海や山，川などから，海外における調査までさまざまであり，調査内容も物理調査から化学・生物調査など，多くの種類がある。これらそれぞれについての詳しい解説は専門の書籍に任せるとして，ここでは全般的な事柄を中心に記述することに

する。

(1) フィールドワークの計画において注意すべきこと

　フィールドワークを計画する第1段階は，調査対象を決めることである。調査の目的を決め，その目的のために最も適切な調査地域を選択し，さらに調査時期や頻度について決定する。また，調査対象が定まったら，対象に関する情報を集めることが重要である。たとえば，水質調査を行うような場合ならば，学術文献や報告書などの学術資料や公的機関が発行している調査資料やホームページなど，あるいは同地域での調査経験者や地域の人間と知り合えたならば，その方からの生の情報などである。下調べに調査地域に出かけることも有効である。事前の下調べと計画は調査の成否を握っており，この段階を軽く見てはならない。

　また，事前の情報収集の際には，文献や報告書，ホームページなどの文字情報に関しては，書いてある結論を鵜呑みにせず，行われた調査方法や分析精度などに注意を払いながらじっくり読み，自分の調査目的に沿った視点で情報の整理を行わなければならない。分析方法が異なれば得られる値が変わることは当然のことであり，専門家だからといって間違いがないとはいえないのである。一方，調査地域をよく知る人に直接質問を行う場合には，礼儀正しく振る舞い，研究の目的や計画についてしっかり説明し，相手の時間を浪費することのないように，十分，自分で勉強を行ったうえで，それでも分からないような事柄だけを聞くように心がける。

　十分に情報を集められたなら，次に調査計画をつくる。この段階で具体的な調査地点や調査項目の詳細やタイム・テーブル，携行品などを決定する。計画を決める場合に重要なことは，安全第一を念頭におき，余裕のあるスケジュールを立てるということである。調査メンバーの調査経験や年齢，体力なども考慮する。また，天候や人的状況などの変化に対応できるように，計画には柔軟性を持たせ，すべてが予定通りに行かなくても何らかの成果が得られるように考えておかなくてはならない。携行品は，調査に必要最低限な物だけを持っていくのではなく，何かアクシデントがあってもそれに対応できるように，できるだけ多くのケースを考えて選ぶ。

　ただし，持ち運びしにくい大型の器具，壊れやすく重いガラス器具などは，

106　第4章　調べる

フィールドワークの例 ①

フィールドワークの例 ②

別のもので代用できれば，そうした方が賢明である．国内で車での移動だと荷物が多くても何とかなるかもしれないが，調査が外国の場合や移動に飛行機を使用せざるをえない場合には，とくに注意が必要である．飛行機には試薬類を乗せることができないし，荷物が重くなるとそれだけ超過料金を取られ，運搬も大変である．使うかどうか分からない予備の器具を運ぶためにその大変さを受け入れることができるかどうか，よく考えなければならない．試料を入れる容器の大きさを決める際には，測定に十分な量と運搬の負担の兼ね合いを考慮しなくてはならない．

　また，海外調査の場合だと，国によっても持ち込めるものに制限があるかもしれないので，事前によく調べておくことが不可欠である．現地で試料の処理も行う場合には，バッテリーやポンプなどの電気製品を用意することが多いが，電圧が違う場所に行く場合には変圧器が必要であるし，電源が取れなかったときのことを考えて手動ポンプ等も用意した方がよい．場所をとらず，さまざまなことに使えるポリ袋や折りたためるプラスチック・バッグなどは，余分に持って行くと重宝する．また，試料を入れて運搬するクーラー・ボックスと保冷剤，ピンセットや使い捨て手袋，試料を一時的に入れておく容器などの細かい器具類，野帳などの文具類なども漏らさず準備リストに挙げておく．

(2) フィールドワークを行う前に準備すべきこと

　調査計画ができたら，調査の準備を行う．まず，調査地域が海外である場合は，ビザを取らなくてはならない．たいていの場合，試料の持ち帰りが伴うので，観光ビザで入国するのは望ましくない．国によってビザ発行の手続きも，難しさも，発行にかかる期間も異なるので，可能な限り早めに取りかかるべきである．また，万が一の場合に備えて保険に入っておくことも忘れてはならない．

　次に，物品の準備を行う．物品は，大きなバッグやコンテナに入れて運搬することが多い．物品を詰める際には，現地でバッグやコンテナを広げて詰めなおさなくても良いように，調査地点まで持って行くものと，宿やテントに置いておくものなど，現地での作業を予測しながらいくつかの運搬用具に分けて入れていく．調査地点に持って行くものは，持手のないコンテナよりも，キャスターがついた大きなバッグなどに入れた方が便利である．

また，非常時の現地での連絡先や親族の連絡先などのリストをつくり，関係者に配ることも忘れてはならない。

(3) フィールドワークを行う心構え

野外で調査をする場合，基本的な心構えとして，謙虚であることが重要である。試料採取を行う対象である自然に対して，共同研究者や研究協力者に対して，常に感謝の気持ちを持って行わなければならない。悪天候などで調査の予定が計画通りに行かないことはよくあるが，自分たちは慣れているから大丈夫，などと過信して無理に調査を決行することは避けなければならない。また，自分だけでなく他の調査メンバーの体調にも気を配り，無理をしないことが重要である。

(1) フィールド作業中の注意点

実際に現地で作業を行っているときには，何をおいても安全を優先させなければならない。強風のときに航海に出たり増水した川に入水したりすることは，絶対に避けなければならない。全員の体力を無駄に消耗しないためには，重い荷物の運搬などは，若く体力のある人間が進んで行うべきである。

次に重要なのは，野帳である。野帳とは，フィールドワークに必ず持って行く小さい帳面のことで，現場での観測の経過や測定値を記入する。これは，観測記録の最も基本的なものであり，観測時には常に携行する。野帳への記入は鉛筆で行い，訂正には消しゴムを使わず，訂正線を引く。万年筆やボールペンは水でインクが流れてしまい，読み取れなくなることがあるからである。野帳には観測年月日，観測地点名，観測時刻や天候，現場で測定された各種測定値の記録などを行う。通常，野帳記入係は，各種測定値を測定時にすぐ記入する。このとき，いちいち大きな声で記入する値を測定者に確認しなくてはならない。後で記憶に頼って記入することは絶対に避ける。

また，フィールドワークは常に共同作業で行われるため，自分の試料にしか目を向けないというような利己的な態度では決して全体の調査は成功しない。自分の試料を採取する作業はもちろんであるが，常に周りに目を配り，手伝うべき仕事を見つけて行うことがチームワークを保つのには必要である。手伝う際には，それぞれのメンバーが分析する項目は異なっているので，方法について間違いがないようによく聞き，理解しなければならない。たとえば水試料の

採取では，溶存酸素などのガスを測定するための試料は気泡が入らないように行うことが重要であるが，瓶(びん)の試料水による共洗いは必要でない。一方，微量溶存成分を測定する試料は入念に共洗いを行わないといけない。

(2) フィールド作業後の後片付けとまとめ

① 調査によって対象が攪乱されたままにしてはいけない

フィールドでの作業終了時には，原則的には調査前の状態に戻すことを心がける。たとえば生物試料や土壌試料の採取などで土を掘った場合は，必要な試料を採った後は埋め戻す。小さいことと思うかもしれないが，環境調査を行った後に調査地の環境を悪化させるようでは困るのである。もちろんゴミを捨てるなどは，もっての外である。

② 研究対象に何らかの犠牲を課す以上，決して調査のための調査で終わらせてはならない

学生や研究者による環境調査の中には，その結果をホームページなどでだけ公開し，学術雑誌，広範囲に頒布される報告書などの出版物では公表をしていないものが多い。しかし，調査には多くの人間の労力と時間，お金，そして自然への負担が伴っていることを考えれば，その成果を後世に残る出版物として世間に公表することが必要である。言い換えれば，出版できるレベルの重要性を持った目的によって計画された調査でなければ，フィールドワークなど行うべきではないのである。最近はさまざまな学会で市民活動家や高校生の化学クラブなどの研究成果を発表できるようになってきているが，それらのような研究機関以外のグループの成果も，もう一段上の出版を目指して行えば，社会に対してより多くのものが還元できると考えられる。もちろん，大学や研究所に所属する人間は，論文として出版することが義務である。

4.2.3 インタビューの方法

(1) インタビューの目的

インタビューというと，部屋の中など特定の場所で，インタビュアーが順に質問を投げかけ，インタビューを受ける人がそれに1つひとつ答えていき，そのやりとりがMDレコーダーなどに録音されていくといった，やや形式張っ

た質問―応答場面を思い起こすかもしれない。しかし、私たちは、テレビでときどき見かける通行人へのインタビューのように、日常生活の中で何か知りたいこと、分からないことがあって人に質問しながら、その人の話をしっかり聞くというコミュニケーション活動をしばしば行っている。ここでは、前者のようなフォーマルなものとともに、後者のような日常的なものも含めてインタビューとみなし、以下その目的、方法、留意点について述べていこう。

まず、インタビューを行って私たちは何を知りうるのかと考えた場合、その1つは理論的な知識といえるだろう。たとえば、学生が教員に講義内容について、いくつかまとまった質問をするような場合である。この場合、私たちは、インタビューの対象者がもつ専門的な知識を知ることになる。

しかし、それだけではなく、私たちは、ある人の固有の経験や意見について知るために、インタビューを行うこともある。たとえば、進路について考えている学生が、卒業した大学の先輩に社会人経験を聞くような場合である。卒論のための調査で人にインタビューする場合も、こうしたその人独自の経験や意見について知ることが目的とされることが多いであろう。

(2) インタビューの方法

インタビューの方法としては、大きく2つの方法を挙げることができる。1つは、構造的な（structured）インタビューである。この方法では、質問に対する応答ができるだけyes or noに近くなるように、限定的で明確な質問項目をつくることが求められる。たとえば、「今日の授業で学習した〇〇という概念の定義は、□□でいいですか」（上記の講義内容に関する教員への質問）といったタイプの質問によって、構造的なインタビューは進められる。

また、いま1つの方法は、半構造的な（semi-structured）インタビューである。この方法では、構造的なインタビューのようにどのような言葉で質問するか事前にはっきりと決めておく必要は必ずしもなく、おおよその質問項目を決めておいて、インタビューの場でのやりとりに即して比較的自由に対話を行っていくことになる。たとえば、「社会人1年目で気をつけるべきはどのようなことですか」（上記の大学の先輩に社会人経験を聞く質問）といったタイプの質問を手がかりとして、半構造的なインタビューは展開していく。つまり、両者の違いは、インタビューの場でコミュニケーションが一問一答式のように即興性

（その場でとっさに考えたり判断したりする度合い）の低いものなのか，それともある話題をめぐる語り合いのように即興性の高いものなのかという点に見出せる。

　この2つのインタビューの方法のうち，どちらを取るかは目的に応じて決まってくる。上記の質問例に見られるように，理論的（専門的）な知識を得るためなら，答えられる内容のまとまりがはっきりしているがゆえに，構造的なインタビューが適している場合が多いであろう。また，その人独自の経験や意見について知る場合は，答えられる内容が多面的であるがゆえに，半構造的なインタビューになりやすいといえる。

　ただし，どちらの方法であっても，インタビューは，質問する人と答える人の共同作業であるという点は押さえておく必要がある。たとえば，インタビュアーがあまりに緊張した面持ちでインタビューを行うならば，答える側も気詰まりになることがあるだろう。反対に，インタビュアーが快活で親しみの持てる様子で臨むならば，インタビューもスムーズに進行するだろう。つまり，インタビューというコミュニケーション活動は，質問する人と答える人のその場での人間関係に依存したものであり，両者が共同で創り出していく営みだということができる。

　なお，インタビューの際，インタビュアーは相手の話を聞きつつメモを取る必要がある。インタビュー時間が比較的長い場合には，MDなどの媒体に音声記録を残した方がよいこともある（ただし，録音にはインタビューされる人の了解が必要――以下の「インタビューの倫理」参照）。その場合は，インタビューの音声記録を文字に起こす作業（トランスクリプション〔transcription〕と言う）を行うことになる。

（3）インタビューを行う際の留意点――インタビューの倫理

　インタビューが，人にお願いして話を聞かせてもらうコミュニケーション活動である以上，インタビューの前にインタビューを行う側が留意し守るべき点がいくつかある。こうしたインタビューを計画し実行する際の倫理としては，次のようなことが考えられる。

　いうまでもなく，相手の人に事前にインタビューの許可を得なければならない。先に挙げたテレビでの通行人へのインタビューの場合でも，映像では見え

ない部分であらかじめ許可を得ているはずである（許可なく突然インタビューするなどはまったく反倫理的な行為である）。

　インタビューの許可を得る際には，まずこれから行おうとするインタビューの目的を説明し同意を得る必要がある。インタビューする側は何を知りたいのか，相手の理論的（専門的）な知識なのか，それともその人の経験や意見なのかということを，インタビューされる側に事前に明確に伝えなければならない。また同時に，構造的なインタビューであれ半構造的なインタビューであれ，およその質問項目を事前に伝える必要がある。どのようなタイプでどのような内容の質問をされるのかを，相手に明示しておくのである。

　さらに，インタビューの許可を得る際には，インタビューの中で話された内容の用い方を，事前に説明し同意を得る必要がある場合もある。上に挙げた学生が教員に講義内容について質問をするような場合は，この点についてあまり必要がないものの，卒業した大学の先輩に社会人経験を聞くような場合は注意を要する。たとえば，話された内容を講義・ゼミのレポートや卒論のデータとして用いるつもりならば，その内容が部分的にでも公表されることになるがゆえに，事前の説明と同意は必須である。つまり，話された内容を公表してもいいかどうかという点は，相手に必ず確認しておかなくてはならない。

　また，この点に関わって，話し手の実名は伏せた方がいいのか，それとも出してもよいのかということを事前に確認しておく必要がある。とくに，話される内容がその人独自の経験の場合，そこには個人情報が含まれることもあり，この匿名か実名かという点は重要なポイントとなる。

　以上のほかに，インタビュー内容を録音してもいいかどうか（許可が出ないなら，その場でメモを取る），部外者に話を聞かれないようにインタビューの場所（部屋）を確保した方がいいかどうか，講義・ゼミのレポートや卒論のデータとして用いるなど話された内容が公表される場合には，公表前にその内容を点検してもらった方がいいかどうかといった諸点も，インタビューされる人に確認しておくべき事柄である。

4.2.4 観察の方法
(1) 観察の技術とその練習

　人文社会系のフィールドワークでは，人が働く現場やさまざまな活動をしている現場（フィールド）に行って，実際にどんな活動が行われているか観察し，記録する。人にインタビューする場合でも，その人の口調・表情・態度に注意し，さらにその人の周囲の環境にも目を配ることで，より多様な情報が得られる。つまり，フィールドワークでは注意深い観察が重要である。

　しかし，いきなりフィールドに行って，観察を始めようと思っても，上手に観察ができるわけではない。実際に自分で現場に出向きフィールドワークを実体験し，それを何度も重ねることによって，フィールドワークの技術が訓練される。つまり優れたインタビューや鋭い観察は，経験を積み，訓練をすることで初めてできるようになる。

　観察の技術を習得するために大事なことは「ものがよく見える」ための目を養う訓練をすることである。観察はただ見るのではない。見るためには視点や方法が必要である。そこで，学生にはよりよい観察をするための実習（実体験）を勧めたい。

〈観察実習の準備〉

　まず，前もって①何を見るか（何を知りたいか）という観察の対象を決める，②また，観察をどう記録するか，考えておく。以下では筆者が10名程度のゼミで行っている観察の実習の例を挙げる。工夫すれば，1人でも応用して練習できるはずである。

〈観察実習の実際〉

　ここでは，見るということはどういうことか，視点を決めて見ると何が発見できるかを体得するため，ビデオを使った練習例を示す。ゼミでは，子ども数名と母親数名が砂場で遊んでいる場面を約10分間撮影したビデオを使った。

ビデオを利用した観察実習例

① 　ビデオを映す。ビデオは消音状態にして，学生はそれぞれ1人ずつで，画面に現れた行動や画面に映った物，活動に集中し，それらをできるだ

け詳細にノートに記録する。
② 10分たったらビデオを止めて，記録を整理する。
③ ノートを読み返し，記憶をたどりながら，書き漏らしたシーンや印象的だったシーンを補足的に書く。
④ 3人がグループになり，ノートを報告しあう。
⑤ 今度はもう1度ビデオを見るために，各自が自分で「視点」「ポイント」「観察テーマ」を決める。
⑥ 最初と同じビデオをもう1度見る。
⑦ あらかじめ決めておいた「視点」「ポイント」「観察テーマ」に従い，各自がノートを取る。
⑧ 3人でグループになり，自分がどんな「視点」や「観察テーマ」で記録したか，最初の観察と2回目の観察で記録がどう変わったかなど，お互いに発表して批評しあう。また，お互いのノートを見せ合い，記録の仕方を批評し合う。

　こうした順番で「ビデオ観察」の実習を行うと，2回目に見たビデオ場面が，いかに最初に見たビデオの印象と異なるかが実感できるはずである。たとえば，この砂場遊びのビデオからは，「母親と子どもはどんなやりとりをしているか」「男女で遊びに違いがあるか」「母親同士はどんなやりとりしているか」など，いろいろな観察の視点や注目点があるはずである。同じビデオを見ても，視点の立て方によって，まったく別の情報が得られることが分かる。
　そのように視点やテーマに基づき，同じ対象を見ると，まったく別の事実が「画面の中から」発見されることが実習から理解できるのである。また，1回見るのと2回見るのとの情報量の違いから，同じ対象を繰り返して観察することの重要性が分かるはずである。

(2) 観察記録の仕方——駅前フィールドワークの実習例
　(1)で述べたビデオを使った観察を今度は実際に現場で行い，それをどう記録するか，筆者がフィールドワーク実習で行った事例から説明する。筆者は，フィールドワークを学ぶために，学生と大学の近隣にある駅前で実習を行っている。

まず、駅周辺の全体像をつかむため、自分で歩いてみる。駅周辺には、スーパーマーケットやハンバーガー・ショップ、書店、飲食店など多くの小売店がある。買い物客、また多くの働く人がいる。駅には多くの通勤、通学者がいる。アーケードのベンチでは将棋を指している老人やおしゃべりをしている高校生たちがいる。どんな商店や施設が存在し、どんな人が何をしているのか実際に歩き回り、観察しておもしろそうなところを探す。

観察場面が決まったら、以下のようにできるだけ網羅的な観察ノートを記録する。また、観察が終わった後、できるだけ早い段階（記憶がまだ鮮明に残っている段階）で、観察ノートに詳しい付加的情報をつけていく。以下の例では（　）の中の記述が付加した情報である。また☆印は、自分が観察しながら発見した事柄である。この発見をさらに発展させ観察を続けると、自分のオリジナルな観察のヒントや研究課題ができていく。

観察記録の例

3時13分
　　キオスク　せかせか本の整理をしている店員（先週と同じ婦人）
　　商品整理が忙しそう。のどあめを高校生が買う。
　　　　（客は少ない。1人だけだった）

3時20分
　　紙を見せる女性、なにやら記入してもらう。結構、時間がかかる。受け答えをする店員。パックのコーヒー牛乳を買う太った高校生（大きなデイバッグを背負っている）。客の方は見ない。

3時22分
　　紙に記入してもらった女性（若い）は立ち去る。
　　女性、のどあめ、ティッシュ（女子高生が買った）。
　　スポーツ新聞2種買う（帽子をかぶった50歳くらいの男性）。
　　おばさん近づいてきて、コインロッカーが使えないことを店員に言う。
　　　　店員はシャッターをしめる。女性についてコインロッカーへ行く。
　　　　店員すぐに問題を解決する。おばさん、感謝して礼を言う。簡単な間違いだったようだ。

3時25分　店員戻ってくる。シャッターをあける。
　　　（☆ものを売る。整理をする←これに非常に長い時間をかけている，人に応対する←これは少ない）
　店員，商品の整理をはじめる。なくなった商品（タバコと思われる）の在庫数を数える。ノートにボールペンで記入する。（在庫管理と思われる）
　おばさん来る，財布を出して両替を頼む。店員は千円札を10枚出す。（千円札は10枚に整理してある）
　栄養ドリンクを買って飲む若いサラリーマン。
　○○駅発（○○高校経由）が到着。高校生がいっせいにおりてくる。
　　　（今日はまんがの発売日ではないようで，だれもキオスクに立ち寄らない）
　茶髪の若者，タバコを買う。新聞を買う。
　店員は体を乗り出して商品を整理する。ガムを補充する。週刊誌を束ねて置く。

3時37分
　回数券を買う。
　スポーツ新聞。
　タバコを女性が買う（ジーパン）。
　タバコを女性が買う（2箱，1万円両替）。
　週刊誌を眺める女性。買わないで立ち去る。（☆←キオスクでは立ち読みがない，品物を手にとってみることもない，普通の店とはタイプが違う？？）

　　　　　　　　以下略

参考文献
○第1節
藤田哲也編著（2006）『大学基礎講座——充実した大学生活をおくるために』（改増版）北大路書房．
東北大学付属図書館編集（2007）『東北大学生のための情報探索の基礎知識　基本編』．

斉藤喜門（1986）『大学・短大 課題レポート作成の基本――発想から提出まで』蒼丘書林。

第5章 考える

> 1　情報を「自分の見方・考え方」としてまとめる
> 2　自然科学研究の意義・方法
> 3　人文社会科学研究の意義・方法
> 4　科学の考え方

1　情報を「自分の見方・考え方」としてまとめる

5.1.1　情報を見きわめる

　今日，私たちは膨大な量の情報が日々飛び交う高度情報化社会の中に生きている。幸い，知の最前線に位置する大学は経済格差，地域格差と連関して拡大する情報格差（digital divide）とは無縁である。しかし，情報の洪水の中から正確な情報，信頼の置ける情報を見きわめることができなければ，せっかくの優位性を活かすことにはならず，虚偽の情報や根拠のない議論に踊らされることになる。そうならないためにはいつも問題意識を研ぎすまし，情報の質と量を見る眼を徹底して養わなければならない。

　他者の発言を鵜呑みにするような安直な態度は放棄する必要があり，ときとして定説や通説を疑ってかかることも必要となる。情報を理解しようとすれば，対象に深く鋭く切り込む鋭角的思考と，多元的で幅広い複眼的思考の両方が要求される。換言すれば，対象に穴を開けて内部を覗くようなやり方と，対象を上下ひっくり返したり，反対側から見たりするようなやり方の，どちらも欠けてはならないということである。

5.1.2　情報を判断し，他者を説得する

　情報の意味や価値を公正に，冷静に判断する力を身につけるためには，でき

るだけさまざまな現場に足を踏み入れ、自分自身で体験しながら、自分の眼でつぶさに観察し確かめ検証するという作業を、大学生活の中でこつこつと積み上げていかなければならない。

そのような作業を通して自分の世界が大きく広がれば、ともすれば自己中心的になりやすい思考回路からの離脱が容易になり、自分や自分の主張を相対化して見えるようになる。他者に自分の考えを伝え、説得し理解してもらうことは、自分自身のオリジナルな見方、考え方を確立することでもある。そのためには議論が論理的で緻密に組み立てられていることは当然として、熱心に表現力豊かに見解を述べ、人を惹きつけようとする自分と、それを第三者的に冷静に見つめ、相手の意見にも謙虚に耳を傾けて結論を留保することも厭わない自分の、2人の自分がいなければならない。

旺盛な探求心は学問に向き合うことを支え、問題解決能力を育成する。物事に能動的に取り組めば大学生活はいくら時間があっても足らないし、逆に、受動的生活を送れば、することがなくて暇をもてあますことになる。大学生活の自由は自己責任と表裏をなしていることをはき違えないようにしたい。

●コラム 携帯文化

近年、「携帯」文化の発展は目をみはるばかりで、携帯は人間の行動様式や人間関係のあり方を大きく変えた。携帯電話の機能は多様化し、ウェブサイトの閲覧のみならず、音楽や文学作品のダウンロードができ、さらにはワンセグのテレビや録画機能を備える機種も普通になりつつある。

出席の確認や講義内容の理解度を知るために、授業中に携帯を活用するトレンディな大学も出てきた。図書館では蔵書を携帯から検索や予約できる携帯版OPACの利用がすでに始まっている。携帯は学生の身分証明書としても大学購買部での物品の購入にも、早晩使われるようになろう。他方、iPodなどの携帯型デジタル・オーディオも、学生の間ではすでに語学学習やストレージとして利用され、映像再生が可能なディスプレイの進化によって、YouTubeや映画だけでなく、BBCのニュースや多様な教育プログラム、さらには大学のHPから欠席した講義の収録ビデオまでダウンロードして持ち出し、どこでも楽しみながら勉強できるようになった。これら新しいデジタル・デバイスの利用価値はどんどん広がり、今や学生生活には欠かせない、大学にとっても利用しない手はない、情

報端末や情報ツールになりつつある。

　しかし、ここでは安易に「携帯文化」の輝かしい未来像を語ることはやめておこう。現実には、いくら禁止しても授業中に鳴り響く着信音や机に共鳴する振動音、あるいは筆記具を持つより机の下で携帯をもてあそぶ時間の長さなど、苦言を呈したいことはいくつもある。学生の中には、パソコンで打つより携帯の方が早いからといって、レポートを携帯から送ってくる不届き者の猛者もいる。携帯の普及により、メールは手紙に代わってもっとも頻繁に利用される、コストがほとんどかからない便利で重要なコミュニケーション手段となってきた。短い文章に閉じこめられた感情や情報が行き交うメールの手軽さ、メル友の輪の中にいるという安心感はさておき、メールに手紙の役割を担わせようとするならば、書く行為を通じて手紙が本来持っていた言葉の重さ、あるいは言霊に、文字を打つときにも敬意を払う必要があろう。

　コミュニケーション手段としての手紙にもメールにも、厳密なルールや作法はないが、直接に会って話さない分、相手の立場を思いやり、誤解を招かないように、非礼にならないように努めることは当然のことである。独りよがりの親愛の表現ほど、困ったものはない。心は熱くても文章はクールに、気負わずに。手紙をしたためるときには、まず拝啓や前略の頭語を置き、季節感を感じさせる時候の挨拶と安否の問いを連ねて、相手との位置関係によって尊敬語、謙譲語、丁寧語を使い分けながら文章で気持ちや用件を伝え、敬具や早々などの結語で締めくくるのが慣習とされてきた。メールにこの同じ文体構造を求めるなら、メールの優位性や軽快さは見事に失われてしまうだろう。

　とはいえ、短いメール1つにも、差出人のコミュニケーション能力、社会常識や基礎学力が試されていることは言を俟たない。TPOをわきまえ、きちんとした書き言葉、話し言葉を身につけているか。文章は簡潔、丁寧で的確か。読み返して誤字脱字や仮名遣いの誤りなどをチェックするだけの、細心の注意が払われているか。さらに企画力、創造力を示すような語彙の豊富さ、発想の豊かさを読み取れるか。そして、出す時機を逸していないか。

　携帯メールと社会で一般に使われているPCメールの差異にも注意を払う必要がある。携帯では件名がなくても、着信時に誰からのメールかほとんど識別できるが、PCのアドレスに宛てたメールでは、携帯特有の顔文字やギャル文字がすっかり文字化けして認識不能となり、件名がなければ迷惑メールとして即座にごみ箱行きの運命をたどることを知っておいてほしい。大学に話を戻すと、それぞれの分野の専門家である教員は、学生にとって身近で大切な情報源であり、教室や研究室で話を聞くだけでなく、教員とメル友になり、さまざまな疑問を投げか

け，意見を交え，一緒に考えてもらうことは重要である。ただ，社会が変わっても人間がそう変わるわけではない。当の筆者のように，温故知新という言葉を大切にする古い大学人にも，良い意味で印象に残るメールが届くことを願っている。

2 自然科学研究の意義・方法

5.2.1 自然科学における研究とは

自然科学の研究とは，いわば自然とのコミュニケーションである。自然を観察し，自然を支配する法則を発見し，それを応用することが自然科学の目的である。

法則とひとまとめに表現するが，非常に根源的な法則もあるし，もっと身近なものもある。有名な例にニュートンの運動方程式があるが，この式は根源的なものの1つである。

$$F = ma$$

この式は簡単であるが，物体に働く力（F），物体の質量（m），そして加速度（a）という概念が含まれていて，中身の濃い式である。これは物理の初歩ともいうべきもので，この式を応用して種々の問題が解かれる。糸で吊るした振り子の振動の記述，それから導かれる振動の周期，また斜め上方に投げられたボールの軌跡や最高点の高さ，などは高校で習った人も多いだろう。

この運動方程式はどのように導かれたか。ガリレオからニュートンに至る，物体の運動の詳しい観察から帰納されたものであることは，よく知られている。このように，法則は自然現象の観察から導かれる。自然界の個々の事象を詳しく観察し，その現象にかかわる諸要素を把握し，それらの間に成り立つ関係を解明し，その現象の奥に潜む法則を明らかにする，そうした一連の作業が自然科学の研究である。このような分析的手法は自然科学の代表的な方法論の1つであり，要素還元型の研究法といわれる。

これと関連することであるが，ミクロとマクロという視点も重要である。われわれが普通に観測や実験の対象とするものは，多数の原子や分子を含んでいるものであるが，普通の観測では，圧力とか体積とかいった少数の量を指定して，その対象の「状態」を記述する。これを巨視的状態（macroscopic state）と

いう．これに対して，少なくとも考えのうえでは，対象を構成する個々の原子や分子の状態を精密に指定することができる．これを微視的状態（microscopic state）という．

たとえば箱の中に空気を閉じ込めたとしよう．箱にはピストンが付いていて，空気の体積を大きくしたり小さくしたりできると考える．ピストンを押せば空気の体積は小さくなり，ピストンを押し戻す力が働く．空気の圧力が高まったのである．ピストンを引けば圧力が低くなり，ピストンを引き込もうとする力が働く．こうした観察から空気の圧力と体積の間には反比例の関係がありそうだと気づく．実際，圧力と体積を掛け合わせたものは一定である．

圧力という，いわば目に見える量と中の空気との関係はどうなっているのであろうか．空気が酸素と窒素を主成分とする気体であることはよく知られている．その気体がどういう仕組みで圧力として現れるのであろうか．箱の温度を上げてみる．するとピストンは押し戻される．圧力が温度とともに上昇することが読み取れる．酸素分子や窒素分子の運動が激しくなることが圧力の増加につながっているらしい，と想像される．すなわち，圧力というマクロな観測値をもたらすのは気体分子の運動なのである．

このようにして気体運動論が生まれた．そして，よく知られている気体の状態方程式が導かれた（本章第4節5.4.2参照）．

自然科学の研究で，もう1つ大切なことは，本質的に重要なものを見抜き，そこから出発して現象を説明する手法である．複雑きわまりない現象の観察から，その奥にひそむ重要なものを見出すこと，抽象することである．例として，固体の比熱の問題が挙げられる（本章第4節5.4.3参照）．

物理学的な問題を例にとったが，上に述べたような考え方はあらゆる自然科学の分野で意識的に適用され，その発展に寄与してきた．分子生物学の分野でセントラル・ドグマ（中心命題）と呼ばれていることの成り立ちと，その意味をたどってみたい．研究の遂行にあたってまず仮説を立て，それに基づいて実験を計画し，そして実施し，データを採取して，仮説を検証するという典型的な方法の1つと考えられる．

メンデルの法則はよく知られている．えんどう豆の花の色が異なるものを掛け合わせると，子の世代には優性の色だけが観測されるが，孫の世代になると

4分の1の割合で劣性の色も現れるといったことである。遺伝子の存在を仮定するとそれがよく説明されることは，メンデルの時代でも明らかであった。遺伝子は細胞の核に存在する染色体が担っており，その本体がDNAであることは現在では明らかであるが，このことが確立されるには年月が必要であった。

　生体物質の分析的な研究が進んで，遺伝にかかわる重要な物質として，タンパク質と核酸がクローズアップされてきた。そのどちらが本体であるかが熱く論じられる時代があった（本章第4節5.4.4参照）。

　DNAの二重らせん構造が報告され，それが遺伝情報の保存と発現に適したものであることが認識されるにつれて，遺伝物質の本体がDNAであり，その情報がRNAに転写され，そしてタンパク質へと翻訳されると考えられるようになった。その過程を最初に定式化したのが，二重らせんモデルの提唱者の1人，クリックであった。

　彼は1958年に開催された「生体高分子物質の複製」と題するシンポジウムにおいて，

$$DNA \longrightarrow RNA \longrightarrow タンパク質$$

という情報の流れを提唱し，これを分子生物学のセントラル・ドグマと呼んだ。ドグマの辞書による意味は，教理とか教条とかいうものであり，時には独断的な意見のことを指すこともある。クリックとしては，実験的に十分な裏付けはないけれども，生物の営みにおいて，遺伝情報を担う本体がDNAであり，その情報がいったんRNAへ伝えられ，そしてタンパク質として発現していくことを主張したかったのであろう。この段階ではまだ仮説であった（本章第4節5.4.5参照）。

5.2.2　良い研究とは

　一言で言えば，「世の中に大きな影響を及ぼす研究」が良い研究である（ここでいう「良い」とは倫理的な意味ではなく，純粋に学術的な意味で「価値が高い」ということである）。アインシュタインの相対性理論やワトソンとクリックのDNA二重らせんモデルなどは，自然科学の枠を越えて哲学にまで大きな影響を与えた。歴史的に見ればそのような研究は決して少なくないが，一般的には各研究者の専門とする学問分野において，より大きな影響力をもつ研究が良い

研究ということになるであろう。

　誰も思い及ばなかったことを発見したら，あるいは多くの人が「知りたい」と熱望しながら答えられなかった問題に，明快な解答を示すことができたなら，それは「良い研究」と評価されるはずである。自分の発見がもとになって教科書の記述が改められる，あるいは教科書に新たな1ページが付け加えられるとしたら，これほど痛快なことはない。また自分が見つけた事象や開発した物質に世界中の多くの研究者が注目し，それについて研究を発展させていくのを目の当たりにできたなら，研究者冥利に尽きるというものであろう。そのような研究はそれまでの概念を改めさせる，あるいは新しい概念を打ち立てる研究であり，その改変の度合いや包含する意味が大きければ大きいほど，より高く評価されることになる。それらは多くの新しい研究の出発点となり，したがって大きな影響力を持つのである。

5.2.3　研究の準備
(1) テーマを選ぶ

　「研究」は，世界でまだ誰も知らない科学的真理を明らかにすることである。この点で，すでに分かっていることを教材として訓練を行う学生実験とは本質的に異なっている。したがって研究は，まず何らかの未知の問題をテーマとして見つけるところから始まる。読者が子どもの頃，昆虫少年だったなら，蝶の翅の模様がどのようなしくみで形成されるのかを研究したいと思うかもしれない。あるいは所属する研究室で長年の積み重ねによって明らかになってきた知見を，さらに深めようとすることもあるだろう。優れた論文を読み，そこから浮かび上がってきた新たな課題に挑戦したいという場合もあってよい。いずれにせよ，少しでも良い研究に発展する可能性の高いテーマ，そして何よりも，自分が本当に「面白い」と思えるテーマを選びたいものである。研究という作業は，実際に始めてみれば，決して楽しいことばかりではない。むしろ面倒くさいことや，苦しいことの方が多いだろう。「どうしても知りたい」という強い思いがなければ，とても続けられるものではない。

　何かアイディアを思いついたら，まずそれに関連する分野ですでに出版されている文献を読む必要がある。その問題は本当にこれまで誰にも研究されてい

ないのか、その分野ではどのようなことがどの程度分かっているのか、などの点を調べるわけである。これを通じて、いま、その分野で何が一番大きな問題なのかを吟味し、具体的なテーマを決めることになる。この過程を疎かにすると、すでに誰かが明らかにしてしまったことの繰り返しになったり、自分と同じことをすでに他の人が研究し始めていて、先にその成果を発表されてしまったり、というようなことが起こる。研究を始める前に、関連分野の情勢を把握しておくことが重要なのである。

学部の卒業研究や修士課程での研究においては、自分でテーマを考えることは少なく、先生からテーマが提示されるのが普通であろう。しかしそのような場合でも、ここで述べた過程は一通り自分でやっておくべきである。たとえ先生が出したテーマであっても、実際に研究をするのは自分なのだから、その分野の状況については自分が一番よく知っているべきなのである。先生が常に正確な知識をもって、正しい判断をしてくれるという保証はどこにもない。

自分の独自性を見失うから、他人の論文はあまり読まない方がよい、という考え方もある。確かにそれには一理あるのだが、今のように科学の進歩が速いと、研究者人口が少ない分野は別として、競争の激しい分野ではなかなかそういうわけにはいかない。自分が思いつくようなことは、たいてい世界のどこかで誰かが思いついているのが現実だからである。大事なのは、自分の頭で考えることと、他人がやっていることを知ることとのバランスである。良い研究は、当然、独創性が高いものでなければならないが、他人の研究を気にしすぎると、どうしても重箱の隅をつつくような研究になりやすい。関連分野の研究の現状を的確に把握しつつ、その中でいかに独自のアイディアを持てるかが鍵なのである。

(2) 実験の原理を理解する

実験系の分野では、いろいろな装置や試薬を用いてさまざまな実験が行われる。卒業研究で講座に配属されたら、最初は先生や先輩から手ほどきを受けることになる。詳細なマニュアルを与えられることもあるだろう。しかしマニュアルの通りに手を動かしているだけでは、研究能力は身につかない。その実験法がどのような原理にもとづいており、1つひとつの操作がどんな意味を持つのかをよく理解しておく必要がある。また用いる装置や測定法のしくみ、試薬

の性質なども一通り把握しておくべきである。分からない点があれば指導者に納得がいくまで質問し、さらに自分で資料や文献を調べる。

　研究分野によっては便利な試薬キットが使われることも多いが、それらについても可能な限り、含まれている各成分の性質や役割を理解しておいた方がよい。意味も分からずに実験をしていると、たとえその場はうまくいったとしても、ほんの少し条件が変わっただけで対応できなくなる。また、うまくいかなかったときに、その対策を考えることもできないだろう。

　現在使われている実験法は、先人達の偉大な研究成果にもとづいているものが多い。そのような研究まで自分でさかのぼって調べると、講義で教わる場合とは一味違う、生きた勉強ができることになる。

(3) 研究計画を立てる

　上に述べた準備が終わったら、いよいよ研究計画を作成する。最初に大きな仮説を立て、その妥当性を確かめようとするテーマもあるだろう。考えられる可能性がいくつかあり、そのうちどれが正しいかを見いだそうというタイプの研究もある。答の予測がつかず、やってみなければ分からない、という場合も少なくない。いずれにしても、研究開始の時点で問題解決に必要と考えられる実験を列挙し、優先度の高いものから順に実行していくのが普通である。実際には、重要度の高さ、実験の容易さなどによって優先順位を決める。他の人の実験データが研究の出発点になっている場合ならば、その再現性を確かめることが最優先かもしれない。いずれにせよ実験を行うごとに、その結果によって次に必要な実験が明らかになってくる、ということを繰り返しながら、研究を進めていくことが多い。

　行うべき実験が決まったら、その手順を実験ノートに一通り書き出す。実際に行う操作、用意する試薬、使用する機器などを頭の中に思い浮かべながら、具体的に書いていく。実験には1日で終了するものから、数週間あるいは数カ月にわたるものまでいろいろあるが、なるべく早く、しかも低コストで結果が得られるように、研究効率を考えて計画を立てるべきである。しかしあまり欲張って、1回の実験で調べる項目を多くしすぎたり、並行して同時にいくつもの実験を行ったりするのは考えものである。経験を積んだ研究者ならともかく、慣れないうちは無理な計画を立てないよう、注意をしなければならない。計画

を立てる際には，指導者とよく相談すべきである。

　研究の立案や遂行にあたっては，指導者や周囲の人々，とくに同じ研究室の仲間たちとのコミュニケーションを大切にしてほしい。たとえ独立した研究テーマが与えられたとしても，あくまでも研究室全体の枠組みの中でその研究を分担しているのだ，ということを自覚すべきである。研究室のセミナーなどでは，自分のテーマとはあまり関係がない研究をしている人の話も，注意深く聞くようにしよう。必ずどこかで自分の役に立つことがあるものである。また実験の合間のおしゃべりでも，無駄話ばかりではなく，研究の話をしよう。偶然にせよ，せっかく出会った仲間なのだから，そのつながりを大事にしない手はない。互いに気持ちよく話し合い，知識や情報を共有することによって，自分自身も研究室の他のメンバーも，スムーズに研究を進めることができるのである。

5.2.4　研究の論理
(1) コントロールの重要性

　実験によって得られるデータは，ほとんどの場合，何らかの基準になるデータと比較することによってはじめて意味を持つ。たとえば，ある化合物Aがヒトのがん細胞の増殖を抑える効果を持つかどうかを調べたいとする。栄養液（培地）を入れた培養皿の中で増殖しているがん細胞について，化合物Aを培地に添加して細胞の増殖の様子を観察しても，それだけではこの化合物の効果を知ることはできない。同じがん細胞を，化合物Aを加えないだけでそれ以外はすべて同じ条件で培養する試料を別に用意し，両者の間で増殖の程度を比較することによってはじめて，化合物Aの増殖抑制効果が判定できるのである。

　このような比較の基準となる試料のことをコントロール（対照）と呼び，何の操作も加えない（この例では化合物Aを添加しない）基準試料のことを，とくにネガティブ・コントロールと呼ぶ。適切なコントロールがおかれていない実験からは，何の答も得られない。なおコントロールは，試験試料と同時に実験を行ってこそ意味がある。他の人のデータや自分が別の時に行った実験のデータは，コントロールとしては適さない。実際に得られる数値は，実験ごとに異

なるのが普通だからである。

　一方，化合物Aを加えても変化が見られなかった場合，ただちに増殖抑制効果がないと言い切れるだろうか。何らかの原因で，たまたま実験がうまくいかなかっただけではないのか。この点を見きわめるには，ポジティブ・コントロールと呼ばれる試料を用意するのがよい。仮に化合物Aがマウスのがん細胞の増殖を抑えることがすでに分かっているならば，マウスのがん細胞を用いた実験を並行して行ってみる。あるいはA以外にヒトのがん細胞の増殖を抑える化合物が知られているのならば，それを用いた実験を同時に行ってみる。これらの実験で増殖抑制効果が見られるにもかかわらず，化合物Aがヒトのがん細胞の増殖を抑えなかったならば，化合物Aはヒトのがん細胞には有効ではない可能性が高くなる。ただし類似の研究例がほとんどない場合には，適当なポジティブ・コントロールが得にくいこともある。

(2) 実験データの信頼性

　1回の実験で化合物Aがヒトがん細胞の増殖を抑えたとしても，それだけではその効果を判定するには不十分である。偶然そうなっただけかもしれないからである。実験データを正しく評価するためには，再現性を確かめなければならない。すなわち，同じ条件で実験を繰り返せば，同じ結果が得られることを確認するのである。研究経験が浅く，自分の実験技術に自信が持てない間は，とくに念入りに再現性を確かめるべきである。

　データの信頼性を高める1つの手段は，データの定量化である。培養されているがん細胞を顕微鏡で見て，化合物Aを加えた場合の方がコントロールよりも細胞数が少ない，と言葉で表現するだけでは，客観的にデータを評価することは難しい。実際に細胞を数えてみて，化合物Aを加えると，一定時間，培養した後の細胞数がコントロールの20％になった，というように数字で表現することによって，客観性が高まるのである。数値化されたデータを定量的データ，そうでないものを定性的データと呼ぶ。

　定量的データの最も大きな価値は，統計学的な取扱いができるところにある。たとえば，ある種類の細胞を用いて，化合物Aの効果を調べる実験を4回行ったとしよう。各回の実験で得られた細胞数について，コントロールと化合物A添加のそれぞれの場合で平均値と標準偏差を求める。これらの値，および検

体数(計算に用いたデータの数,この場合は4)をもとに,化合物Aの有無によって細胞数に違いがあるかどうかの判断に関し,その信頼性を表す数値を統計学の理論にもとづいて計算することができる。

たとえば生命科学分野でよく用いられるt検定と呼ばれる方法では,Pという値が使われる。これは,「化合物Aを加えた試料とコントロールとの間で細胞数に差がある」という判断をした場合に,それが誤りである危険度を表す値である。実際には,「$P<0.05$で有意差がある」というように表現され,これは「両者に差がある確率は95％以上である」ということを表している。有意差ありと判定するのに必要とされるP値は研究分野や実験目的によって異なり,これが小さければ小さいほど,求められる基準は厳しいことになる。ちなみに生命科学では$P<0.05$が基準とされることが多い。

統計学的検定は,自然科学のみならず人文・社会科学でも重要であり,使用される検定法は研究分野によって異なる。上述したいろいろな統計学的数値は表計算ソフトを使えば簡単に得られるが,それらの数値を正しく利用するには,各学部で講義される統計学の最低限の基礎を理解しておく必要がある。

(3) 実験データにもとづく推論とその論理

多くの事象の中にひそむ,普遍的な原理を引き出そうとするのが自然科学の論理である。実験の結果をもとにある一般的結論を導くには,条件や材料をさまざまに変えて実験を行い,それらの結果に共通して現れる事実を探ることになる。もちろん上で述べたように,条件や材料が変わるごとに同じ実験を何回か繰り返し,統計学的処理によって結果を判定しなければならない。各条件での実験の判定結果が,すべてある結論を支持しているならば,その結論の妥当性は高いといえる。しかし,こうして得られる結論は,どれほど確からしく見えようとも,常に覆される可能性をはらむ。たとえ100通りの条件での実験結果がすべてその結論を支持していたとしても,101番目の条件では矛盾する結果が出るかもしれないからである。逆に,矛盾する実験結果は1つだけで結論を覆すのに十分である。これは科学の論理の宿命である。

上述の化合物Aの例で考えてみよう。ある患者の肝臓がんの細胞に対して,化合物Aが増殖を抑制したとする。これだけでは化合物Aの一般的効果は分からない。がん細胞の性質は由来する臓器ごとに異なるし,また肝臓がんの細

胞と一口に言っても，実際には患者ごとに，あるいはがんの進行度によって性質が異なる。一方，正常細胞の方も，由来する組織ごとに性質はまちまちである。「化合物Aはがん細胞の増殖を抑制するが，正常細胞の増殖には影響しない」という一般的結論を得るにはどうすればよいか。いろいろながん細胞と正常細胞について調べてみるしかない。それらすべてのがん細胞では増殖が抑えられ，正常細胞では影響がなかったならば，上の結論の妥当性は高くなる。

　一方，もし増殖が抑制されないがん細胞が見つかったらどうするか。それを例外として取り扱うのならば，「がん細胞」というところを「多くのがん細胞」に変えればよい。しかし，このような小さな修正で済むことばかりではない。矛盾する実験結果を例外として扱うには，何らかの基準が必要である。たとえば，正常細胞で増殖抑制が見られるものが出てきた場合，「正常細胞でも，増殖のとくに速い細胞は化合物Aの影響を受ける」というようにである。例外を認める正当な根拠がどう考えても見つからないのなら，そもそも化合物Aの作用に関して「がん細胞」と「正常細胞」という区別をすること自体，正しさが疑われることになり，研究は振り出しに戻る。実際の研究においては，このようなことは日常茶飯事である。

　自分が立てた仮説や論旨は大切にすべきであり，少しくらい否定的な結果になったからといって簡単にあきらめるのはよくない。しかし明らかに矛盾する実験結果が出てきたならば，きっぱりとそれらの仮説や論旨を捨て去る潔さも必要である。常に曇りのない目で実験結果を見ることを心がけなければならない。

5.2.5 実験ノートの作成

　実験を行ったら，その内容を実験ノートに詳細に記録する。実験ノートは，あとで研究発表を行ったり論文を作成したりするための唯一の基礎資料である。したがって，どのような実験によりどのような結果が得られたかが，容易に追跡できるように記載しておかなくてはならない。記録されている通りに実験を行えば同じ結果が得られるように，必要な事項はすべて正確に記入すべきである。また，たとえ1人で行った実験であっても，その結果は自分だけの所有物ではなく，研究室の貴重な共有財産である。そのノートを参考にして，次の後

輩が研究を引き継ぐことも多い。したがって、実験ノートは自分のためだけではなく、誰が見ても理解できるように書く必要がある。

ノートには実際に実験を行った日付を明記し、時間を追って記入していく。実験の記録は、事前に実験計画を記入してあるのと同じページに記入するのがよい。実際の実験は計画通りに進むことは少なく、必要に応じて変更を加えながら行うのが普通である。どのような理由でどのような変更を行ったかを、計画と対比させるように記入する。予定を変更したからといって、決して元の計画についての記載を消去してはならない。変更の過程をたどることが、あとで重要になる場合が多いからである。ページの中央に縦線を引いて左右2つの欄に分け、左側に実験計画、右側に実験記録を記入するのも良い方法である。実験の記録は、実験中にそのつど行う。適当な紙にメモを取っておいてあとで清書するというやり方では、忘れたり記憶違いをしたりすることがある。

実験データはその日のうちに整理し、どの実験の結果であるかが容易に分かるようにしておく。グラフなどはノートの同じ場所に貼り付ければよいが、写真フィルムなど貼り付けられないものは、日付や番号によってノートと照合できるように整理し、保管しておく。1つの実験が終わったら、その結果の要約と考察、問題点や不足している点、次に必要な実験などを箇条書きにして記入する。その日のうちにデータとノートの整理を済ませ、次の日の予定を決めてから帰宅する習慣を身につけたいものである。

実験ノートには、自分自身や研究室にとっての記録というだけでなく、証拠物件としての意味もある。不幸にしてデータの改竄（かいざん）や捏造（ねつぞう）が疑われた場合や、特許関連の係争に巻き込まれた場合などには、実際に実験が行われたことを示す証拠として、実験ノートの提出が求められる。そのような場合に備えて、以下のような点が原則とされている。すなわち、①ルーズリーフなどではなく、大学ノートのような綴じられたノートを使う、②鉛筆のような、記載内容が容易に消去できる筆記具は使わない、③記載事項を訂正するときは、該当個所に二重取消し線を引き、その傍らに変更後の内容を記入する、などである。いずれも、事後に内容を改竄していないことを主張するための配慮である。実際には、実験ノートに関する考え方は研究室ごとに違い、このような原則は必ずしも一般的とはいえないので、指導教員とよく相談してほしい。

3 人文社会科学研究の意義・方法

5.3.1 研究とは

　日常生活でもいろいろな調べごとや情報収集が行われている。情報の洪水の中で日常的決定（たとえば車を買うという決定）を下そうとすれば，広告宣伝や伝聞に惑わされないよう，雑誌を読み，ウェブサイトを調べ，販売店で現物を見，専門家の意見を聞くなどして，決断を下す際の根拠になる情報を集めなければならない。これに対して，学問的研究は，もっぱら知的好奇心と知的発見を目的として行われるところに大きな特徴がある。単なる好奇心ではなく，学問的な知的好奇心に導かれて新たな知的発見をするためには，多くの要求事項に応えなければならず，労力の要る難しい仕事である。それは，学問的研究というものが，学問分野に固有の厳格な方法論に基づいて進められるよう求められているからである。ここではそのような具体的な学問的方法論ではなく，学問的要請に基づいた研究を行う際の一般的な心構えについて，人文科学分野を念頭に置いて述べてみよう。

　専門課程に入った，あるいは入る少し前の学生は，授業の過程で図書館やインターネットのウェブサイトを活用して，多くの書物や論文を読むような課題を与えられる。そして，それぞれは固有のパターンと意味を持ったものであるが，それらの個別情報をつなぎ合わせて自分の意見をまとめるように求められることが多い。

　すでに存在している知識をまとめたり，分かっている事柄を整理したりするのが学問だろうかという疑問が湧くかもしれない。しかし，これは学生が学問の社会に近づくための第一歩なのである。大学の先生は，何らかの学問分野の研究者コミュニティに所属しており，入学してきた学生が卒業までにその研究者コミュニティの一隅に何らかの居場所を見出せるよう手引きを与えようと努力している。学生は，授業や演習を通して初歩的な段階から学術的なコミュニケーションに参加し，個人の好奇心と知的感受性をもって質問をし，自ら解答を求めようとして文献を探し，そしてエッセイや論文を書くことを通じて，研究者の卵としての居場所を少しずつ見出していくのである。

もちろん，将来，大学生がすべて研究者コミュニティのフル・メンバーになるわけではなく，社会のそれぞれの場で職務につくことになるのであるが，学士の学位を得るということは，そのコミュニティへの参加を望むのであれば，先へ進む資格が得られることを意味している。それはまた，知識基盤社会と呼ばれる現代社会において必要とされる基礎的な能力を身につけることも意味している。

5.3.2 なぜ研究をするか

大学生が研究を行い，エッセイや研究論文を書く目的は，次のような経験を積むためである。

- 学んでいる分野の中でまだ明らかになっていないと思う問題について疑問を抱くこと。
- 文献や資料を探して，その疑問に関してどんな研究が行われてきたかを調べること。
- 他の人たちの考えを調べ，自分なりにその疑問に対する答えとなるような仮説を立ててみること。
- 同じ研究分野の人たちがどんな手法を使ったり，開発したりしているかを学ぶこと。
- 仮説の検証に必要な情報を収集したり，手法を適用してデータを作成したりすること。
- 収集した情報やデータを用いて仮説が検証されるかどうかを分析すること。
- 分析の結果について考察し，結論や提案を導くこと。

以上の経過は，①疑問，②文献，③仮説，④手法，⑤データ，⑥分析，⑦考察という7つのステップとしてまとめられる。この手順がうまく機能すると，第7ステップの考察から最初の段階で出された疑問に対する解答が得られるが，解けないことが分かったり，最初の疑問は解けたけれども，別の疑問が湧いたりすれば，新しい研究のサイクルが始まることになる。ただし，分析の段階まで進んだところで，せっかく収集したり作成したりしたデータが仮説検証に向いたものではないことが分かるようではよくない。このようなことにならないよう，研究を始める際に手法や分析のことも少し考えるようにするのが大切で

ある。

　研究をすることで情報源や手法が増え，さらに重要な研究上の疑問へとつながっていく。このような知的作業は，大学入学前には経験することができなかったエキサイティングなものである。

　もっとも，論文を書くのに常に研究が必要なわけではない。しかし，ある特定の分野でいっそう詳細な知識が必要な場合には，研究をしなければならない。研究は，一定の修業を必要とする複雑なスキルであって，本来，特定の主題についての知識を創造したり，対立する情報を適切に扱ったり，あるいは特定の研究領域の問題を考えたりする場合に必要とされるものである。指導を受けながら自分で研究を行ってみると，質問をすること，疑問をもつことが大学教育の中でいかに重要なものであるかがだんだんと理解できるようになるはずである。

5.3.3 研究のために用いる資料の評価

　印刷された資料，人的資料（インタビュー，講義，討議等），電子的資料など，研究に用いられるすべての資料は，研究を支えるものであるから，その信頼性，確実性を評価して用いる必要がある。つまり，使用する資料に関する品質管理の問題である。図書館で利用する印刷物は，出版社と図書館による選別というスクリーニングを経ているので，他の資料に比べると信頼性が高い。

　インタビュー調査の結果を用いるとき（とくに専門家の意見調査として用いるとき）には，調査対象者の信頼性をしっかりチェックしておく必要がある。

　電子情報の信頼性（とくに CD-ROM の形をとった出版物以外の電子的情報の信頼性）については，とりわけ注意が必要である。インターネットのウェブサイトから情報を取得する際に，どのような点に注意が必要かについては，第4章第1節を参照されたい。

　一般に資料の質については，以下のチェック・リストに従ってイエスの数が多いほど，良質のものと考えられる。

① 信頼性：この資料の信頼性は明瞭で適切なものか。著者は適任者か。
② 正確性：事実関係の情報は，適切な当局の報告書・統計・発表資料等を通じて確認することができるか。述べられている意見は，検証可能か。

③ 客観性：資料は客観性をもったもので，宣伝・偏向・隠された動機などはないか。言葉は公明正大に述べられているか。統計的証拠は信頼できるか。
④ 適時性：資料は古くならないように頻繁に更新されているか。最新の研究成果を反映しているか。
⑤ カバーする範囲：その資料は，完全か，部分的か，または議論の背景から切り離されていて誤解を招くものか。元の資料を手に入れる経路は分かるか。もし当該資料が絶版になっている場合，新しい形で入手が可能か。

5.3.4 研究資料の種類

研究資料には，印刷物（書籍や学術雑誌，一般雑誌，新聞，パンフレット等），電子媒体（CD-ROM，電子ジャーナル，インターネット，WWW等），人的ソース（インタビュー，聞き取り調査，アンケート調査，講義・講演等），自身の経験（フィールドワークでの観察や実験室での計測等）など，さまざまな形態のものがある。どのような研究資料が必要かは，研究の種類と研究者のリサーチ・クエスチョン（研究者が研究上の問題に取り組むにあたって，答えを出したいと思う特定の問題について問いかけるもので，質問の形をとった明確な問題提起）によって決まる。情報技術の発達により，現在では利用可能な情報はきわめて多い。研究者は，どこに必要としている資料があるかを知ることが重要である。入学時に行われる図書館および学術情報館の利用ガイダンスは，その基礎となる。しかし，情報アンテナは社会生活できわめて重要な役割を果たす知的第六感である。在学中に絶えずそれを強化するよう心がけてほしい。

5.3.5 個別の方法論

人文社会科学の研究でも，実験，フィールド調査，インタビュー調査，数理解析，統計的・計量的手法，シミュレーション・プログラム研究など，問題処理に応じて特別の手法を用いるものもある。使用頻度は分野に応じて異なるため，自分の進もうとしている分野でよく用いられる手法がどんなものであるかを調べ，できるだけ早い段階で学んでおくことが重要である。また，手法を学

ぶ際には，自分のもっとも理解しやすい説明方法，使いやすいレベルを探すのが，さらに進歩するうえで役に立つ学び方である。道具は，使いこなせて初めて有用性が分かるものだからである。

4 科学の考え方

5.4.1 ものの見方，考え方 —— 自然科学のいくつかの例

　社会の現象も自然の現象も理解する方法は同じである。目に見えることがらをよく観察し，それぞれの関係を把握し，そしてその奥に潜む根底的な原理や法則を見出し，そしてそれに立脚して現象の種々相を理解することである。論理的な考え方は，すべての分野に共通なのであるが，社会現象に対するときは，観察者の立場，利害に左右されやすい。そこで，ここでは自然科学の基礎となる，誰もが知っている原理や法則の例をあげて，その発見に至る道筋をたどってみたい。このような観察法，考え方こそ，社会現象の理解に適用されるべきであり，学生の皆さんには人文社会系，自然科学系を問わず，この節に親しんでほしい。いや，こういう話題には多分これから縁がないであろう人文社会系の皆さんにこそ，読んでいただきたい。

　第1の例は気体の圧力である。空気が主に酸素分子と窒素分子から成ることはよく知られている。膨らました風船の中に多数の気体分子が存在する。その分子1つひとつの運動が気体の圧力につながることを説明している。社会を構成する1人ひとりの生活を支える活動が，全体の経済としてあらわれることに似ているといえよう。ミクロからマクロへという考え方である。

　第2の例は比熱である。物体の温度を1度上げるために必要な熱量のことである。身の回りにある物体は熱しやすいものもあるし，なかなか温度が上がらないものもある。後者は断熱材として使われる。しかし銀，銅などの金属は，比熱がほとんど等しい。それはなぜか，そもそも比熱とはいったい物質のどんな性質が現れたものであるか，それに思い至ったのがアインシュタインである。これは本質的なものを見抜くこと，抽象力が必要であることを語ってくれる。原子の振動と比熱を結びつけるには数学的な手続きが必要であり，それも省かないで記述しているが，詳細は分からなくても筋道を理解すれば十分である。

これなどは，社会現象を見るとき，それを支配している根本的な原理を見抜くことに通じるものであろう。

第3の例はDNAの二重らせん構造と遺伝情報に関するものである。地球上に生物が現れてから，何十億年かが経過しているといわれている。そして多種多様な生物が生存している。ヒトについて考えれば，親から子へといろいろな形質が受け継がれる。受精卵から出発したヒトは，いろいろな段階の細胞分裂を経て個体に成長していく。その過程で働いているのは何か，どんな仕組みなのか。セントラル・ドグマといわれる原理に従って，すなわちDNAからRNAへ，そしてタンパク質へと情報が伝達されて，そのタンパク質の働きでヒトは生きているのである。このすべてにおいてDNAに書き込まれた情報が活用されているのである。このように重要な原理がどのようにして見いだされたのか，そこには真理を探求する科学者の一面と，栄光を独占しようとする科学者の一面が垣間見られるのである。

5.4.2 ミクロとマクロ——気体運動論による理想気体の方程式の導入

気体の状態は，モル数 n，圧力 P，体積 V，温度 T のあいだに関係があることが，長い研究から次第に明らかになってきた。

ボイルの法則　　T が一定ならば　　$PV=$ 一定

ゲイ‐ルサックの法則　　P が一定ならば　　$V/T=$ 一定

これらの式は19世紀初頭にはすでに認められていた。まとめると

$$PV = RT$$

となり，R が気体定数と呼ばれることもよく知られている。

箱の中の気体はたくさんの分子から成っている。それぞれの分子は勝手な運動をしているものと考えられる。その分子が箱の壁にあたって跳ね返るわけであり，その力の合計が気体の圧力であると考えられる。

質量が m の1つの気体分子に着目して，その速度を v としよう。壁にあたって跳ね返されるとき，運動量の変化は $2mv$ であり，この分子が壁に及ぼす圧力は p である。そして

$$p = \frac{mv^2}{V}$$

と表すことができる。

　1つひとつの分子は勝手な動きをしているが，集合を考えると平均の速度を考えればよい。また上記の考察は一方向だけであったが，三方向を考えると3分の1になるので，それをあらためて v と書くことにすると，分子の総数を N として

$$P = \frac{mNv^2}{3V}$$

と表すことができる。

　1分子の運動エネルギーは $mv^2/2$ であるから，1モルを考えて E と書くと，気体の状態方程式と見比べて

$$E = \frac{3RT}{2}$$

となる。これは，気体運動論から気体の状態方程式との関連を導く手順を，いささか厳密さを欠いたやり方で述べたものである。

　ここで理解してほしいことは，気体の圧力という巨視的（マクロ）な量が，気体を構成する分子の運動のエネルギーという微視的（ミクロ）な量から導かれるということである。ここでは単に平均値が関連したのであるが，速度の分布といったものが関連することもある。微視的状態から巨視的状態を導く手法は自然科学の重要な手法の1つであり，また本質的な状態から現象を理解する手法であるといえる。

5.4.3　抽象，捨象——アインシュタインの振動子近似による比熱の式の導入

　自然科学の研究で，もう1つ大切なことは，複雑極まりない現象の観察から，その奥にひそむ重要なものを見出し，抽象することである。

　固体を熱すると，熱を吸収してその温度が上がる。25℃における単体元素の比熱の値は次のようである。

銀	25.49	$JK^{-1}mol^{-1}$
アルミニウム	24.34	
カルシウム	26.28	
コバルト	24.95	

鉄	26.07
ニッケル	26.05
プラチナ	26.75
ダイヤモンド	6.1
シリコン	19.8

ダイヤモンドとシリコンは例外であるが,他の金属はほとんど同じ値である。気体定数 8.3145 $JK^{-1}mol^{-1}$ のほぼ3倍である。これはデュロン・プティの法則として知られていた。アインシュタインは,これを説明するために次のようなモデルを考えた。

　金属結晶は整然と配列した原子からできている。その原子は隣の原子と結合していて,その位置に存在するが,そのまわりで振動している。熱が加わると,その振動が激しくなる。すなわち,比熱というのは原子の振動から来るものである。金属の種類にかかわらず,同じ値を示すのだから,同じように考えてよいのである。

　身近な例を挙げると,電子レンジで食材などを温めることがある。マイクロ波の領域の電磁波が,食材中の水分子を振動させる。それで温度が上がるのである。このように物体の温度は,それを構成する分子や原子の振動の程度を反映しているのである。

　アインシュタインの仮定から比熱の問題を解くには,数学的な手続きが必要である（コラム参照）。理科系の読者には比較的容易に理解できるだろうが,物理を学習していない文科系の読者にとっては難しいかもしれない。重要なのは,銀やプラチナというようにまったく質の異なった物質が同じような挙動を示すとき,物質の具体的な性質によらないモデルを考えることができる,という点である。それにもとづいて現象を説明することができる。複雑な現象の奥に潜む重要な因子を見出すこと,抽象する能力が自然科学の進歩に役立つ。

　ところで,ダイヤモンドやシリコンがデュロン・プティの法則から大きく外れている。その原因は何か。金属の場合と違って方向性の強い化学結合で形成されており,上記のような振動子モデルで置き換えられないからである。

コラム　アインシュタインの公式導出プロセス

アインシュタインは，結晶を振動数が $h\nu$ の整数倍である $nh\nu$ の振動子の集まりであるとするモデルを立てた。いわゆる量子化の仮定である。零点エネルギーがあるので，もう少し正確に書くと

$$\varepsilon_n = \left(n + \frac{1}{2}\right)h\nu$$

と表される。

振動子がこのエネルギーを持つ確率は，ボルツマン分布に従うものとして

$$\exp\left[-\frac{\left(n + \frac{1}{2}\right)h\nu}{kT}\right]$$

に比例するとした。

そして　系の平均エネルギーを求める。

$$\langle \varepsilon \rangle Av = \frac{\sum_{n=0}^{\infty}\left(n + \frac{1}{2}\right)h\nu \exp\left[-\frac{\left(n + \frac{1}{2}\right)h\nu}{kT}\right]}{\sum_{n=0}^{\infty}\exp\left[-\frac{\left(n + \frac{1}{2}\right)h\nu}{kT}\right]}$$

1/2 のついている項は分子と分母で約されて簡単になる。さらに

$$\frac{\sum_{n=0}^{\infty} n \exp(-nx)}{\sum_{n=0}^{\infty} \exp(-nx)}, \quad x = \frac{h\nu}{kT}$$

の形の式の値を求めることになる。比例級数の和の公式を使うと，振動子の平均のエネルギーは次式となる。

$$\langle \varepsilon \rangle Av = \frac{1}{2}h\nu + \frac{h\nu}{e^{h\nu/kT} - 1}$$

1モルではアボガドロ数を N としてエネルギー U は，この式の $3N$ 倍である。体積を一定にしたときの比熱は，温度で偏微分すると求められる。

$$Cv = \left(\frac{\partial U}{\partial T}\right)_V = \frac{3Nh^2\nu^2}{kT^2}\frac{e^{h\nu/kT}}{\left(e^{h\nu/kT} - 1\right)^2}$$

$$= 3Nk\left(\frac{h\nu}{kT}\right)^2 \frac{e^{h\nu/kT}}{\left(e^{h\nu/kT} - 1\right)^2}$$

この式は $T \to \infty$ とすると
$$C = 3R$$
となり、デュロン・プティの法則になる。

アインシュタインの式のもう1つ重要な点は、低温における比熱の実験値の変化をほぼ説明できたことであった。

5.4.4　仮説から法則へ —— DNA の二重らせんモデルの成り立ち

DNA については、ワトソンとクリックの二重らせんのモデルがよく知られている。

細胞の中に核があり、その中に染色体があり、遺伝情報を担っている。その本体はデオキシリボ核酸（DNA）である。個々の生物の染色体にある遺伝情報物質全体の一組を、その生物のゲノムと定義する。ヒトゲノム・プロジェクトの完成によって、その全貌が明らかになり、さらに疾病の予防や健康の増進のためのゲノム研究が進められている。

二重らせんのモデルは、1953年にイギリスの科学雑誌『ネイチャー』に発表された。2003年はその50周年にあたるので、特集記事が組まれた。1953年に発表された論文が再録されたのであるが、それには3つの論文があった。ワトソンとクリックの論文、ウィルキンスほかの論文、フランクリンほかの論文である。特集号の表紙には、この4人の写真が扱われていて、DNAの二重らせんの発見にはこの4人の功績があったことを伝えている。

1962年のノーベル医学生理学賞は、「核酸の分子構造および生体における情報伝達に対するその意義の発見」というテーマで、クリック、ワトソン、ウィルキンスの3名に与えられた。フランクリンはこの間に不幸にも亡くなったのである。しかし二重らせんのモデルと言えば、ワトソンとクリックの名前だけが出てきて、ウィルキンスの名は出てこない。まさに第三の男であり、ウィルキンス自身が「第三の男」という表題の書物を著している。

1950年前後にはポーリングがタンパク質の立体構造について研究していた。彼はアミノ酸、小さいペプチド、絹、羊毛など、多くのX線回折データの検討から、α らせんや β シートといった構造モデルを提出し、一般に受け入れられつつあった。タンパク質の構造が一段落すれば、次は核酸の構造がターゲ

ットであり，多くの研究者が核酸の構造の研究に取り組んでいた。

　フランクリンやウィルキンスはX線回折の実験が専門であり，核酸や核酸類似物質のX線写真を撮影し，その構造について考察していた。タンパク質は20種類のアミノ酸が鎖状につながった物質であるが，核酸の1つDNAは4種類の核酸塩基，デオキシリボース，リン酸からなる高分子物質であり，はるかに複雑である。X線回折の立場でいえば，わずかな規則的な反射しか与えず，構造を推定するのは容易ではない。しかし特徴的な様相を示しており，解析に取りかかっていた。

　ワトソンはアメリカで学位を得たばかりの20歳代前半の新進生物学者であり，新たな発展を求めてロンドンに留学した。そこで知り合ったのがクリックである。クリックは物理学者であり，X線回折の理論が専門であった。その当時，彼は共同研究者とともに，らせんの形状をもつ物質のX線回折について研究していた。

　ワトソンの頭にあったのはシャルガフの規則である。生物のDNAに含まれる塩基の割合を調べると，アデニンとチミンが同数であり，グアニンとシトシンが同数であることをシャルガフが報告していたのである。これを知らされたクリックは，これら核酸塩基の化学構造からそれぞれがDNAの中で対になっているのではないかと推定した。分子モデルで考えてみると，たしかに2本あるいは3本の水素結合を形成して安定な構造をとることが明らかになった。

　ところが，ワトソンもクリックもDNAのX線回折写真を持ってはいない。頭の中でモデルをつくって考えているだけである。彼らは，フランクリンのもとを訪ねて彼女らの研究の進み具合を探っていた。そのとき，X線写真を垣間見たのである。らせん状の物質が特徴的なX字型のX線回折パターンを与えることを知っていたクリックは，一見して「これはらせんだ」と直感したのである。このようにシャルガフの規則を知っていた生物学者のワトソンと，らせん状の物質がX字型のX線回折パターンを与えることを知っていたクリックのコラボレーションが，二重らせんモデルを導いたといえよう。

　ワトソンとクリックはこのアイディアでモデルをつくり，論文を投稿したが，その裏付けになるX線回折のデータは自分たちのものではなく，他の研究者の成果を横取りしたといえなくはない。フランクリンやウィルキンスは，彼ら

と独立に二重らせんのモデルに近づいていた。そのようなことで調整が行われたと想像されるが，3者の論文が『ネイチャー』の同じ号に並べて掲載されたのである。

5.4.5 観察から基本原理へ——セントラル・ドグマの成熟

遺伝情報は，前項の図式で示されたように，一方向しかないのか，という疑問がくすぶっていた。1970年になって，ある種のウイルスではRNAからDNAへ転写されることもある事実が見出され，セントラル・ドグマの修正が必要だという批判が出された。

クリックはこれに答える論文を書き，DNA，RNA，タンパク質（Protein）の3者の関係について，その当時の知見に基づいて新たな定式化を行った。つまり，すべての情報伝達の可能性をリストアップして，それが観測されているかどうかを実験事実に照らして検証したのである。その結果は図1のように示された。

情報の伝達を一般的伝達（general transfer）と特殊な伝達（special transfer）に分けた。この図では前者を実線で，後者を破線で表している。

実線だけをたどると，DNAからDNAへの複製は細胞分裂に際しての遺伝情報の保存を示す。DNAからRNAへと転写された情報がさらにタンパク質として発現し，生命の営みに関与する。これはあらゆる生物の細胞において例外なく起こっている過程である。

破線は特殊なケースである。ウイルスの中には，遺伝情報としてRNAをもつものがある。そのうちエイズ・ウイルスのようなレトロ・ウイルスと呼ばれる一群のものは，RNAからDNAをつくる逆転写酵素をもっており，そのDNAを宿主のDNAに組み込んで自らの増殖を図るのである。またC型肝炎ウイルスなどでは，RNAからRNAへの転写も認められる。DNAからタンパク質が発現される過程は，今のところ正常な細胞においては認められていない。

このような歴史的な経過を振り返ると，現象の観察から根源的なことを見出す，すなわちマクロからミクロへ，そして基本原理の発見へという科学の方法が適用された結果であると考えられる。

繰り返しになるが，メンデルはえんどう豆の花の色や実に皺があるかどうか，

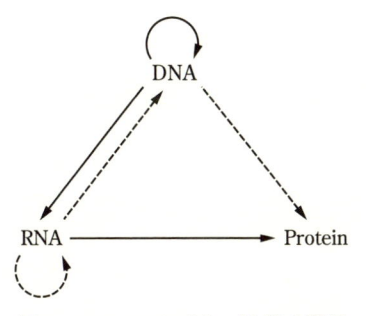

図1　DNA, RNA, タンパク質の関係

　というような形質が，どのように子孫に伝わっていくかを詳しく観察し，遺伝の法則を発見した。このように自然科学は現象を注意深く観察し，その現象の根底にある規則や法則を導きだすことが出発点である。そして遺伝を担うものは何か，という問題意識を持って実験を進める中で，細胞を分析して核の存在を認識し，さらに核の中にある染色体を見出し，そしてさらに染色体の中にあるDNAを発見するに至った。その過程においては，核酸と並ぶ重要な生体高分子であるタンパク質が遺伝を担う物質であると考えられた時期もあった。

　遺伝子，すなわち遺伝を担う物質がDNAであることが確かになっていく過程で，セントラル・ドグマが提唱された。分析的な方法によって掘り進んで到達した根源的な物質から，今度は上向きに，演繹的にRNAやタンパク質がつくられる道筋を指し示したものである。最初に導入された1958年当時はまさにドグマであったかもしれないが，その後の実験の積み重ねによって根源的な法則であることが確立したといえよう。

第6章 レポートの作成

```
      1  レポート作成のプロセス①
      2  レポート作成のプロセス②
      3  論文作成のプロセス①
      4  論文作成のプロセス②
        5  オリジナリティとは
           6  盗作，捏造
         7  図・表のつくり方
   8  引用文献，参考文献の記載項目と書き方
```

1 レポート作成のプロセス①

6.1.1 情報や自分の考えを文章にする前に

(1) 内なる世界から外の世界へ

　この世の中には，人間が書いた実に多くの読み物がある。新聞，漫画，雑誌，辞書など，それらを挙げ始めればきりがないほど，多くの文物が私たちの身の回りに溢れている。時に，それらの読み物は，感想文，エッセイ，報告書，論文などのカテゴリーで分類されたりするが，いずれも人間が，何かを文字として残したり，あるいは何かを伝えようとした結果の産物である。人はなぜ，文字を使って「内なる世界」を「外界」へと誘おうとするのであろうか。自分しか読まない備忘録のような日記ですら，やはり「内（頭・心）にあるものごと」を見える形で，紙上，コンピュータのスクリーン上へと誘い出してくるのである。このような人の内なる世界を外へと誘い出そうとする人間の営為は，人間に与えられた営為のうち，最も優れたものの1つかもしれない。

　しかし，中には外界に発信できるような，またそうしたいような「"内なる思いや考え"など何もない」という人もいるかもしれない。それはそれでよい。しかし，大学ではレポートや論文の作成を求められることもしばしばである。そのための準備運動として，まずは何か書いてみることが大切である。実際にペンをとり，あるいはコンピュータのキーボードをたたいているうちに，書き

たいことにふと遭遇するかもしれない。また,「書く」という作業を通じて,それまでは不明瞭だった「内なる自分の思いや考え」に輪郭が与えられていくということもある。大学でレポート作成の課題が多いのは,「書く作業」を通じて,自分の内にある考えや思いに輪郭を与え,それを膨らませていく面白さや大切さを学ぶためである。

逆に,伝えたい思いや考えはいくらでもあるのだが,それらを外界にうまく誘えない,という人もまた多いのではないだろうか。文字を使って,個々それぞれの内に秘められた思い(情念)や考え(論理)をどのようにうまく「外の世界」へと運び出せるかを学ぶことも大学での重要な課題なのである。それにはトレーニングが必要になるわけであるが,技術的なことは他の箇所で詳しく説明されているので,それらを参照してもらいたい。

(2) 「まず書く」ということ

自分の考えを人に知らせるなんて「おおごと」だ,などとあまり考え込まず,とにかく書いてみよう。書くことを必要以上に大変なことと思わないこともまた大切なのである。

ところで,ものを書くというのは,楽器を演奏することと似た面を持っている。個人的な話になるが,筆者は長らくトランペットを吹いてきた。トランペットや管楽器は初心者にはぜんぜん音が出せない。音が出た,と思ってもすさまじく汚い音で,まるで音楽とはいえない。そんな状態がしばらく続く。だからといって,吹き始めてみなければ,うまくなりようもない。人に気兼ねすることなく,とにかく吹き始めるのである。

文章を書くことと楽器を演奏することの似ている点は,ほかにもある。それは両者ともに「話すこと」にその基本があるということである。次項後半で「音読」の大切さを述べるが,とにかく,「物を話す」ということが大切なのである。それまで吹くことができなかったフレーズも,その部分に歌詞をつけて,歌うようにトランペットを吹いてみると,案外,簡単にできてしまったりする。タンギングなどの練習はまさにそうである。文章を書き始めるときも,基本は話をするように,力を抜いて流れるように,思いや考えを引き出してみることが大切なのである。

例として上述した楽器の場合,出来上がった作品(楽譜)を演奏する。しか

し文章を作り出すというのは、それとは異なり、新しいものを生み出す営為である。楽器のプレーヤーというよりは、作曲家に近いかもしれない。ある作曲家は、自分が一度つくった交響曲を何度も書き直して修正版を出しているのだが、初版と聞き比べてみると、あまりの違いに驚くことがある。紙の上に、あるいはパソコン上に綴りだした思いや考えは、時に意味が通じないものだったり、話し言葉に近いものだったり、必要以上に感情移入がなされていたりするものである。それらを1つずつ順番に直していけばいいのである。

6.1.2 原稿の完成後の作業
(1) 自分の文章を読み返す

　次に、自分の書いたものができてきた段階の話に移る。自分の思いや考えがうまく表現できているかどうかの確認作業がきわめて重要になる。この作業には、①自分自身でできることと②他人の助けを借りて行うのが望ましいことがある。①で何より重要なのは「音読」である。人に聞かれるのが恥ずかしければ、部屋を閉め切って、書いた文章を大きな声で読んでみればよい。1度でなく、数回読んでみる。そうすると、意味の通じにくいところや論理に飛躍があるところ、それに誤字・脱字などが発見できる。自分の内なる世界を他の人にも共有してもらいたいとすれば、この作業はとても重要になる。書いた本人である自分すら内容を理解できない文章は文字の羅列でしかない。

　あらかた自分自身で満足のいく文章にできれば、次は②人の手を借りよう。家族や友人など身の回りの人でよい。プリントアウトした原稿を渡して読んでもらうのである。メール・ユーザー同士ならば、添付ファイルで送るということもできる。とにかく自分以外の第三者の目で、自分の書いたものを読んでもらうのである。その際、誤字・脱字や分かりにくい箇所などがあれば、赤ペンでチェックしてもらうように頼んでおこう。これは一般的に「赤入れ」と呼ばれる作業である。

　原稿を返してもらう際に、赤入れを引き受けてくれた人に少しでも時間をもらえるとなおよい。誤字・脱字程度のことであれば、訂正された理由がすぐに理解できるであろうが、こまやかな文章のニュアンスや表現上の問題で訂正などが入っている場合、その詳しい訂正の理由やどの部分に違和感があるのかを

聞いたりできるからである。そうすれば，どのように改善すべきかが分かるし，場合によっては，何ら直す必要がないことも理解できるからである。くれぐれも注意してもらいたいのは，読んでもらった人からもらう意見や忠告を決してネガティブに受け取らないことである。場合によっては予期せぬような批判的なコメントがあるかもしれない。しかし，それを知ることこそが自分自身の眼だけでは気づかない思い込みや，論理展開上の欠陥を是正するために必要なのである。

このような作業を人目に出す前に，どのくらい行ったかによって，そのレポートや論文のよしあしが決まってくる。

(2) 次につながる直しや修正作業

大学の場合であれば，レポート提出，論文提出という形で，ひとまず自分の書いたものとは「おさらば」となる。しかし，それでおしまいにするのは実はたいへんもったいないことなのである。原稿は提出版ともう一部を自分用にプリントアウトして保管しておいてほしい。ひとたびレポート課題などが終わってしまえば，しばらくその原稿を見ない日が続くだろう。しかし，時間を置いて自分の書いたものを目にしてみる，ということが意外に大切なのである。「あ～，俺って結構がんばってたし，よく書けてるやん」と思う人もいるだろうし，「うわ，恥しい，こんなこと書いとったんか」と思う人もいるだろう。

ここで大事なのは，「過去の自分の考えや思い」と「今」とを比べてみることである。ある一定時間おいてから読み直してみると，書いた時点ではまるで気づかなかった自分の文体の癖，誤解を与えやすい表現などにも気づくのである。何より，大事なのは「ほったらかし」にしておかないことである。こういうことを意識的にしていれば，よいレポートが比較的短期間のうちに書ける能力が身につくはずである。

6.1.3 推敲の技術

論文やレポートを書き終えた後，改めて自己の文章を読み返して，自己の主張・立証が読者に正確に伝えられるかを確認することが必要になる。読者が容易に理解できない文体であれば，改善する必要がある。文体の改善には，次に記載する事項に留意しなければならない（藤沢，2004，第7章参照）。

(1) 簡潔，明瞭な文章にするために，無駄な表現を削る

「再び繰り返す」のような重複語，「望ましい好結果」のような過剰な修飾語，「そして次に」のような不要な接続詞の使用，「というように結論づけられる」のような無意味な語尾（「と結論できる」でよい）などを簡潔にする。

(2) 読み返さなければ分からないような語順にしない

文章が分かりにくくなるのは，述語を修飾する語が多数あることによる場合が多い。読んだ順に分かるように書くには，次のルールに従うのがよい（第3章第2節参照）。

①強調したいことがあれば，それを先頭に置く。
②長い修飾語ほど前に置く。
③概要説明の修飾語ほど前に置く。
④節の修飾語は句の修飾語より前に置く。

> 例1-1：中東紛争を理解しようと，熱心なユダヤ人およびパレスチナ人の学生たちが，1992-95年のボスニア戦争での教訓がこの地域に役立つことを願って，サラエボに集まった。

この文は，修飾・被修飾の関係を調べると下記のボックスのようになっている。同じ主語（学生たちが）と同じ述語（サラエボに集まった）を持つ文の述語部分に2つの長い修飾語がついている。

```
中東紛争を理解しようと─────────────────┐
                                          ↓
ユダヤ人およびパレスチナ人の→学生たちが────→サラエボに集まった
        熱心な──────────↑                    ↑
1992-95年のボスニア戦争での教訓が→この地域に→役立つことを願って
```

次のように2つの文に分けた方が，読み手の負担は少ない。

> 例1-2：ユダヤ人およびパレスチナ人の熱心な学生たちが，中東紛争を理解しようとサラエボに集まった。彼らは，1992-95年のボスニア戦争での教訓がこの地域に役立つことを願っている。

なお，最初の文の前半では，長い方の修飾語を前に置いている。

(3) 同じ音の繰り返しを避ける

同じ音の言葉が近い範囲内で繰り返されると，読み手に不快感を与えるため，表現を変えて繰り返しを避けるように工夫する。

> 例2-1：エイズのために結核にかかる人が<u>増えている</u>。また結核のためにエイズで死ぬ人が増えている。しかし，医者はエイズ患者が呼吸器系の病気にかかっているかどうかに<u>関心をもっていない</u>。また政府もこのことに対して何の関心も示していない。

表現と内容の対照性を意識している面もあるが，次の文のように繰り返しを避けることで，かえって内容は理解しやすくなる。

> 例2-2：エイズが原因で結核にかかる人が増えていると同時に，結核のためにエイズで死ぬ人も増加している。しかしエイズ患者の呼吸器系疾患については，医者も政府も何ら関心を払っていない。

2 レポート作成のプロセス②

6.2.1 大学で求められるレポート

　大学では，実験・実習など実践や実技を伴う科目ではレポートの提出が必須であり，座学中心の授業でも提出を求められることが少なくない。当然，提出したレポートの内容や出来栄えが成績評価に大きな影響を及ぼしたり，事実上その科目の評価自体を決定したりすることになる。したがって，自分の能力を正当に評価してもらうために，レポートの作成は非常に重要な作業である。しかし，教育的視点に立てば，成績評価はあくまで第二義的，付随的な結果であり，レポート作成を通して学生の理解力，分析力，考察力，探求力，文章作成能力などを向上させることが目的である。このような意味において，レポート作成の意義やプロセスを十分認識，理解したうえで，その作成に習熟することはきわめて重要なことである。

　高校時代までにも「レポート」と称する課題の提出を求められるが，その多くは作文や感想文の範疇に属するものである。そこでは，見学や旅行，読書など，さまざまな体験を通して自分が見聞した事柄に対する感想，感動，驚き，発見など筆者の主観を記述することが求められ，いかに活き活きと表現できているかによって評価が決まる。しかし，大学ではこのような「レポート」の提出が求められることは稀で，自然科学系の学部ではほとんどないと考えてよい。

大学のレポートには，講義を補完するための学習レポート（自習用課題）から，期末レポート（課題研究レポート），実験レポート，実習レポートなどいくつかの種類がある。「学習レポート」は，講義内容を理解しているかどうかを確認することが目的であるので，そのことが教員に伝わるように授業で学んだキーワードや理論・公式などを有効に活用して作成することにより高い評価を得ることができる。言い換えると，自分が授業内容を十分理解していることが伝わるように書かなければならない。

学習レポート以外のレポートは，多かれ少なかれ研究的な色彩を含んでおり，総じて「研究レポート」と呼ばれている。したがって，客観事実や資料，実験結果や理論に基づく根拠のある自分の意見や分析結果をまとめた「報告書」の形式にする必要がある。いずれの場合も，レポートの目的や出題意図を十分考えて，それにかなった構成で作成することが肝要である。

6.2.2 準備からレポート作成まで

ここでは，いわゆる「研究レポート」に共通する作成の準備段階から完成までに必要な作業項目について述べる。これらの多くは卒業論文やさらにその先にある学問的研究の論文作成に共通する部分が多いので，早い段階でその作成技術を身につけておくことは将来の飛躍に大いに役立つことは間違いない。

① 出題意図あるいは実験・実習・調査研究の目的など，レポートに求められている内容を十分把握することが最重要である。いうまでもない当然のことのように思われるが，実際は出題の意図や目的を正確に読み取ることはなかなか難しく，まして平素の学習が不十分な場合には見当がつきにくいものである。教科書や講義ノート等をよく調べて課題や目的をしっかり理解しなければならない。しかし，高度なレポートになればなるほど，自分が現在持っている知識とのギャップのためにすべてを理解することが困難となる。この場合は，理解できた範囲で次段階に進み，作業や検討を重ねる中で理解を深める努力を反復することが大切である。いずれにしても，中途半端な内容や的外れのレポートは評価が低くなることを覚悟しなければならない。

② 次に，課題に関連する資料，情報，理論等を，図書館・学術情報館やイ

ンターネット利用による情報収集技術を駆使して収集し，整理する作業が必要となる。得られた資料，情報，理論は，それぞれ個別にそれらが意味する重要事項や発展的関連事項を箇条書きに整理する。この作業を実行する中で自分の知識との新たなギャップに気づき，さらなる収集の必要性を感じることになる。このことは新たな視点の発見であり，この努力を続けることはレポートの内容を優れたものにするばかりでなく，自分の知識を豊かにし，視野を広げるためにも重要である。

③ 自然科学系では実験や観察，社会科学系では調査やインタビューなどによりデータを収集するが，これらは，理論の確認のために行う学生実験等で得られる自明なデータを除けば，多少なりともオリジナリティのある1次データと呼ばれものである。これらのデータを整理し，図表やグラフにまとめる。この場合，レポートに求められている課題や目的に効果的に応えられるように，本章第7節「7　図・表のつくり方」を参考にして，何を強調すべきかを十分考えて構成を工夫する必要がある。しかし，課されている要求に引っ張られて，不都合なデータを何かの間違いであるなどと勝手に解釈して，無視するようなことは厳に慎まなければならない。不規則なデータの中に新しい発見があるかもしれないからである。これらの作業と平行して，得られたデータや図表から結果を考察，検討する。ここでも，思いつくことをあまり取捨選択しないで，どんどん箇条書きやメモにすることが大切である。すなわち，個人でブレーン・ストーミングを行う（第3章第1節）。

④ レポートには，あらかじめページ数を指定されているものと，とくに指定がないものとがある。ページ数が指定されている場合には，その分量を勘案して記述項目とその順序などレポートの章立てを決める。指定がない場合には分量をあまり気にしないでレポートの構成を決めればよいが，ページ数が多ければよいというものではないので，不必要に項目を増やさないことが望ましい。次に，ここまでに作成した重要事項，関連事項，実験データ，調査資料，図表，およびこれらに関して作成した箇条書きやメモを各項目に割り当てる。

⑤ この段階でレポート構成の全体像がはっきりしてくるので，いま一度全

体の論旨の流れを考え，各項目の箇条書きやメモの内容を吟味して取捨選択する。もちろん，必要に応じて自分の考えや意見，データの考察，検討結果等に関するメモ書きを追加する。
⑥ 以上の準備の後，各項目（章）に割り当てた箇条書きやメモを文章化し，レポートの作成に取り掛かる。文章の作成がなかなか進まない場合が往々にしてあるが，最初は文章間の接続などをあまり気にせずとにかく文章化に専念する。次に，自分の考えた論旨の流れに沿うよう各項目の文章を仕上げていく。目的は明確，かつ簡潔に記述し，データは図表などを使って要領よく分かりやすくまとめる。独創性を発揮できる自分の意見やデータの分析結果等を展開するページ数を十分確保することが大事である。この項目はレポートの評価に大きな影響を与えるので，ページ数が制限されているレポートでは，とくに注意する必要がある。
⑦ 全体の下書きが終了したら，とくに次のことに留意しながら文章を推敲する。論旨に矛盾がないか，データ（関連資料，実験データ，調査資料）と自分の意見，考察等との切り分けができているか，参考資料，文献等の記載の欠落はないか，誤字・脱字はないか，等々に注意しながら繰り返し全体を通し読みする。このとき声に出して読むことを薦めたい。音読は不自然な言い回しや曖昧な文意の発見に効果的である。
⑧ 以上の手順は大変に面倒なように思えるが，ワープロ・ソフトを用いて実行すれば，箇条書きなどで前に作成した文章をそのまま使える場合が多いので，それほど時間のかかる作業ではない。清書（プリント・アウト）後，再度ケアレスミスなどをチェックして，提出レポートとする。

6.2.3 実験レポート

自然科学系の学部では，講義や参考書などから学んだ各学問分野の基礎的諸原理を実際に理解したり，専門知識を確実に体得したりするために実験を行うことが必須となっている。これらは卒業研究など研究のために行う「研究実験」と区別して「学生実験」と呼ばれ，「○○学実験」「□□学基礎実験」「△△工学実験」等の名称で実施されている。通常，学生実験は3～5人程度のグループで共同実験を行うが，レポートは各自1人ひとりが個別に提出するように義

学生実験の様子

務づけられている。
　優れた実験レポート（「実験報告書」と呼ばれる場合も多い）を仕上げるためには，実験前の下調べや実験中の対応が非常に重要である。たとえば，レポート作成時にデータの異常など問題点に気づいても時すでに遅く再実験等の対処ができないので，不完全なままのレポートを提出せざるをえなくなる。したがって，学生実験が持つ本来の目的を達成するためには，その意義と実施上の留意点を十分理解，認識したうえで実験を進めることが必要であり，またこのことが優れたレポートをスムーズに作成することにもつながる。

(1) 学生実験の目的と留意点
① 　学生実験の1つの大きな目的は，講義で学んださまざまな基本原理や装置・デバイスの動作原理などに関する知識を，実験を通してより深く確実に理解することである。また，さまざまな測定装置や器具を使用してデータを収集し，その解析結果をまとめて諸原理を実証するという作業は，卒業研究や修士研究，企業の開発現場などにおける実験方法や解析方法の素地を養成するという意味においても貴重な経験となる。さらに実験レポートを作成することは，今後，専門家，技術者，研究者として携わる科学・技術文章の書き方や実験データの解析手法，図表の書き方等の訓練となり，将来，技術論文を執筆するために大いに役立つと考え

られる．加えて，種々の測定機器の特性と使用法を知ることにより，基本的な測定技術を身につけることができる．

② 学生実験では，実験がスムーズに進行するように，実験の目的，理論（原理），実験方法などをテーマごとにまとめた「実験指導書」（または「実験テキスト」）が事前に配布されている．これに安心して実験当日になって初めて指導書を開くようでは実験の手順を追うのに精一杯となり，実験を通して基本原理を理解したり，自然現象を論理的に観測したりすることはまず不可能となる．事前に指導書に目を通しておき，実験の課題や目的，およびその原理について理解を深めておかなければならない．また，実験装置や手順についても一通り目を通しておく必要がある．これにより自信を持って積極的に実験を進めることができ，合理的にデータを取ったり新たな問題点に取り組んだりすることが可能となる．これらは内容が充実した実験レポートを作成するための第一歩でもある．

③ グループ実験では，作業を分担し，1人の傍観者もつくらないよう互いに協力して能率よく実験を進めなければならない．傍観者の立場をとる学生は，よいレポートを作成することはまず不可能であるし，このような態度を続けていると，将来，社会に出て高度な研究・開発テーマに出会ったとき，そのせっかくのチャンスを生かすことができず，逆に自分の無能さを露呈することになるかもしれない．なお，実験作業の役割分担は固定せず，適当に交代する方が望ましい．なぜなら，各人が平等に多くのことを経験でき，また目盛の読み取りなどで発生する誤りを回避することなどができるからである．

④ 実験に関する記録用として，必ず「実験ノート」を用意する必要がある．ルーズリーフやレポート用紙などは散逸する可能性があるので不適当で，必ずきちんと1冊に綴じられた通常のノートでなければならない．後で転写するつもりで，他教科のノートやあり合わせの紙片に記録することも避けなければならない．一般に実験ノートには，測定値，計算値，装置図，グラフ，メモなどが，実験の進行に合わせて時系列的に生データとして書き込まれていくものであり，後から清書するという性質のものではない．転記ミスや時間的ロスも生じるので，実験ノートの持参は必

須である．また，実験中に記入した生データの誤りに気づいた場合には，該当箇所を消しゴム等で消さずに，後で前の記入事項が読み取れるように斜線等で消してから訂正するようにしなければならない．後になって，誤りと思ったことが誤りでなかったり，重要な示唆となったりする可能性があるからである．

「実験ノート」は，実験者にとって最も大切なものであり，実験事実を証明する唯一の証拠である．技術者，科学者の倫理として，いつでも自分の実験結果を立証できなければならない．この意味においても，今から「実験ノート」の活用に慣れておくことが重要である．

⑤　実験を始める前に，年月日，実験場所，周囲の条件（天候，温度，湿度），使用器具・装置の名称，形式，型番などをなるべく詳しく実験ノートに記入することも必要である．実験状況の記録として役立つばかりでなく，後日，実験結果等を再検討するとき思いがけず参考になることがある．実験中に得た測定値はその場でグラフ等に整理し，予測される結果と比べることによって，装置の故障の発見や実験上の操作ミスの防止等に努めることも，実験をスムーズに進行するうえで大切である．当然のことではあるが，後日の混乱を避けるために測定値の単位を記録することを忘れてはならない．また，実験中に気づいた点やデータの説明などをその場でノートにメモとして残しておくことは，レポートを書くときに参考になり，独自性のある内容にまとめ上げるのに役立つ．

(2)　レポート作成の留意点

学生実験のレポートは，実験内容，実験結果，検討と考察をまとめたものとなる．通常は，実験指導書（テキスト）に記載項目が指定されているので，それに従って作成すればよい．指定がない場合にも，以下に述べる項目に準じて仕上げていけば十分であろう．

指導書に従って作成する場合，指導書の丸写しは避け，可能な範囲で教科書や参考書等を調査し，極力，自分の文章で記述することが求められる．指導書では，その性格から文脈が解説的あるいは説明的になっているが，レポートは報告書であるため，文の調子を変えないと違和感を生ずることになる．また，指導書には実験に直接必要としない基礎的な関連事項等が書かれている場合も

あるが，実験の報告書として必要なものを自分で適当に取捨選択して要点を簡潔にまとめるようにすることが必要である。

レポートの形式と体裁は指定されていることが多く，通常，用紙はA4のレポート用紙で，本文の前に実験題目，実験年月日，提出年月日，提出者氏名，共同実験者名などを記載した表紙をつけることが義務づけられている。筆記用具が決められている場合もある。現在は，上述のようにワープロ作成が適していると考えられるが，他人のファイルを簡単にコピーすることができてしまうので，比較的分量の少ない実験では教育的な配慮から自筆を指定している場合も多い。本文にはページ番号を記入し，だいたい，以下のような内容を項目別に順序よく記入すればよい。

① 実験目的：指導書の内容文とほぼ同じでよいが，一字一句指導書を丸写しすることは避け，教科書や参考書等も参考にしながら自分の言葉で書かなければならない。

② 実験原理（理論）：なぜ実験の目的が達成されるのか，その原理や理論式について記述する。ここでも，もちろん指導書の丸写しをしないで，十分理解したうえで，順序だてて説明する。理論特性のグラフや測定原理のモデル図等は，可能な限り自分で作成する。図，表にはそれぞれ通し番号を付け，必ず説明文（キャプション）も付さなければならない（以下同様）。

③ 実験方法：実験装置，実験手順，測定方法，実験条件等を記入する。装置図や実験手順，測定方法のフローチャート等はテキストのコピーを使用しないで自分で作成する。このことにより実験内容の理解がより深まる。精密な図や長々とした機器の操作手順等は，極力，簡略化するか，場合によっては省略してもよい。

④ 実験結果：測定した数値データを表にする。この場合，データに必ず単位を付けることと有効数字の桁数処理に注意しなければならない。次に，数値データを図面化（グラフ化）する。グラフは測定データの視覚化に加えて，実験結果の物理的考察に欠くことのできない資料であるので，それだけで実験結果が読み取れるように十分な情報を盛り込む必要がある。また，予測された理論特性と差異がある場合には，実験データの処理等

に誤りがないかをチェックし，その差異が解消しない場合は忠実にデータをプロットする。

⑤ 計算結果：測定データから計算によって結果を誘導する場合には，まず計算式，計算方法，有効数字等に関する簡潔な説明を行い，計算結果は表またはグラフにまとめる。誤差計算は，測定に紛れ込む誤差の要因をよく考えたうえで，それらが結果に及ぼす不確定さを定量的に求める計算である。誤差には「系統誤差」と「偶然誤差」があるので，2つを分けて考えることが大切である。

⑥ 考察と検討：独自性を発揮できる重要な章であるので，より入念に記述する必要がある。得られるはずの実験結果と実際に得られた実験結果の差異をさまざまな視点から考察，検討する。数値データの統計処理による誤差分析，実験手順や測定方法の問題点，実験条件などを詳細に検討して差異の原因を解明する。とくに誤差分析では，実験条件や測定精度等を十分勘案したうえで検討を行い，系統誤差と偶然誤差のうちどちらの誤差が優勢であるかを判断しなければならない。さらに，実験中に気づいたことや実験に関連して興味を持って検討したことなどを書き加えたり，実験に対する批判や改良案をその根拠とともに記述したりすれば，非常に立派なレポートとなる。

⑦ 課題：実験内容に関連する研究課題が課されている場合には，教科書や参考書等を調査し，十分理解したうえで記述する。ここも独自性を発揮できるチャンスである。

⑧ 参考文献：レポートを作成するにあたって参考にした書籍や論文等は，本章第8節に解説されているルールに従って残らず記載しなければならない。

(3) 測定精度と誤差

実験で行う測定（計測）には，直接測定と間接測定がある。たとえば，ノギス等で円柱の直径を測ったり，電流計で回路を流れる電流を計測したりすることが直接測定である。一方，円柱の体積のようにその直径（半径）と高さの測定値から計算して数値を得る測定法は間接測定と呼ばれる。抵抗で消費される電力を，抵抗両端の電圧と流れる電流を測定して求める場合も間接測定となる。

測定値の精度は有効桁数が分かるように表記しなければならない。たとえば，電流の測定値を 15.0 [A] と書くことは，電流値が 14.95 と 15.05 との間にあるということを意味する。これを数学的に同じだからといって 15 [A] と書いてしまうと，物理的には 14.5 と 15.5 の間にある値となってしまい，一桁精度の粗い測定結果に同じとみなされてしまう。また，測定値の精度は誤差の絶対値の大小ではなく，誤差の測定値に対する割合で表す。これを相対誤差といい，上記の例では相対誤差が 1/150 から 1/15 に増大したことになる。

直接測定の場合は細かく測定すればするほど測定精度は良くなるが，間接測定の場合は事情が異なるので注意が必要である。上記の消費電力（直流）の例を考えてみる。電圧の測定値 E [V] に ΔE [V] の，電流 I [A] に ΔI [A] の誤差があるとする。このために生じる消費電力 $P = EI$ [W] の誤差が ΔP [W] であるとすれば，$P + \Delta P = (E + \Delta E)(I + \Delta I) \approx EI + I\Delta E + E\Delta I$ となり（相対誤差は十分小さいと仮定），これより $\Delta P/P = \Delta E/E + \Delta I/I$ を得る。E と I の相対誤差が 1/100 であれば，P の精度は 1/50 となる。いま，電圧の測定値が 50.0 [V] であったとすれば $\Delta E/E = 1/500$ となり，上記の $\Delta I/I = 1/150$ とあわせて考えると，P の精度は $\Delta P/P = 13/1500$ となる。これより P の有効数字は 3 桁となる。したがって，$P = 7.50 \times 10^2$ [W] と書けばよい。最初の数字は有効数字を，10 の指数は桁数を表す。この例では，電圧と電流の測定精度（相対誤差）が消費電力に同じ影響を及ぼすので，一方の測定精度だけをいくら改善しても意味がないことになる。

円柱の体積 V は，その半径を r，高さを h とするとき $V = \pi r^2 h$ で与えられるので，$\Delta V/V = \Delta \pi/\pi + 2\Delta r/r + \Delta h/h$ となる（$\Delta \pi$ は有限桁数打切りに伴う真値との差を表す）。したがって，r と h の測定結果から V を求める場合，r の相対誤差は h の 2 倍の影響を及ぼす。また，π の値の桁数も測定精度に合わせる必要がある。

一般に，$V = f(x_1, x_2, \cdots)$ の場合，$\Delta V/V = (\partial f/\partial x_1)(\Delta x_1/f) + (\partial f/\partial x_2)(\Delta x_2/f) + \cdots$ となる。上の議論からも分かるように，右辺の各項をほぼ等しい値に選ぶ必要があるので，$(\partial f/\partial x_i)(1/f)$ ($i = 1, 2, 3, \cdots$) の値に応じて Δx_i の値が決まってくる。これにより各物理量の測定精度が決まるので，ある特定の物理量だけを不必要に精密に測定することのないように注意しなければならない。

測定に紛れ込む誤差には，系統誤差（組織誤差）と偶然誤差がある。前者は測定器の目盛りの狂いや実験台の傾きなど測定器具や実験方法が不完全であるために生じる誤差で，較正や実験方法の改善により取り除くことができるが，完全に取り除くことは一般に困難である。後者は測定者がどうしても避けることのできない誤差で，たとえばわずかな空気の揺らぎや温度の変動など，偶然に起こる条件の変化によって生じる。したがって，誤差が＋側と－側に起こる原因はほぼ同じで，ランダムな値を取るので測定後に取り除くことができない。

この偶然誤差に合理的な解釈を与える理論は，ガウスの最小自乗法である。詳細は他書に譲り，ここでは測定の信頼性の程度を表す誤差の取扱いについて述べる。ある物理量の測定を多数回行った場合，その物理量の最も確からしい値はそれら測定値の算術平均で与えられる。いま，測定回数を n 回，各実測値を x_i とする。算術平均を X_0 とおき，各実測値と X_0 との残差を $r_i = x_i - X_0$ とすれば，確率誤差（蓋然誤差）は $E = 0.6745 \sqrt{\sum_{i=1}^{n} r_i^2 / n(n-1)}$ となる。確率誤差の意味は，真値が $X_0 \pm E$ の範囲内にある確率が 50％であるということを表している。平均測定値が 8.567 で確率誤差が 0.003 であるとき，8.567 ± 0.003 のように表記する。

3 論文作成のプロセス①——人文社会系の場合

6.3.1 何をすべきか

論文を作成するには，必要な一定のプロセスがあり，手順を踏むことでまとまりのよい論文を仕上げることができる。以下では，テーマの選択から始まり，情報・データ・資料等の入手，アイディアの発見，段落の展開，序論・本論・結論の執筆などのプロセスについて説明しよう（大学レベルのレポート，小論，論文等を書く場合に，英米で用いられている手順や決まりの中で，言語の相違とは関係なく，見習うとよいと思われるものがある。近年，諸外国の多くの大学で英米型の教育方法が取り入れられ，わが国でも英語教育の Writing 等の中でそれらが教えられていて，国際的に広まっている。本章で取り上げた段落〔パラグラフ〕や論旨文〔thesis statement〕の考え方は，わが国では必ずしも広く用いられているもので

はないが，それらに慣れ，使いこなせるようになっておくことは，論旨明快な論文等を書くうえで有益であろう）。

　卒業論文などの研究論文については，構成や内容に関して，よりフォーマルな要求事項もあるので，6.3.7 で別途説明する。ただしそこで述べられている内容は，インフォーマルな論文を書く際にも，一応，念頭に入れておくことが望ましい。

6.3.2 テーマを選ぶ

　学生がテーマを探すときに陥りやすい共通の問題は，最初に範囲を広く選びすぎることである。論文を書くにあたって一般的な概念しか頭にないときは，漠然とした内容の文章しかつくれない。それでは，何も言っていないに等しい論文しか書けないことになる。面白いテーマであっても，それが大きすぎる場合は1つの論文で扱うには不適当である。まずテーマをできるだけ狭い範囲に絞り込む必要がある。調べていくうちに膨らんでくるので，かなり狭いと思われる範囲から出発して，ちょうどよいくらいになる。

　広い範囲を選んでしまうという傾向は非常に強い。おそらく狭い問題に絞ってしまえば，自分で言えることが少なくなってしまうのではないかという懸念があるのだろう。しかし，これは杞憂である。先に述べたように論文を書く前にはかなりの調査やデータの収集をするという段階があるので，その心配はまず不要である。逆に，広すぎるテーマを選んでしまうと，論文を書く段になって書き手は収拾がつかなくなる恐れがあるし，そのようにして書かれたものを読む読み手も災難に会うことになる。

　関心をそそられるもの，書きたいと思うものを見つけることが，論文を書くための第一歩である。それが見つかれば，論文の説得力も高まる。自然と予備的な調べものに手がつき，どのような材料があるかが分かるようになる。それに応じて関心をどこまで深められるかの見当がおおよそつき，狭いテーマでかつ深い関心をそそられる主題がはっきりする。テーマの選択では，広さではなく，深さを重視する。

　トピックを狭く選ぶ方法としては，あるテーマに対して，アプローチをする何か特別の方法を使うことが考えられる。その問題を明らかにするときに普通

に使われているアプローチではなく，他の問題でよく使われているアプローチをここに適用できないかと考えてみるのも面白い．もう1つは，そのテーマの範囲内でサブテーマあるいはサブ・サブテーマを探してみることである．最初に○○をテーマにしようと思っていた場合には，

・○○一般について論じるか，○○の中の特定の場合について論じるか．どのような特定の問題が考えられるか．
・その○○に関連したどのような活動，新しい展開，あるいはまだ分かっていない部分があるか．
・○○の歴史について書くのか，その原因について述べようとしているのか．
・○○に関する特定の出来事で，自分の関心事に最も近い内容を含んだものがあるか．

などを自分に問いかけて範囲を狭くする努力をする．いろいろ考えているうちに，再度あれもこれもとならないように注意しながら，どの問題が一番面白そうかという視点から，1つに絞る．

6.3.3 情報・データ・資料の収集

　集めるべき情報やデータ，資料等が何であるかは，求められている課題に必要とされる情報等の内容と，自分が現在知っていたり手持ちしていたりするものとのギャップによって決まる．したがって，課題が何か，自分がその理解に必要な情報等をどこまで持っているか，が分かれば，論文を書く前に何から手を付けるべきかが明らかになる．

　情報やデータ・資料の収集は，おそらく段階的になるだろう．最初は出発点となるアイディアを固めるために十分と思われる材料を集めて書き始める．書き進めるうちに，新しいギャップに気づくようになり，次の段階の収集が始まるといった具合である．各段階において，データ・資料の中から自分の議論の材料となるものを選別し，データの作成法や資料の出典の記載に必要な情報を合わせて記録する．自分の経験や身近な対象がテーマと関連している場合には，それらを含めることで論文作成への関心や熱意は強くなる．

(1) データのタイプ

　データという言葉は，普通は数量的な情報を指すが，数量的でなく文字で書

かれた質的材料を意味する場合も少なくない。これらのデータで，研究者がそれぞれの分野で用いられる研究方法（自然科学分野では実験や観察，社会科学ではアンケート調査やインタビュー調査および公表目的の統計調査，人文科学では綿密な系統的読解・解釈などが多い）によって収集したデータは1次データと呼ばれる。1次データ（および他の1次データを使った2次的研究）に基づいて行われた研究から派生するデータは，2次データと呼ばれる。大学学部の低学年次生が使うデータは2次データが多いが，1次データを使った研究に関心のある学生は，1次データを収集する方法論を学ぶ授業を履修する。

(2) 図書館（学術情報館）の利用

入学時にそれぞれの学部で図書館や学術情報館の一般図書，百科事典類，専門的辞書類，定期刊行物，電子ジャーナル，ならびにインターネット上の文献検索その他の検索エンジンなどの使い方を説明されたはずである。分からない点は係員に尋ねるなどして，資料やデータをフルに使えるように練習する。

6.3.4 論旨文の書き方

(1) 論旨文とは何か

英語圏の大学において小論文（エッセイ）などを書くときによく求められるものに，論旨文（thesis statement）がある。論旨文とは，多くは本文の最初のパラグラフの終わり近くに置かれ，本文全体の内容を著者の立場や主張を中心にして1つないし2つの文に圧縮したものである。読者は，論旨文を探すことで，これから読もうとする論文の方向性をつかむことができるのである。

論旨文に含まれる内容は，小論文の結論部分で書かれるものに近いが，6.3.6でも述べるように，結論部分では通常その含意や重要性をもあわせて書くのに対して，論旨文は結論の内容そのものに限定されているという違いがある。論旨文は，書き手の思考の産物そのものであり，小論文で扱われている主題に対する著者独自の立場と結論を示すいわば「看板」としての色彩の強い文章である。読み手にとっては，最初に論旨文を読むことで著者の議論がどのように展開されるかをある程度予想できるため，読み続ける際の心構えを決める重要な要素ともなる。逆にいえば，論旨文がうまく書けていないか，それがまったくないエッセイは，読者にとって興味を掻き立てられる手がかりがない作品とい

うことになる。

(2) 作業用論旨文とその改訂

論旨文の本質は，結論の考え方や立場の要約である。しかし，著者がこれから書こうとする内容をあらかじめ要約するのが難しい場合も少なくないだろう。小論文を書くことによって何か新しいものを生み出そうとしているときは，とくにそうである。このような場合には，作業用の論旨文を作成しておき，草稿が書けた段階で，この作業用論旨文が出来上がった小論文の内容を正確に表したものかどうかを確認すればよい。もし草稿の内容で作業用論旨文から乖離している部分があれば，草稿または論旨文のどちらかを改訂して統一を図る。草稿の各パラグラフが論旨文と整合していれば問題はないが，内容が乖離している場合には草稿を改訂し，内容に対して論旨文がそぐわない場合には論旨文を改訂する。

このように，論旨文の内容をよく考えて書くことは，草稿を書く際の道標をつくっておくことにもなり，脇道へそれたり冗長になったりしない議論をするうえでも有益である。つまり，論旨文には読み手に対する道案内となるだけではなく，書き手に対しても草稿作成の道案内を務める役割がある。

(3) 論旨文のタイプ

論旨文には，①説明型，②分析型，および③議論型の3つのタイプを考えることができる。小論文の課題が分析的ではなく，情報を伝えるためであれば，論旨文は説明型でよい。また，ある程度の分析を行うだけの論文については，分析型がよい。これに対して，情報や分析とともに書き手の強い主張を含むような場合には，議論型の論旨文が必要になる。このような小論文では，間違いの起こらないように自分の立場を明確にし，それが妥当なものであることを証拠とともに述べて，論理的な異論に対して防御できる論陣を張らなければならない。論旨文の書き方は難しくなるが，努力すればそれだけの効果が期待できる。

① 説明型論旨文の例：米国は，気候変動枠組み条約の京都議定書に参加していないが，温室効果ガス排出量取引市場の設立，いくつかの州の連携による温室効果ガス排出削減プログラムの実施，民間企業による自主的排出削減など，連邦政府の政策方針に反する民間や自治体の取組みが数

多く立ち上げられている。
② 分析型論旨文の例：わが国の温室効果ガス排出量の産業別，用途別の決定要因を分析することによって，現在の趨勢要因が継続するかぎりわが国が京都議定書の約束を履行するのは難しいことが明らかになった。
③ 議論型論旨文の例：政策対応をとらない場合の被害と政策対応のために必要とされる費用との関係を見れば，早期の強力な対策を地球規模で実施すべき根拠があり，中期的に温室効果ガスの大気中濃度を500ppmのレベルに安定させるこの政策がとられるべきである。

(4) 論旨文を書くときの原則
① 論旨文は，原稿の内容を正確に提示するためのものなので，小論文で論じ切れないような論旨文を書かないように心がける。
② 効果的な論旨文を書き，したがって小論文がよく統一された効果的なものとなるためには，テーマとそれに関する論議を明確に限定する必要がある。テーマをよく絞り，それについて独自の見解を展開できるように論旨文を作成しておけば，草稿で説明し，根拠を与えることが著しく容易になる。
③ 単なる事実の叙述ではなく，テーマとそれに関する筆者のものの見方や主張を簡潔に述べたものにすべきである。
④ 漠然とした一般的記述ではなく，特定化された具体的内容の記述になるように努める。

(5) 論旨文についての自己点検
論旨文が適切に書かれているか，効果的なものであるかは，以下の基準に従って自己点検する。
① 課題とした問いに答えているか，その焦点から外れていないかどうか，確かめる。
② 論文の内容と論旨文との関係に紛らわしい点はないか。紛らわしさが残っている場合には，どちらかまたは双方を改訂する。
③ 自分の立場にあいまいさはないか。「よい成果」とか「成功裏に」といった表現を用いた場合，なぜそれが「よい」のか，何を「成功」と見るかがあいまいではないか。

④ 「だからってどうなのだ」「そんなこと，どっちでもいいじゃない」などといわれないか，確かめる。読み終えた直後にこういう発言が出るようなら，大した議論をしていない証拠である。自分でこの問いに反論できないようなら，テーマと主張の関係を考え直したり，もっと別の大きな問題との関連がないかを再考したりする必要がある。

⑤ 論旨文は，「どうやって？」とか「なぜ？」という自己点検に合格するか。論旨文を見た読者の最初の疑問が「どうやってそれを実行するのか？」あるいは「なぜそうなるのか？」というものであれば，論旨文の書き方が読者に十分なガイダンスを与えていないことになる。前者は政策課題を扱った場合に，また後者はメカニズムや関係を説明している場合によく出される疑問である。何を加えれば自分の立場を読者に理解してもらえるかを再考する。

6.3.5 パラグラフの書き方
(1) パラグラフとは何か

パラグラフとは，新しい行に書き出しを1字下げて始められる文を筆頭にして，それにいくつかの文が続く形で構成された文の集まりの単位であり，1つのアイディアを説明するためのものである。どのくらいの長さの文の集まりをもって1パラグラフとするかは，そこに書かれているアイディアの内容によって定まり，ときには文が1つしかないパラグラフもある。本項では，1つのパラグラフをどのように書けばよいか，について説明する（本項は，University of North Carolina, 2007; Behrens *et al.*, 2005 などを参考にして書かれている）。

一般に，パラグラフは「トピック文」と呼ばれる文で始められる。トピック文とは，その名のとおり，話題や主題を示す文である。パラグラフの最初にそのパラグラフの主題を提示する文が置かれると，文章の理解を助ける効果が大きいからである。そして，トピック文の論点を受け継ぎ，それを根拠付ける文が続く形でパラグラフが構成されていく。つまり学問的な論述文では，1つのパラグラフは「1つのアイディアを扱う」という役割を担ったものだということができる。このような性格付けから，1つのパラグラフの中で複数のトピックを扱うのは，パラグラフのあり方としては適当ではない。またそれとは逆に，

トピックについての話が一段落していないのに次のパラグラフを始めるのもよくない。

　日本語文法では，書き出しを1字下げて始まる一群の文の集まりを「形式段落」，それらの形式段落がいくつかまとまって特定の意味をもつ一群をなす形式段落群を「意味段落」と呼んでいる。しかし，これらはいずれも上記のような意味でのパラグラフと同じものではない。むしろ，形式段落と意味段落のような区別をせずに，パラグラフの意味を明確にすることで，論理性を重視する文章ができるため，学術的な文章ではこのようなパラグラフという使い方が普及していると考えることができる。以下では，パラグラフをこのような意味で用い，紛らわしさを避けるために段落という表現は使わないことにする。

　このように見てくれば，文章作成の途中でパラグラフを変えるかどうかを決めるのは，パラグラフ内の文の数でも，パラグラフの見かけの長さでもなく，それらの文に盛り込まれたアイディアの統一性，首尾一貫性であることが分かる。文が1つしかなくても，それが中心的アイディアを表して完結しているのであれば，それはパラグラフの機能を果たしうる。逆に長い文章の集まりをつくっても，そこにまとまったアイディアが含まれていなければ，それが本来のパラグラフになっているということはできない。

　要するに，パラグラフとは中心的なアイディアをめぐって統一された，1つまたは複数の文の集まりである。パラグラフの終わりまで読んだときに，読んだ範囲までの事柄がはっきりと分かるようなパラグラフが，よいパラグラフといえる。

(2) パラグラフに何を盛り込むか

　各パラグラフについて考える前に，まず論文全体の「中心的思考」が何か（読者に伝えようとしている主要な論点が何か）をはっきりさせる。それぞれのパラグラフに含まれる情報は，常にこの中心的思考と何らかの関係を持ったものであるから，各パラグラフと中心的思考の関係がいつも読者に分かるように，パラグラフを作成しなければならない。中心的思考というのは，書き進むにつれて論文が成長していく種のようなものだといえるかもしれない。

　中心的思考が何かを決めると，その思考を支え，根拠付けて，その存続を確立するような内容を考えていけば，それが文になり，パラグラフになる。し

がって，パラグラフとして何を書き始めるかは，その種をどう発芽させるかである。いわばこの発芽プロセスが第3章第1節3.1.2で述べたブレーン・ストーミングである。どんなトピックであっても，まずトピックと最終的なゴールに関連するあらゆる問題を考えてみるのがよい。どのようにこれを進めるかは，準備作業の原稿をどんなスタイルで書くかによって決まる。ある人は，関連する問題について，大きな考えを示す単語や節をすべて書き出すという手法を使うかもしれない。別の人は，文章の形で書かれた情報を多数集める作業をするかもしれない。準備作業でどの様式をとるにせよ，この段階を省略することはできない。

　パラグラフの構築はビルディングを建てるのと似ており，パラグラフの欠陥，パラグラフ間の不整合，その他の基礎的欠陥があると，論文全体の崩壊につながる。このようなことを避けるには，

① どのパラグラフも，論旨文に示された論文全体の中心的思考と整合性がとれていること

② パラグラフ内の文は，論理的な仕方で並べられ，明確な展開計画に従った内容のものであること

③ 各パラグラフで論じられるアイディアは，適切に説明され，証拠や詳しい説明によってサポートされており，それらが全体として中心的思考を説明していること

といった条件を満たすよう，仕上げなければならない。

(3) パラグラフ展開の5つのステップ

　パラグラフは，以下のような5つのステップで展開するのが1つの方法である。

① パラグラフのアイディア：パラグラフの展開は，まずアイディアの作成から始まる。パラグラフのアイディアつまりトピックを1文または複数の文で表現する。このアイディアが，その後のパラグラフの展開を導く。最初の文は，しばしばトピック文の形をとる。ただし，トピック文は，パラグラフの始め，その半ば，あるいはその終わりのどこに現れてもよい。トピック文がパラグラフの始めと終わりの両方で現れることもある。

② アイディアの根拠の説明：パラグラフのアイディアに対して根拠を与え

る。
③　例示：①と②で述べたアイディアについて，例を挙げて説明を分かりやすくする。
④　例示の説明：パラグラフの主要な主張をサポートするために，なぜ③のような例を用いたか，その背景を説明する。
⑤　終わり：パラグラフのアイディアを完成させ，また次のパラグラフへの関連付けを行う。

以上の5つのステップで1つのパラグラフができ上がる。

(4) パラグラフが果たす機能

パラグラフは，次に述べるようなさまざまな機能を果たして，トピックの展開に根拠を与えたり，それを明確化したりすることができる。

①　導入部：議論の導入部は，全体の中でもとりわけ重要な機能を果たす。論旨文が含まれるパラグラフがこれにあたる。
②　定義：分析的な文章を書くときには多くの用語が用いられるが，重要な用語の定義についてはパラグラフ1つを使って正確に説明しなければならない場合もある。
③　分析：主題をいくつかに分け，各サブトピックについて分析する。たとえば，大学教育の目的が主題であれば，それを一般教育，リベラル教育，専門教育等に分解して，それらのサブトピックを各パラグラフで扱う。
④　ストーリー：時系列的な事態の進行とか，起こりうる事象の種類など，議論にとって重要な事実について述べる。
⑤　事態の詳細：特定の対象や背景について，議論にとって重要なポイントを詳細に説明する。
⑥　例示：抽象的な議論を，具体的な例を詳しく説明することにより補完する。
⑦　類似性：特定のアイディアを説明するのに，類似のアイディアを用いて説明を展開するパラグラフもある。ただし，類似によってアイディアを説明することが持っている問題点を認識して，この方法を用いることが重要である。
⑧　対照や比較：論文全体でこの機能を使うこともあるが，AとBを比

較・対照する際に，A1 対 B1 の対比を1つのパラグラフ，A2 対 B2 の対比を別のパラグラフといった進め方をすることもできるし，A1・A2 を1つのパラグラフ，B1・B2 をもう1つのパラグラフといった進め方をすることもできる。
⑨ 原因：ある事象の結果をもたらした原因部分について，歴史的説明，事実による説明，あるいは理論的根拠に基づいて説明する。
⑩ 結果：ある原因がもたらす結果の部分を扱い，トピック文で一連の結果を提示した後，パラグラフの残りの部分でそれらをそれぞれ取り上げて説明する。
⑪ 議論の結末：ある議論についての結論を示し，必要であればそれに基づく提言をする。

6.3.6　序論と結論の書き方

論文は，序論，本論，結論の3つの部分からなる。いずれも，前項で説明したパラグラフがいくつか集まって構成されるものである。序論と結論は，本論を書き終えてから書くのがよい。実際，本論を執筆し，草稿を何度か読み返して初めて，それを読者にどう紹介し，結論をどう伝えるのがよいかが最もよく分かるものである（この項は，Behrens *et al.*, 2005, Appendix を参考にして書かれている）。

(1) 序論の書き方

序論の目的は，読者が日常的に過ごしている通常の世界から，少し変わった著者の世界に入れるよう準備をさせることである。読者に論文の世界の一端を伝えるには，いくつかの代表的な方法がある。
① 歴史的展望：論文の主題に関係した歴史的展望を導入部とする。
② 論争の展望：歴史的展望の一種とも考えられるが，論文で扱う論争のこれまでの経過について説明する。
③ 一般から特殊へ：多くの人が知っている一般的な議論から始めて，論文の内容に近い特殊な場合へと話題を転換する。
④ 特殊から一般へ：興味を引くような逸話から話を始め，論文のテーマである一般的議論へと読者を誘う。

⑤　質問：1つまたは複数の論争を呼びそうな質問を読者に問いかけ，注意を喚起する。読者は，一般的な受身の状態から，その問いに答えようとする積極的な姿勢に変わって，論文を読み始める。

⑥　論旨文：最も直接的な方法として，論旨文から話を切り出す方法がある。論争的な論文の場合には，この方法が適している。

⑦　引用：論文のテーマに関連した著名人の論争的な文を引用し，それへのコメントから議論を始める方法もある。

(2)　結論の書き方

結論の役割は，序論のそれとちょうど逆に，読者を自分の論文の世界から読者自身の世界へと戻すことにある。結論の重要部分は，論文の要約であるが，それに加えて論文の重要性や将来の研究への含意などについて述べることも多い。結論の効果を高めるには，結論の持つ意義の大きさについて述べ，読者に論文の価値を再認識してもらうのがよい。序論と同様，いくつかの代表的な書き方の例を挙げる。

①　さらなる研究の必要性：自然科学や社会科学の論文で多く用いられる。論文自体で行われたことから，さらに研究を展開する必要性について述べる。その内容が，すでに既知のものでないことを確認しておくことが重要である。

②　解決策や提案：導かれた結論から考えられる解決策や提案について述べる。真剣に採択を考えてもらうためには，本文でその基礎となる内容について十分に説明がなされている必要がある。

③　逸話の利用：結論を述べ，それにぴったり合致する知的な逸話を紹介する。逸話の選択に際しては，次のガイドラインを守る。①内容によく合致していること，②読者が理解できるよう十分な情報を準備すること，③読者の関心を引くものであること，④逸話そのものの解説は不要であるが，あまりにも関連性が難解なものでないこと。

6.3.7　研究論文の書き方

(1)　研究論文の計画と執筆

研究論文の作成には複雑なスキルが求められるが，次の10ステップを練習

すれば，そのスキルを習得することができる（この項は，University of Maryland, 2007, Chapter 4 を参考にして書かれている）。
① トピックを探し，1つ選んでそのあらましを知る。
② トピックに関連した文献を集めて展望する。
③ 研究すべき疑問（リサーチ・クエスチョン）を1つ考える。
④ 疑問を解くのに必要な研究資料を整備する。
⑤ 研究資料をもとに作業をし，研究論文を書く材料をつくる。
⑥ 研究資料の出典を明らかにしておく。
⑦ 概要を作成する。
⑧ 研究に対する自分の観点を明らかにする，または自分の役割（新しい論点を創作する，既存の議論を展開する，ある議論を批判する，分析の手法を改善する，問題を展望するなど）を決める。
⑨ 根拠を集める。
⑩ 結論を導く。

卒業論文のようなフォーマルなものではない小論文，短い研究報告などの場合には，研究した情報を提示する以下のようないろいろなパターンを，必要に応じて使うことができる。
① 特殊なケースから一般的ケースへのパターン（一般化）
② 問題‐原因‐解決のパターン
③ 生データを論じる（一般的ケースから特殊ケースへのパターン）
④ 要約や摘要の作成
⑤ 批評

(2) 研究論文の構成

公式の研究論文の構成は，通常，次のようなスタイルをとる。
　　［序論　方法　結果　検討　結論（提案を含む）　参考文献］。
この構成の中で，「序論」は，一般から特殊への流れに沿って一般論的な会話を論文での議論の中心である論旨文にまで限定する役割を果たす。「方法」と「結果」の部分は，より詳細かつ特定の議論を行う部分であり，序論で述べられた論旨文をサポートする。「検討」の部分は，結果で得られた話を，特殊から一般への流れに逆転させ，より一般的な主題へとつなげることで「結論」

と提案を引き出す。こうして，研究によって追加された新しい要素を含んだ形で，再び一般的な会話が行われることになる。

以下，各構成要素について説明する。

(3) 序論

この部分で論文の構成が最もよく示されていれば，論文全体が大きく改善される。といっても，実際には序論を最初に書くのではない。前述のように，全要素の中で最も多くの情報が必要なのが序論なので，この部分は残りの部分がすべて出来上がった後に書かれる。

序論は，普通，次の3つの部分からなる。

① 問題（研究で探求すること）の提示
② 現在の論文の目的と焦点
③ 著者の立場または議論の要約（あるいは概観）

したがって，よく書かれた序論は，いわば論文の青写真のような役割を果たす。

①の部分では，リサーチ・クエスチョンが示され，続けて問題の背景と，文献の展望が行われる。これで読者は著者の研究がこのテーマをめぐる現在の会話の脈絡にどのようにはめ込まれるかが理解できる。扱われる問題がなぜ問題であるのか，これまでの試みがなぜうまく行かなかったか，なぜここで取ろうとしている特定の見地が重要なのか，といったことを述べることができる。また，当研究の視点からの探求やこの問題を解くことのメリットなどを述べてもよい。

目的および焦点を述べる②の部分では，目的の代わりに論旨文を書いてもよい。しかし，読者の受け入れ態勢が整うまで論旨文を書かない方がよいと考える著者もあるかもしれない。

③の部分では，論文の要約または概観によって論文の青写真を示し，読者に主要なアイディアを予想させる。

(4) 方法に関する記述

この部分では，研究を実施する際に用いる考え方の方法論や具体的な研究実施に必要な方法論について，また何か特別の資料・材料を使用する場合にはそれらについて，詳細に説明する。自身でデザインしたものや，使用した材料，たとえばアンケート調査やインタビュー調査の設計とか実験のために特別に工

夫した装置や材料など，あるいはフィールドワークでのデータ収集のために案出した方法論や実験室での特別の手順などに関する説明も含まれる。その他，特定の研究分野に即して記載が求められる方法論や使用する試料・材料などを適切に記載する。

(5) 結果に関する記述

　研究結果をどのように記述するかは，研究の種類，研究のテーマ，研究論文の読者対象などによって異なる。計量できる数量的情報は，体系的かつスペースをとらない形で表，図，グラフなどにより表記する。これには，データそのものと，それらの比較も含まれる。慣習的な表記法を知らなければ，自分の見出した数量的発見をどう表現するかで苦労することになる。提示された数量的情報の読み取り方について，コメントを付して読者に分かりやすく説明しなければならない。先行研究者の論文でグラフや表，図をどのように工夫して作成しているかを注意深く観察する。

　「結果」に関する記述と「検討」に関する記述をどう区分けするかは，必ずしも明確ではない。結果のセクションでは，単に集めたデータに関して得られた結果だけを示せばよいとする考え方と，データに関する評価とコメントをここに書くべきだとする考え方の両方がある。

　簡単な説明や実験操作といった質的情報も，文章のみを含む表の形で示すことができる。数値情報，質的情報のいずれについても，表，図，グラフとそれに含まれる情報を表示する方法には，それなりの慣例がある。一般的にいって，これらの表示法は，読者の理解を促進するために用いるべきものであって，混乱させるために用いるべきではない。図や表には必ず番号を付け，本文等ではどの図や表が論じられているかを明確にする。グラフや図の要素には見出し語をつける。表，図，グラフなどを使用する場合，まず番号と名前で紹介し，それを表示し，数値の表記法や単位などを説明した後，その内容を解説するのが普通である。

　結果のセクションでは，過去形で書かれる文が多い。

(6) 検討に関する記述

　この部分では，研究によって見出された結果を一般化する方向へ議論が向けられる。1つの方法は，得られた結果がもたらす意味や帰結について説明する

ことである。そのうえで，序論で述べたことに返って自分の意見を主張する。この部分の議論は，論旨文と直接関連する形で展開すべきである。ここで新しい議論を持ち込んだり，論旨文で述べられている事柄と直接関係のない周辺的な議論を行ったりするのは避けるべきである。この部分は，序論と同様，普通は現在形で書かれる。

(7) 結論（および提案）に関する記述

短い論文の場合，この部分は1つか2つのパラグラフで終わる。しかし，多くの場合，結論とともに何らかの提案が含められる。

結論は，研究の結果とその検討を総合し，この研究に関する著者の主要なアイディアを統合した論旨文の重要性を詳しく述べる役割を果たす。著者の研究と思考の論理的帰結を示すことで，この部分が自身と読者に対するリサーチ・クエスチョンへの解答を示すものとなる。結論は，序論で書かれたアイディアに直接関連するものであって，ここで新しいアイディアを書くべきではない。

結論に関連した何らかの提案がある場合には，この続きに入れる。一連の行動につながること，予測を行うこと，ある問題への解決策，特定の状況に関するある判断，あるいは自身のアイディアがもたらすと思われる意義と帰結に関する考察などがそれである。また，論文の到達点と残された課題にかんがみて，その先に何が見えており，議論をどう展開することができるのかについて示唆する場合もある。

(8) 参 考 文 献

研究論文には，必ず引用文献，参照文献が付される。研究に際して利用した資料について，学問的誠実さをもって一定の慣例に従って作成された文献リストを添付する。文献の記載方法に関する慣例は，学問分野で異なるので，それぞれ適当な方法に従う必要がある（本章第8節参照）。

重要な点は，読者が問題の文献や資料，電子情報など（詳細な情報が必要な場合には，その文献・資料・電子情報などの参照箇所）を必ず参照できるだけの十分な情報を提供することである。

4 論文作成のプロセス②——自然科学系の場合

6.4.1 研究成果の公表

ある研究で成果があがったら，それを外部に公表しなければならない。これは本来，「自分が明らかにした科学的真理を他の人に認めてもらいたい」という，研究者の自発的欲求にもとづくものである。しかし，それだけではない。理念的には，科学的真理は人類共有の財産であるから，全人類に対して進んで公表されるべきものである。またもう少し現代の現実に即して言えば，税金を投入することによって得られた科学的成果は，納税者に対して報告されなければならない，ということにもなるだろう。一方，プロの研究者の立場で考えれば，研究成果を公表することによって業績として認められ，研究者としての道が開ける，という切実な事情がある。

公表の手段にはいろいろなものがありうる。社会に直接訴えるということなら，新聞やテレビで報道されるということもあるだろう。産業界への貢献を考えるなら，特許申請も公表の一種である。学会での口頭またはポスターによる発表も，当然，重要な公表手段である。しかしこれらの方法は，いずれも科学者にとっての正式な公表手段とはいえず，業績評価の対象としてもほとんど価値がない。厳密な意味での公表は，あくまでも学術誌に論文の形で投稿し，掲載されることである。

6.4.2 学術誌と査読制度

ここでいう学術誌とは，通常の書店の店頭に並んでいるような一般向け科学雑誌のことではない。ピア・レビュー（同分野の専門家による査読）という制度に支えられた，学術論文を専門に掲載する雑誌のことを意味している。査読制度は，いわば科学者の自治的な相互評価のしくみである。ある学術誌に論文が投稿されると，それに近い専門分野から数名の審査員（査読者）が任命される。そして純粋に学問的な立場でその論文の学術的意義，論理展開，研究手順の妥当性などを審査し，その学術誌に掲載するにふさわしい論文であるかどうかを審査するのである。

査読の際に最も重視されるのは，その論文が新しい事実を報告したものかどうか，それによってその学術誌がカバーする科学分野に十分な貢献をなすものであるかどうか，ということである。実験の追加や，やり直しが命じられることもある。忌憚(きたん)のない意見が述べやすいように，審査員の名前は公表されない。このような審査に合格してはじめて，論文が掲載されるのである。

　自然科学は再現可能な現象のみを対象とする。あるいは，これまでに蓄積された知識体系に照らし合わせて，十分に再現性が期待されると判断される現象のみが，科学の対象となる（中谷，1958，第1章）。民間療法などに関して，科学的根拠が認められないという見解が科学者側から出されることがある。このような場合，既成の学者は頭が固い，という批判がなされることが多い。しかし，それらの例のほとんどは，再現性を保証するのに十分なデータに基づいていないため，そもそも科学的に否定することも，正当性を認めることもできないのである。したがって，それらは科学の範疇から外れた，非科学として扱わざるをえない。

　査読制度の重要な意味の1つは，新たに報告された研究結果が，再現可能な科学的真理として信頼するに足るかどうかを審査するところにある。このような言い方をすると，従来の常識を覆すような新発見は，査読の制度に馴染まないのではないかと思うかもしれないが，そうではない。どんな革命的発見も，逆説的に言えばそれまでの知識体系を踏まえているからこそ可能なのであり，したがって査読制度と矛盾するものではないのである。

　このように考えれば，査読を経て学術誌に論文を公表することの重要性が理解できるだろう。いくら新しい発見をしても，この手続きを踏まない限り，科学的真理とは認定されないのである。査読制度は，さまざまな人間関係や利害関係の影響を受けることがあり，また学術的価値の低い研究に単にお墨付きを与えるためだけに利用されてしまう場合もある。したがって，それは決して万能なものとはいえないが，科学者の社会を支える重要なしくみとして定着している。

6.4.3　自然科学論文を作成するときの注意

　実験系の科学論文は，通常，要旨（summary または abstract），序論（introduction），実験方法（experimental procedures または materials and methods），結果（results），考察（discussion），謝辞（acknowledgments），および引用文献（references）の各章からなる。実験方法の章は，学術誌によって，結果の前に置かれることもあれば，考察のあとに置かれることもある。また論文によっては，実験結果と考察がまとめて1つの章とされる場合もある。

(1) 表題と要旨

どんな論文でも必ず表題から始まる。表題は論文の重要な一部であり，その論文の目的や結論が，具体的にそこから思い浮かぶように工夫すべきである。たとえば，「化合物Aの生物学的作用に関する研究」という表題では，実際にどんな研究によってどんな結果が得られたのかは分からない。「化合物Aによるヒトがん細胞の増殖抑制」とすれば，一目見ただけで内容が推測できるだろう。

次に要旨は文字通り，その論文全体の内容のまとめである。たいていの学術誌では，この章には字数（または語数）の制限がある。短い文章の中で，どんな実験によって，どんな結果が得られたか，そしてそれによってどんな結論が導かれるか，ということを的確に，かつ具体的に述べなければならない。後述する論文データベースを閲覧したり，学術誌のページを繰ったりする場合，ほとんどの読者はまず目次を見て，興味を引かれた表題の論文のみ，要旨を読む。そしてたいていは要旨を読んだだけで素通りしてしまい，内容まで詳しく読むのは，よほど関心を引かれた場合のみである。したがって要旨はそれ自体で意味の取れる，完結した文章になっていなければならない。また要旨が魅力的に書かれていれば，読者がそれ以降の章まで読んでくれる可能性が高くなるだろう。

表題と要旨は，いわば論文の顔である。これらがいかに魅力的であり，必要な情報をうまく伝えているかによって，読者のもつ印象も，査読に際しての審査員の心証も，大きく左右されるのである。

(2) 序　論

序論は，その研究を始めることになった経緯や，その研究の意義などを述べる章である。その分野でこれまでに何が分かっており，何が未解決であるかを，同分野の他の研究者の論文も引用しつつ，記述する。そのうえで，自分の研究

がなぜ重要であり，どんな新しい工夫や着眼によって，何を明らかにしようとしたかを述べる。この章の最後には実際にどのような実験によって何が分かったかを，ごく簡単にまとめて記載するのが普通である。序論は研究分野によって長さに幅があり，生命科学などの論文では比較的長いものが多い。ついでにいえば，他の研究者の論文を読む場合には，初学者ほど序論を丁寧に読むべきである。それが，著者が何を言おうとしているかを把握する，最も良い方法だからである。

(3) 実験方法

次に実験方法の章では，どこから入手しどのような材料を用いたか，どのような条件でどのような操作を行ったか，などの点を詳細に記述する。十分な知識と技術をもった他の研究者が，そこに述べられている方法に忠実に従って実験を行えば，その論文に示されている通りの結果を再現できるように保証するのである。とはいえ，すべての実験条件や方法を詳述していたのでは長くなりすぎるので，実際にはその分野の常識となっている方法については省略したり，すでに他の論文に記載されている方法を用いた場合には，その論文を引用することで済ませたりすることが多い。

(4) 結 果

結果の章では，実験データの説明と解釈を述べ，論旨を展開していく。言うまでもなく，この章は論文の核心部分である。したがって，この部分の論旨は明快で首尾一貫したものでなければならない。論文を書くのに先立って，まずそれまでに得られている実験データをすべて並べてみる。そして，ある論旨に従ってそれらを解釈した場合に，互いに矛盾する点や不足している点がないかを念入りに点検する。1人で考えていると，先入観に捉われて問題点に気づかないことが多いので，指導者とよく相談し，さらに周囲の人たちの意見を聞くのがよい。いかにうまくいったと思われる研究でも，必ずどこかに落とし穴があるものである。

この段階で追加実験が必要になることも多いだろう。第5章第2節で述べたように，本来，実験は論理的に順序を踏んで行われるものであり，またその結果は実験ノートに整理されているのだから，この作業は難しくないはずである。むしろ，ある程度，実験を積み重ねて全体の論旨が見え始めたら，その論旨に

沿って論文を書くことを前提に，そのために必要な実験を優先的に行うようにするとよい。ただ漫然と実験を繰り返しているだけでは，研究はなかなかまとまらないものである。

　論文に掲載できる図表の数やページ数には制限がある場合が多いので，どのデータを図表として掲載するかを取捨選択する必要がある。最近では，論文に掲載できなかったデータを，ウェブサイトで補足データとして提供する学術誌が多くなっているので，これを利用すれば数多くのデータを公開することができる。

　図は，文章を書き始める前に完成させておいた方がよい。整った図がある方が，説明すべき事項が分かりやすいからである。図表に示されている内容は，すべて具体的に漏れなく本文で説明する。図の一部しか説明しなかったり，具体的な説明なしにいきなり抽象的な結論だけを述べたりしてはいけない。図表として掲載されていないデータについても，必要に応じて記述する。1つのデータを説明したら，その解釈を述べ，論旨に従って次にどんな実験が必要かを指摘したうえで，次のデータの説明に移る。このようにすれば論旨がうまくつながり，読者はスムーズに著者の考えを追うことができる。

(5) 考　察

　考察は，実験結果から明らかになったことを発展させて，より高度な結論や将来の展望などを述べる章である。第5章第2節で取り上げた例でいえば，「化合物Aは多くのがん細胞の増殖を抑制するが，正常細胞に対しては，ごく一部の，とくに増殖能の高い細胞を除いて作用しない」というような最終結論を述べるのがこの項である。これに対して，個々の種類の細胞に対する化合物Aの効果のような個別の実験結果については，結果の項で解釈を述べる。よくある誤りは，考察が単なる結果のまとめになっているものである。実験結果の全体像を，考察で包括的に再提示するのはよいが，それだけでは結果の章の繰り返しになってしまう。考察は，あくまでも結果を踏まえた発展的な議論の章とすべきなのである。

　がん細胞に対する化合物Aの効果が明らかになったなら，当然，次の課題はそのメカニズムである。本当はそこまで明らかにしてから論文を書く方が良い研究になるのだが，諸般の事情によりその前の段階で論文にまとめざるをえ

ないことも多い。そのような場合，これまでに明らかになっていることを踏まえて，ある程度メカニズムを考えることが可能なら，それを考察の章で取り上げるべきである。もしそのような考察が難しいのなら，「そのメカニズムは今後の重要な課題である」というような指摘をして考察の章を締めくくるのも，よく行われるやり方である。

日本人の論文は一般に考察が貧弱であるといわれる。これは英語で論文を書く場合に，抽象的な内容を述べるのが日本人にとって難しい，ということもあるが，それ以上に日本人特有の遠慮深さが原因であろう。自分自身のデータと，他の研究者が報告しているデータをもとに，考えられる限り豊かな考察を展開したいものである。ただし，データの裏づけのまったくない議論は空論に過ぎない。あくまでも論理的な考察を心がける必要がある。

(6) 謝辞と引用文献

謝辞では，実験の手助けをしてくれた人，実験材料を提供してくれた人，貴重な示唆を与えてくれた人などに対する感謝の気持ちを述べる。その研究がどこからの研究資金補助によるものかも，この部分に記述する場合が多い。引用文献については本章第8節で述べる。

6.4.4 卒業論文，学位論文について

上に述べた解説は，学術誌に投稿する論文を前提としたものである。卒業論文や修士および博士の学位論文の場合，基本的な注意点は上と同様であるが，通常の学術論文とは性格が異なるので，それに応じた配慮も必要となる。

学部の卒業研究はあくまでも教育の一環であるため，研究成果そのものよりも，学生諸君が研究内容をよく理解し，必要な努力をしたかどうかが問題とされる。したがって，卒業論文ではこれらの点について十分にアピールしなければならない。この趣旨を踏まえて，序論や考察はたとえ短くとも，研究を行った理由や結論に関して要点を確実に押さえたものにすべきである。また，1年間の卒業研究だけで研究が完成することはまずなく，研究室の誰かがそれを引き継ぐことが多い。そのため実験方法や結果の章は，初心者である後輩たちにも理解できるように，詳細かつ平易に書く必要がある。

修士論文は，やはり教育の一環ではあるが，卒業論文に比べてより高い内容

と完成度が求められる。したがって執筆する際には，卒業研究と同様の配慮をしつつ，全体としてさらに充実した内容を心がける必要がある。これに対して博士論文は，それまでの研究活動の集大成である。同時にそれは，独立した研究者として十分な能力を身につけたことを証明するものでなければならない。したがって研究としての完成度が求められるのはもちろん，関連分野，ひいては科学全体の中で自らの研究をどう意義づけるかという，著者の研究哲学も問われることになる。

6.4.5 英語論文の意義と実際

　自然科学の論文は英語で書くのが普通である。科学的成果は人類の共有財産なのだから，それは全人類に対して公表されるべきである。英語が圧倒的に世界の共通語になっており，日本語がそうでないことを考えれば，たとえ不本意でも論文は英語で書かざるをえない。人事や研究費申請などにおける業績評価の際にも，日本語で書かれた論文はほとんど評価されない。付け加えれば，自然科学分野で参考文献として読むべき論文は，事実上すべて英語で書かれたものである。

　ここまで述べてきた学術誌とは，実際には英文誌のことを指す。上の項で述べた論文の構成や執筆する際の原則などは，もちろん日本語で論文を書く際にも当てはまるものであるが，基本的には英語の論文を意識したものである。とはいえ，英語で論文を書くのは決して簡単なことではない。慣れないうちは，いきなり英語で書くのではなく，まず日本語で完璧な原稿（単なる箇条書きではなく，完全な文章になったもの）を作成することを勧める。この段階で，論旨に矛盾や曖昧さがないか，結果の解釈に不適切な点はないかなどを徹底的に点検するのである。もちろん，指導者や共同研究者などにもこの段階でチェックしてもらう。この点検作業で問題がないことが確認されてはじめて，文章を英語に直すのがよい。

　論旨が曖昧なままで英文に直すと，英文の稚拙さのために問題点が隠されてしまう。指導者も英語の文法や綴りの間違いに気を取られて，内容上の問題を見落としてしまうだろう。日本人，とくに初学者にとっては，英語の文章を書くこと自体が大きな負担なのだから，内容の吟味は日本語の段階で済ませた方

がよい。最初から英語で書き下ろすのは，英語で考えることができるようになってからにすべきである。

　論文英語で重要なのは正確さである。文学作品ではないのだから，凝った表現をする必要はない。最初のうちは，英語を母国語とする研究者の論文を参考にするといいだろう。気に入った言い回しや文章を借りるのもよい。最近では，実際の科学論文から文例を集めて網羅したデータベースも，ウェブ上で公開されている。英語論文の書き方に関する参考書もいろいろある。内容さえしっかりしているなら，文章は多少稚拙であっても，論文校正サービスを利用すれば流暢な英語に修正してくれる。逆に全体の論旨が曖昧だと，校正者も文意がつかめず，直しようがない。

6.4.6　インパクト・ファクター

　最近，研究者の業績評価が厳しくなるにつれて，話題に上ることが多くなったのがインパクト・ファクター（impact factor: IF）である。ごく簡単に言えば，IF とは，ある学術誌に掲載された論文が，一定の期間内に他の論文に平均何回引用されたかを表す数値である。他の研究に対する影響力が大きい論文ほど，引用される回数は多くなると考えられるので，この数値はそれぞれの学術誌に，どの程度影響力をもつ論文が掲載されているかを表している。

　IF は各学術誌の影響力の目安なのであるが，最近では，個々の論文の評価に使われるようになった。すなわち，その論文が掲載された学術誌の IF によって，論文そのものの価値が判断されるようになったのである。当然のことながら，IF の高い学術誌にも内容の乏しい論文はあり，逆に IF の低い学術誌に優れた論文が掲載されることもある。したがって，この数値を個々の論文の評価に使うことは本来は誤りなのだが，論文の価値を正しく読み取ることが必ずしも容易ではないことから，手軽な評価基準として流用されているのである。

　Nature や *Science* などの学術誌は，とくに IF の高いものとして知られている。これらの学術誌に論文が掲載されることは，研究者にとって大きなステータス・シンボルである。とくに若手研究者にとっては，少しでも IF の高い学術誌に論文が出ることに，研究者としての将来がかかっていると言っても過言ではない。

このような風潮を異常と断ずるのは易しいことだろう。確かにIFの高い学術誌に論文を出すこと自体が研究の目的になってしまったとしたら，それは明らかに間違いである。しかし一般にIFの高い学術誌ほど，影響力の大きい論文のみを厳選しようとするため，査読が厳しい。また審査員の鋭い指摘にもとづいて内容が修正され，その結果，論文の質が大きく改善されることも珍しくない。すなわち研究者にとっては，よりIFの高い学術誌に挑戦することによって，研究レベルの向上が図れるのである。その意味で，IFの高い学術誌に論文を掲載することを目指すのは，単なる功利的な意味を越えて，学術的にも理に適ったことといえよう。

5 オリジナリティとは

6.5.1 はじめに

あなたが，自分の名前で発表したレポートや論文などは，あなたが創作したものであり，あなた自身のオリジナルな創作物であるとみなされる。もちろん，他人がすでに発表している文献や研究を参考にすることはあろうが，それを単純に写して自分の著作物として提出することはできない。そういった文献等を参考にするのは，自分の考えを証明したり，補強したりするのに利用するのであって，他人の著作物の全部や一部をあたかも自分が書いたものであるかのように示すのは，法的にも倫理的にも許されないことである。

参考にするのは，書籍や論文だけに限らない。インターネットで検索すれば，あらゆることが簡単に調べられる。しかし，そこに記述してあることを丸写しして，自分が書いたものであるかのように表現することは，上の場合と同様，盗用行為であり，許されない。丸写しした他人の書き物は，その人が自分の考えを自分の言葉で書いたものであって，あなたのオリジナルな創作物ではない。しかし，どこからどこまでが他人のものかが区別されていなければ，何がオリジナルで何がそうでないかが分からない。「自他の考えを分けて表現すること」，これがオリジナルであることの要件である。

オリジナルと呼べるものには，理論や思考といったアイディア，オリジナルな手法によって収集されたデータなどのほかに，表現形式それ自体も含まれる。

そのようなオリジナルなものを大切にすることをまず考えてほしい。自分がこれから行う知的活動全体を通して，オリジナルであることをまず確認しておこう。

大学は，さまざまな学問分野におけるアイディアを創出し，その方法を伝播させ，その学習を盛んにするところである。自分のアイディアと他人のアイディアをどのように区別して，議論を展開するかについては，次節で説明することとし，本節では誤った執筆の仕方によって法律に反することがないよう，著作権の基本的な考え方について説明しよう。

6.5.2 著作権の考え方——自他の考えを分ける

オリジナルなもののうち，著作権法では表現形式のオリジナリティを「著作物」として保護している。つまり，「自分の考えを自分らしく表現したもの」が，自分の著作物とされて，法律によって保護されるのである。そして「オリジナルなもの＝著作物」を創作した人は著作者と呼ばれ，その人には著作権という強大な権利が与えられる。オリジナルなものの創作は，それほど重要なことなのである。先に，盗用が法的にも許されないといったのは，この著作権法によって著作物が保護されており，著作権法違反が犯罪として罰せられるからである。

著作権法では，著作物とは「思想感情を創作的に表現したもの」であり，これが保護の対象となっている。つまり，「外部に対して表現した創作的な表現形式」が保護されるということになる。

もちろん，先人の書いた著書や論文，論説などを正当に利用し，出典や利用箇所を明記するのを忘れてはならない（次節参照）。しかしデータや理論，思想，手順，手法等の「アイディアを盗用する」という行為は，研究者としての倫理という観点から問題のある行為であったとしても，著作権侵害ではない。判例においても，「表現されている内容すなわちアイディアや理論等の思想および感情自体は，たとえそれが独創性，新規性のあるものであっても，小説のストーリー等を除き，原則として，いわゆる著作物とはなりえず，著作権法に定める……保護の対象とならない。（アイディア自由の原則）」（「大阪地方裁判所，昭和54年9月25日判決，発光ダイオード学位論文事件」『判例タイムズ』397号，

152ページ）という見解が示されている。ただし，「技術的思想の創作」というアイディアは，特許や実用新案等の知的財産権として保護されるということに，注意が必要である。

著作権という視点から重要なのは，「自分の考えを自分の表現方法で形に表すこと」である。記述されていることを，自分で理解し，自分自身の言葉で説明することである。

何が「自分の考え」であるかは，あなただけが分かることである。どんなにすばらしいアイディアであっても，自分自身の頭の中にとどまっているうちは，それが「自分の考え」であるとは他人に分からない。自分自身の表現方法を用いることで初めて，あなたは他人と異なる，自分のオリジナルなアイディアを示したということができる。

たとえ他人と同じアイディアから発想されたのだとしても，他人の表現と異なる，自分自身の表現を用いて，自他を分けることによって，初めて「自分の考えを表現したオリジナルなもの」といえる。著作権法ではこの点を保護するのであって，表現の元になったあなたの理論や研究手法自体の内容は，著作権の対象ではない。

さて，ここであなた自身に起こりうる事例について考えてみよう。

これから，皆さんは著作者としてレポートや論文という著作物の創作を行うことになるが，そのレポートや論文は「著作物」として保護される。

オリジナルな表現が大切であるといったが，偶然にも自分の表現が他人の表現と一致した場合はどうだろう。あなたは相手の表現（あなたの表現が先なら，相手があなたの表現）を盗作していたことになるのだろうか。本当にその表現をまねしていないと胸を張れるなら，それは偶然の産物であり，同じ表現であってもその表現はオリジナルであると主張できるし，著作権法上も双方オリジナルであると認めることができる。また，たとえば17字以内で表現するといったように表現形式が限られている場合や，学術書のように表現の正確さを重視するために創作的な表現が抑制される場合（「東京高等裁判所，平成13年9月27日判決，解剖実習の手引き事件」『判例時報』1774号，123ページ，『判例タイムズ』1099号，261ページ），あるいは自然科学上の法則を説明する場合などのように，その性質上，普遍性のある表現形式が多い場合などでは，似通った表現

となりうることが予想される。したがって，こういった理由で，自分自身にやましいと思う行為がなければ，それはやはり盗作ではない。

皆さんには，これからの研究，執筆，その他の創作的な活動にあたり，このようなオリジナル，「著作権」という視点を理解して取り組んでほしい。

6.5.3 著作権法における引用の考え方——他人の意見を取り入れる

自分のオリジナリティを重視するといっても，何もかも自分だけで考え，表現することは不可能である。また，先人の主張をまったく考慮しないということもありえない。自分のオリジナリティは保持しつつ他人の意見を取り入れることで，さらに深い考察を生むことができる。

考えてみれば，文献等を参考にして，自分の意見を展開すること，さらに理論を発展させること，あるいは先行研究の考察結果を批判することなどは，大学での研究や創作活動に不可欠な行為である。では，他人の著作物に依拠する創作行為は，どのようなことに注意しなければいけないのだろうか。新しい理論の展開においても，批判においても，その対象となる他人の意見や主張をそのまま自分のレポートや論文の中で利用することも多い。しかし，これは扱い方によって他人の著作物の盗用になりかねない行為である。そうならないためにはどうすればよいか。ここで重要になってくるのが「自他を分ける」ことである。

以下では「自他を分けて」記述するうえで，忘れてはならない要件を説明しよう。

(1) 必然性

本当に他人の意見や主張を記述することが，自分の意見や主張を表現するために必要なものであるかどうかを熟考してほしい。これは，全体構成，論理展開といったレポートや論文を「書く」という行為の大前提にもなる。必要もないのにだらだらと記載しても，よいレポートやよい論文が書けるものではない。

(2) 主従関係

自分の考えを主張するのだということを忘れてはいけない。「A氏は著書Bの中でXといっているが，私も同意見である」という表現は，一見すると自分の主張のためにA氏の主張を利用しているように見えるが，これだけでは，

A氏の意見を紹介し，その結論に同意していることを表明しているに過ぎない。なぜ同じ意見を持つにいたったのか，どこにそう思わせる理由があったのかを明らかにし，その上に自分の議論を展開してこそ，自分の主張がはっきりと自分自身のものとして表現される。常に自分の主張が主であって，それを補完するために他人の意見があることをはっきりさせなければならない。

(3) 自他識別性

　視覚的にも「自他を分ける」ことを考えなければならない。他人の表現を取り入れながら「自他を分ける」最も簡単な方法は，文章ならば他人の記述を括弧でくくることである。こうすれば，括弧でくくられている表現＝「他者のもの」と，括弧でくくられていない表現＝「自分のもの」とを区別することができる。さらに，他人のオリジナルな意見はどこに記載されているのかを明示すれば，自分の意見でないことが明らかになる。これを出所・出典の明示という。その具体的な方法については，本章第8節を参照されたい。

　このように，自説の補強のために「自他」を区別して他人の意見や主張（著作物）を利用することは，著作権法では「引用」といわれる。手近な国語辞典で「引用」を引いてみよう。たとえば『大辞林』では「引用：人の言葉や文章を，自分の話や文の中に引いて用いること」と説明されている。しかし，著作権法における「引用」は，これとは多少意味が異なる。

　著作権法における引用では，まず引用する著作物の種類を特定してはいない。すなわち，「人の言葉や文章」（言語の著作物）のみならず，図，表，写真，絵画などの著作物も引用することができるのである。図や表などをそのまま利用する場合，転載とか再録などという場合もあるが，これまで述べた (1) ～ (3) の要件をみたしていれば，著作権法においては引用という。そして，著作権法上の引用に該当するということは，「他人の著作物を無許諾で利用できる方法」を意味する。つまり，以上の条件を満たせば他人の著作物を勝手に利用しても，著作権侵害にならないということである。

　他人の意見や主張を短く要約して利用する場合もあるだろう。そのとき，上の3点に加えて注意しなければならないのは，その主張をゆがめないことである。自分に都合のよい解釈や，都合のよい部分だけを利用することにならないよう，十分に注意することが必要である。

6.5.4 「著作権」とは何か

ここで，簡単に著作権について解説する。

(1) 著作権とは

著作権法では，著作物とは「思想感情を創作的に表現したもの」であって，たとえば，小説や詩，論文，音楽，パントマイムや舞踏の振り付け，漫画，書，絵画，彫刻，地図，図表，模型，劇場用映画，TV番組，ゲームソフト，写真，プログラムなどを指す。

あなたが書いた「自分の考えを自分らしく表現したオリジナルなもの」をあなたの著作物だといったのは，それが思想感情をあなたらしく創作的に表現したものだからである。

そして，著作物を創作した人を，著作者という。著作者は，著作物を創作した人であればよく，上手・下手やプロ・アマなどの条件は関係がない。

著作者には，著作権という権利がある。著作物を創作した著作者に与えられる独占的排他的な権利であり，他人がその著作物を利用することの是非を決めることができる権利である。特許や実用新案と異なり，登録などの要件はなく，創作した時点で権利が発生する。

つまり著作権という権利は，著作者が自分の著作物を創作した時点で，自動的にその著作物について「勝手に〈利用〉されない」ことが保障される権利である。著作者の許諾なしに，勝手に複製，上演，演奏，上映，公衆送信（アップロード，放送，有線放送〔CATV〕等），口述，展示，頒布，譲渡，貸与，翻訳，翻案（著作物を編曲，変形すること）等の〈利用〉をしてはいけないという権利である。この点から，著作物の利用にあたっては，ほとんどの場合，権利者の許諾が必要であることが分かるだろう。

要するに，創作したレポートや論文といった著作物については，書いた人が著作者であり，著作者が著作権という権利を持ち，他人がその著作物を利用するときに，その諾否を決定できるのである。逆に他人の著作物を利用する際は，その他人が許諾を決定することになる。

著作者には，もう1つ著作者人格権という，著作物の利用に際しての著作者の人格に関わる権利がある。あなたのレポートや論文が勝手に他人の名義で発表されたり，自分の意に反する仕方で書き換えられたりしたら，どうだろうか。

嫌な気持ちにならないだろうか。著作者人格権とは，著作者が嫌な気持ちにならない，著作者の主張がゆがめられないという本人の人格に関係する権利である。

自分に無断で勝手に発表されたり，趣旨をゆがめられたりするようなことは，決して許されることではない。それは，他人の著作物を利用する場合についても同じである。他人が表現したものはその人の著作物だからである。あなたが嫌だと思うように，その人も嫌な思いをするだろう。オリジナリティを守ることは，同時に他人の著作物を守ることでもある。

(2) 著作権の例外

著作権は，著作者の独占的・排他的権利であると述べた。それほど強い権利である著作権であるが，例外が存在する。それは，著作者の許諾を得ずに著作物を「勝手に利用できる」場合である。大学での授業を思い出してほしい。講義中にレジュメが配布されたり，参考資料が提供されるだろう。本来なら著作物を複製し配布するのであるから，権利者（著作者）の許諾が必要とされる行為である。しかし，文化の一部である著作物を利用することは教育上，非常に重要なことであるとして，著作物を無許諾で複製してよいという例外が設けられている。

また「複製」には，印刷物のコピーだけでなく，録音，録画も含まれ，インターネット上の著作物をPCにダウンロードすることも複製に該当することを留意しておこう。

学校等教育機関における複製だけでなく，非営利無料無報酬の上映などといった一定の条件を守れば，他人の著作物を無許諾で使うことができる。先に述べた「著作権法における引用」も，自分の主張を補強するために，引用すべき必然性があり，自分の主張が主であり，さらに引用している部分が識別できるという条件がある場合に，無許諾で利用できる。

(3) 罰則の規定

著作権の例外に該当せず，著作物が著作者の許諾なしに勝手に利用された場合，当然，これは著作権侵害となり，刑事罰として処罰される。また，著作者の意に反して著作物の内容を変更すれば，著作者人格権侵害となる。

もしも自分の著作権を侵害された場合には，その侵害行為の差し止め，損害

賠償，名誉回復の措置等を請求することができる。権利侵害は，10年以下の懲役または1000万円以下の罰金刑となる。人格権侵害などは，5年以下の懲役または500万円以下の罰金が科せられる。会社など法人が著作権等（著作者人格権を除く）を侵害した場合には，3億円以下の罰金が科せられることになる。

著作権侵害は，れっきとした犯罪であることを覚えておいてほしい。しかし，同時に著作権法は，法律というルールだけではなく，マナーや礼儀という社会規範にも深く関わっていることを忘れてはならない。

ここでは著作権について簡単に解説したに過ぎない。著作権法についてさらに学習したい場合は，本章末尾の文献紹介を参考にされたい。

6.5.5 オリジナリティの大切さ

これから，授業，レポート，論文，実験，試験で，著作権とつながっていくことになる。著作者として，利用者として，知的創作活動を進めていくことになる。

繰り返しになるが，その際，注意しなければならないことがある。著作権は「表現されたもの＝著作物」を保護するために著作者に与えられた権利であって，頭の中にあるアイディアを保護するものではない。どれほどすばらしいアイディアを持っていたとしても，それが表現されない限りオリジナルであるとは認められないのである。しかし，表現が稚拙であろうとも，いったん表現されれば，そこに込められた思想や感情はあなたのオリジナルな著作物として保護される。

他人の著作物を利用し，参考として新たな著作物を創作することは，人類の歴史上繰り返されてきたことである。絵画の構図をまねたり，表現を取り入れたりと，古来から先人の作品を参照し，多くの作品が生まれてきた。そして文化形成には，このような積み重ねが不可欠なのである。たとえば，「ウエストサイド物語」はシェイクスピアの「ロミオとジュリエット」をモデルとしたものであり，シェイクスピアもまた別の散文詩を原型として創作している。文化は，それまでの知的創造のうえに，新たな思想感情を表現してこそ形成されるものなのである。

自分の考えを表現する際，先人と同じように，さまざまな他人が表現したものに触れることになろうが，むしろ多くの文献等に触れることは推奨されるべきことである。しかしながら，それだけであってはならない．，論文やレポートで表現することは，その他人の考えをもとに自分で考えたものがなければならない。自分で考えたもの（自分の新たな知的活動の発表），その部分こそがあなたのオリジナリティなのである。

著作権法第1条には，法律の目的が記されている。そこには，「……著作者の権利及びこれに隣接する権利を定め，これらの文化的所産の公正な利用に留意しつつ，著作者等の権利の保護を図り，もつて文化の発展に寄与することを目的とする」と書かれている。あなたのオリジナルな著作物が，新たな文化の発展の一翼を担うことを覚えておいてほしい。

6 盗作，捏造

6.6.1 盗作，剽窃

著作，論文等さまざまな出版物で公表されている情報を，自分の著作，論文，報告書等に利用する方法として，「引用」「要約」「転載」がある。『広辞苑』（第6版，岩波書店）によれば，「引用」の意味を自分の説のよりどころとして「他の文章や事例または古人の語を引くこと」，「要約」の意味を「文章などの要点をとりまとめて短く表現すること。また，そのとりまとめた言葉や文」，「転載」の意味を「既刊の印刷物の文章・写真などを他の出版物に移し載せること」と説明している。これらの利用法を用いる際に決められた手続きをとらず，引用，要約，転載を用いて，著作物の情報をあたかも自分が考え出したアイディア，研究成果，あるいは文章であるかのように利用することを盗作（剽窃）という。盗作は厳に慎まなければならない。

引用に関しては，著作権法第32条の一部を紹介して，その内容を理解する。「公表された著作物は，引用して利用することができる。この場合において，その引用は，公正な慣行に合致するものであり，かつ，報道，批評，研究その他の引用の目的上正当な範囲内で行なわれるものでなければならない」。この条文では引用に関して，2つの条件を課している。1つは，「引用は，公正な

慣行に合致するもの」と，もう1つは「引用の目的上正当な範囲内」である。この意味については，以下の注意が必要である。

① 引用した場合，その出典に関する情報を明記する。すなわち，出典名（著作物の名称，学術雑誌の名称等），著者名，著作物の巻，号，出版年，引用先のページ，出版社名等である。具体的な書き方については，単行本と定期専門雑誌の場合は異なる。具体的な記述の方法は本章第8節を参照のこと。

② 自分の主張を展開する文章中において，その主張を補強し，主張の正当性を裏付けるなどの目的で引用する。したがって，自分の主張を「主」としたとき，引用は従の関係にある。

③ 自分の主張や見解と引用する内容とを明確に区別できる方法を用いて引用する。

④ 引用の内容の量は必要最小限の量であること。自分の文章の中の一部に留める。

要約については，著者が考えや主張を述べた文章の内容を短い文章でその要点を紹介する形になるので，原文を十分理解し，著者の考えや主張を正しく紹介しなければならない。その出典に関する情報を明記することは，引用の場合の記載の方法と同じである。

転載については，著作物の文章，写真，図面等掲載されている内容をそのまま他の著作物に載せることを意味しているので，転載したい旨，著者もしくは出版社に許可を申し出て，転載許可を得る必要がある。転載元の情報を記載する方法は，引用の場合の方法と同じである。転載する場合，転載元に料金を支払う必要がある場合もある。一般には著作物にはその見返しか出版社名の記載された奥付などのページに，「転載・複写・複製する場合には出版社の許可が必要」である旨の記述がなされている。その手続きに従って，許可を求める必要がある。

許可なしで転載できる場合もある。「白書」「官報」「広報」など国や地方公共団体が発行する文献類の内容は，発行元の許可なしに転載できる（著作権法第32条第2項）。これらの文献類の中には，内容の転載を禁止するものもあるので，転載する場合は，あらかじめ，発行元に問い合わせて，転載の許可の必

要，不必要を確かめる方が安全である。

6.6.2 捏　造

捏造とは，『広辞苑』(第6版)によれば，「事実でないことを事実のようにこしらえること」と記載されている。これまでにもデータや資料が捏造され，それに基づく論文や情報が公表され，社会問題化した例が新聞等で報道された。この中から3例を挙げ，どのような捏造が行われたかを紹介する。

(1) 納豆のダイエット効果を紹介したデータ捏造事件

2007年1月7日に，関西テレビ系の生活情報番組「発掘！あるある大事典2」で，納豆を食べることはダイエットに効果があると放送された。「納豆にダイエット効果がある」という結論を導くため，被験者8人に2週間，納豆を食べてもらい，実験開始前と終了後に被験者の血液を採取して分析し，それらのデータを比較し，納豆がダイエットに効果があることを検証しようという番組である。この放送の後，小売店の店頭で納豆が品薄になったことは周知の事実である。

その後，放送中に紹介された実験や実証の過程で，いくつかの情報やデータに捏造が行われたことが明らかになった。この指摘を受けて，関西テレビは，事実関係を調査し，その結果，放送に「捏造」に基づく内容が含まれていたことを明らかにした。1月20日に「視聴者の皆様へ」というタイトルで，放送において事実と異なる内容があったとして全国放送で謝罪している。

たとえば，①被験者8人のうち，2人については，納豆を食べることによって，血液中の中性脂肪値が正常値に戻ったと放送しているが，被験者の血液中のコレステロールや中性脂肪値，血糖値は測定していない。測定データに基づかない架空の結論であり，結論の捏造に当たる。②納豆を食べている被験者8人の血液に含まれるコレステロールや中性脂肪値のデータを示して，納豆の健康への効果を論じているが，このデータは架空のデータである。これはデータの捏造である。このように捏造データを含んだ内容をもとにし，納豆を食べることによってダイエット効果があったと偽りの内容の放送した（『朝日新聞』2007年1月21日朝刊参照）。

(2) 旧石器遺跡捏造事件

 この事件は，民間会社員のF氏が1973年から2000年に至る27年間に，東北地方を中心に旧石器時代の地層から発見した多くの旧石器が，自身によって捏造された石器であることが発覚した事件である．この事件については，河合(2003)（『旧石器遺跡捏造』，文春新書）に詳述されている．この著書をもとに，F氏が行った捏造の手口を簡単に述べ，警鐘としたい．

 考古学研究において，発掘されるさまざまな石器の年代は，その石器が埋もれていた地層の年代に根拠をおいて推定される．地層の年代は，考古学とは独立に地質学的な研究で決定される．したがって，考古学では，旧石器時代の地層の中に石器が埋もれて発見されると，その石器は旧石器時代のものと判定される．F氏はこのことを悪用して，旧石器時代の地層の発掘の際，人のいない時間帯を利用して，あらかじめ模造石器を埋め込み，その後の発掘作業の際に，発掘作業者の目の前で掘り当て，あたかもその地層に埋まっていた石器を発見したかのように見せかけた．

 F氏は1973年に「岩出山町座散乱木，三太郎山B，新田遺跡において旧石器を発見」（河合, 2003, 18頁）して以来，2000年11月5日の『毎日新聞』で，旧石器遺跡捏造が報道されるまで，多くの旧石器時代の石器の発見（その多くは前期旧石器発見として報告された）を報告してきた．

 F氏は多くの遺跡から前期旧石器時代のものと推定される石器を発見し，日本に3万年以前の前期旧石器時代が存在したかどうか（いつから日本には人間が住んでいたか）の論争に決着をつけた．しかし，2000年11月4日に，上高森の石器発掘現場で，自分の手で穴を掘り，あらかじめ用意した模造石器を埋め，現場を立ち去るまでの連続写真が『毎日新聞』の記者により撮影された．この一連の写真がF氏に示され，F氏は上高森遺跡で発見した石器が捏造であることを認めた．この発覚を契機に，それまでF氏が発見したとされる旧石器が関わる遺跡が再調査され，発掘した多くの旧石器が上記の手口を用いた捏造石器であることが分かった．

 前期旧石器時代の存否に関わる基幹データとしての石器が捏造されたこの事件で，当然ながらF氏はその権威を完全に失墜した．この捏造が発覚するまで，27年間あまり，F氏が関与した前期旧石器遺跡の名前は，中学校や高校

の歴史教科書に取り上げられ，この間，真実を教えるべき授業で，偽造された古代日本史を学んだ生徒は多いはずである。また，日本考古学会は世界の考古学会から強い不信感を受けた。

　動機はどうであれ，科学研究や調査において，科学者・技術者が体得しておくべき最も基本的な"倫理"，「真実のデータや資料の収集」を逸脱し，資料を捏造したことは明らかであり，「捏造」は厳に慎むべき行為であるとして，この事件を銘記すべきであろう。

(3) ベル研究所におけるデータ捏造事件

　この事件は，アメリカのベル研究所（Bell Labs）の研究者の1人が発表した多くの学術論文が捏造データを用いた内容で構成されていることが発覚した事件である。この結果，著者らがすでにジャーナル等に発表した論文のうち，捏造データに基づいたものであると，著者らが自ら認めた論文を取り下げる事態になった（Science, vol. 298（2002）p. 961）。

　NHKは，この論文捏造事件を独自に調査し，その内容に基づいて番組を作成し，2004年10月9日にNHK BS1にて「史上空前の論文捏造」のタイトルで50分放送を行い，続いて2005年3月9日に同じタイトルでBSハイビジョンにて90分放送を行った。この番組の内容は書籍化され，村松（2006）（『論文捏造』中央公論新社）として刊行されている。

　問題を起こした研究者はベル研究所の研究員S氏である。S氏は有機分子半導体を用いて電界効果トランジスター（FET）を創製したこと，その素子を用いて，分数量子ホール効果がこの種の素子においてはじめて観測されたこと，また，有機分子を用いた超伝導体を作製し，それを用いたジョセフソン素子を創製したことなどに関する研究成果を，1998年から2002年の間に筆頭著者として63編の論文として発表した。論文が掲載された専門誌は，優れた研究成果が多く公表されているジャーナルとして，世界的に評価の高いサイエンス（*Science*）誌，ネイチャー（*Nature*）誌，アプライド・フィジックス・レター（*Applied Physics Letters*）誌等であった。

　世界の多くの科学者たちはこれらの研究をさらに発展させるため，まず，S氏の研究の実験結果を自らの手で追試することに時間と資金を投入した。それにもかかわらず，論文に掲載されている素子の特性データの多くが再現できな

かったことから，S氏が発表した多くの研究結果が正しいかどうか疑問が提起された．これらの疑問に答えるため，ベル研究所は外部の調査委員会に調査を依頼した．その結果，1998年から2001年に発表した有機分子高温超伝導体，この超伝導体から構成したジョセフソン素子，有機高分子電界効果トランジスター，それらの素子が示す分数量子ホール効果やレーザー発振等に関する論文の中の少なくも16の論文にデータの捏造とデータの改竄があると報告している．論文の共著者は調査委員会の報告を受けて，2003年11月に*Science*に掲載されていた8編の論文の撤回を*Science*誌上に公表した．このためS氏は研究者としての地位を失った．

　共著者の中には，世界的に著名な研究者も含まれ，これらの共著者が看破できないほどデータが巧妙に捏造されていたことを示している．撤回された一連の論文において，有機分子の特性を示すデータ，素子の作製の方法や素子の写真等，試料を作製するために必要な記述はなかった．また，その有機物の表面に形成したと称している薄い酸化Al薄膜は，広く用いられているSi（シリコン），GaAs（ガリウム砒素）等のトランジスター製造には使用されている．また，酸化Al膜に電圧を加えて，半導体の表面に電子を集める方法は，SiやGaAs等の実用化されている半導体を用いたFETには使用されている．

　論文の核心となる試料や素子の作製方法の詳細とその素子の特性を示すデータが記載されていない理由として，試料としての有機物は簡単に合成することができ，利用した個別の技術や方法はすでに確立した技術であったため，自明のこととして記載する必要はないと考えられたのかもしれない．一連の研究の核心をなす技術は，「有機物」表面への「酸化Al薄膜」形成技術であり，これまでに誰も成功していない技術であったにもかかわらず，この新しい技術も簡単にできるのだろうと錯覚し，その実現可能性について，深く追求する研究者がいなかった．

　データの捏造をした研究者は，研究者の職を失うという取り返しのつかない代償を払わなければならなかった．この事件は，捏造がいかに巧妙であっても，捏造されたデータに基づく論文は，研究者・科学者の目に晒され続ければ，必ずその偽りの行為は発覚することを教えた．

6.6.3 表現におけるモラル

　文章に限らず，言葉で表現する場合も含め，語彙や表現の中には，性差別を表したり，地域差別を表したり，あるいはその他人間としての平等性を損なうものがあることには十分注意し，それらの使用を避けることが求められる。

　一例として，性差別を表す言葉が改められた例を挙げる。手紙やはがきを送る際，私的な通信文の場合は，宛名の下に「様」をつけ，公的な立場の宛名には，男女を問わず，「殿」と付ける習慣があった。「殿」が男性をさす言葉でありながら，男性，女性の両方に使用されてきたが，現在は公的な立場のあて先でも「様」を使用するように統一されつつある。医療機関で患者の看護等にあたる仕事をする人は，従来，女性が主であったため，「看護婦」あるいは「保健婦」が使用されてきた。この語が職業の性差別を表すため，近年は，男女に関係なく「看護師」「保健師」を使用するように変えられた。

　このほかにも，使用を避けた方が好ましい語彙や表現がある。具体的な語彙や表現は示されていないが，使用を避ける語彙や表現を識別するための1つの基準として，日本放送協会（NHK）が定めている「NHK国内番組基準第1章第11項 表現」を挙げる（NHKホームページ：http://www.nhk.or.jp/pr/keiei/kiju/index.htm）。その中の1つに「人心に恐怖や不安または不快の念を起こさせるような表現はしない」という基準がある。さまざまな観点から差別表現になる，あるいはその恐れのある語彙については，この基準をもとに自ら判断することで適切な語彙や表現を選ぶことができるだろう。

　なお，具体的な例を挙げて，避けるべき語彙や表現を説明している文献の1つとして，高橋（1995）（『技術系の文章作法』共立出版）を挙げておく。

7 図・表のつくり方

6.7.1 はじめに

　数値を使って説明，論説する場合に，文章中に数値をあげて説明するよりも，表やグラフにして表した方が直感的に理解しやすい。また，概念や手順，方法などを文章で説明するよりも，図で表した方がわかりやすい場合も多い。これは，文章を読んで内容を理解するための読解能力にはそれなりの教育と訓練が

表題目
表番号 **表1** 一般廃棄物排出量の推移   列項目

年度	国内総排出量 (万 t)	1人1日当たりの平均排出量 (g/day)
2000年	5236	1132
2001年	5210	11224
2002年	5161	1111
2003年	5161	1106
2004年	5059	1086

（セル・単位・行・行項目・列 の注記あり）

必要なのに比べ，視覚に基づく判断能力は直感的であり，人間は本来，画像処理能力が優れているためである．しかし，直感的なだけに図表の表現方法を誤ると誤解や間違った印象を与えたり，さらに意図的に真実を捻じ曲げるグラフすら作成することができる危険性もある．ここでは，表現手段として重要なグラフや写真も含んだ，図や表の基本的作成方法や効果的な表現方法について述べる．

6.7.2 表の種類と特徴

表1に示したように，表は数値を横方向の行と縦方向の列に並べたものである．行と列が交わってできる四角形をセルと呼び，横方向のセルの並びが行，縦方向のセルの並びが列となる．表はグラフに比べて正確な数値を伝えることができるという特徴があり，数値を縦横に並べるだけで形式もほぼ決まっているが，どちらの項目を行にするのか列にするのかで分かりやすさが変わってくるので，その選択は重要となる．

6.7.3 表の構成要素

表を作成するうえで必要な構成要素は表番号，表題目，列項目，行項目，数値，単位ならびに線である．これらのうち表番号と表題目は何の表かを的確に表す必要があり，表の上に付けるのが一般的である．論文やレポートなどに複数枚の表を挿入する場合には，出てきた順に通し番号を表1，表2，表3……

のように表題目の前に付ける。これが表番号である。本文中で表を参照する場合には，表題目の代わりにこの表番号を用いる。

　表は横方向の行と縦方向の列から構成されるが，横方向に並んだ数値に共通する内容を表の左端の列に記入し，これを行項目あるいは行名と呼ぶ。一方，縦方向に並んだ数値に共通する内容を表の上端の行に記入し，これを列項目あるいは列名と呼ぶ。これら以外のセルには数値，文字，あるいは図や写真などを挿入する。セルに長い文章や複雑な図を入れると分かりにくい表となってしまう。表の主役である数値の表示桁数なども元データの有効桁数を考慮し，必要以上に桁数を増やさないことが，分かりやすさやデータの信頼性として重要である。

　数値は単位が明記してあってはじめて意味を持つ。たとえば 1.23 という数値が表に記入されていても，単位が m なのか mm なのか km なのかでまったく異なる結果を示すことになるので，単位は重要である。また，脇役である数値間を分ける線についても，どの程度の太さの線をどの程度入れるのかで表全体の印象が異なってきたり，読みにくくなる。

6.7.4　グラフ

　人間は視覚による本能的な計量感覚に優れているので，グラフを用いると数字だけの表では分かりにくい複雑な構造や原因の探求，規則性をとらえることが可能となり，直感的に理解しやすくなる。ただ，グラフから細かな数値を読むことには限界があり，正確な数値を伝える意味では表には及ばない。グラフは表と違ってさまざまな形式があり，それぞれの特徴を理解し，目的に合ったグラフ形式を選ぶ必要がある。以下に 1 次元，2 次元，3 次元に区分して，さまざまなグラフ形式とその特徴を列挙する。なお，グラフや図，写真などの図番号や題目は，表とは逆にグラフや図の下側に付けるのが一般的である。

6.7.5　グラフの種類

（1）1 次元グラフ

　いくつかの項目についてそれぞれ対応する 1 つの数値が与えられ，項目ごとの数値の大きさを比較するために用いられるグラフを 1 次元グラフと呼ぶ。1

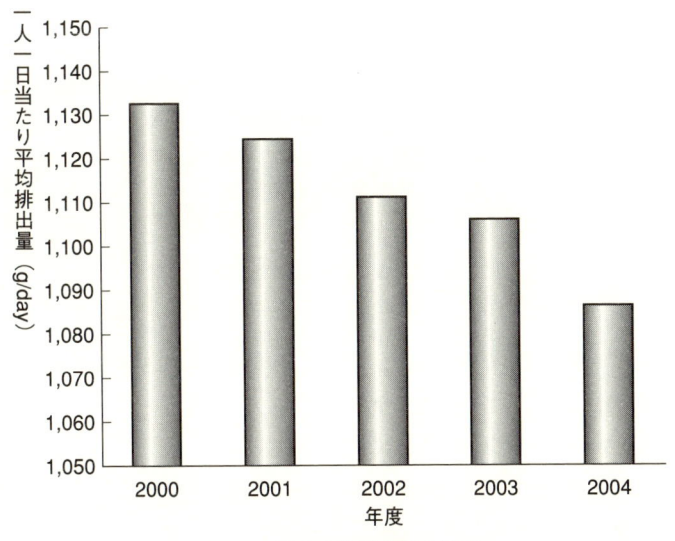

図1　一般廃棄物排出量の推移

次元グラフは種類が多く，代表的なものでも，絶対値を表す棒グラフや単位グラフ，面積グラフや体積グラフと比率割合を表す帯グラフや円グラフやドーナツ・グラフ，項目間の数値の変化を表すのに用いられるレーダー・グラフや折れ線グラフに分類される。

(2) **棒グラフ，単位グラフ**

棒グラフは図1のように対応する数値や集計値に対応する長さの棒を描く形式のグラフで，独立した項目ごとの数や量などを比較するのに用いられる。棒や帯を縦に描く場合と横に描く場合があるが，項目名称の長さや数値の範囲などでどちらかを選ぶ。棒の代わりに図形や絵などを数値に対応する数だけ並べたものは単位グラフと呼ばれ，グラフからデータを読み取るのは難しくなるが，親しみやすい。

(3) **面積グラフ，体積グラフ**

円や四角形などの平面図形の面積で数値の大きさを表したグラフが面積グラフ，球や立方体などの立体図形の体積で数値の大きさを表したグラフが体積グラフである。棒グラフなどでは数値に違いがありすぎて見にくい場合でも，面積グラフならば図形の半径や辺長が数値の平方根，体積グラフならば立方根に

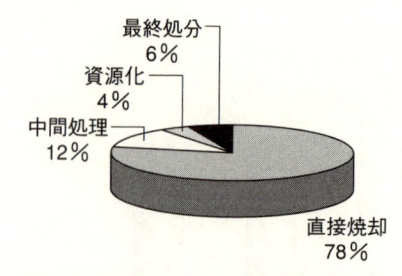

最終処分
6％
資源化
4％
中間処理
12％
直接焼却
78％

図2　2000年度一般廃棄物処理方法比率

なるので，項目ごとの数値に大きな違いが在る場合に有効である．しかし，グラフから数値を知ることは困難となる．
(4) 帯グラフ，円グラフ，ドーナツ・グラフ
　棒グラフや単位グラフは各項目の絶対値を表現するのに対して，帯グラフと円グラフは各項目の構成割合を与えるグラフであり100％積み上げグラフとも呼ばれる．帯の長さが構成割合に対応したものが帯グラフ，角度に比例したものが図2のような円グラフ，円グラフの中心部分を円状に切り抜いて管状にしたものがドーナツ・グラフである．これらのグラフからは各項目の構成割合は分かるが，絶対値を読み取ることはできないので，各帯に数値を書き込んだり絶対値を表す棒グラフの中に帯グラフを描いて，絶対値やその構成割合を読み取ることができるようにする場合も多い．同じ構成内容は同じ色やハッチング，すなわち網かけや斜線で塗りつぶすことで表し，とくに強調したい項目を目立つ色やハッチングを用いると分かりやすいグラフとなる．また，図2のように円やドーナツを斜めから眺めたように立体表示する手法もよく用いられる．
(5) レーダー・グラフ，折れ線グラフ
　3～8つ程度の項目の数値を比較したり，それらのバランスを判断するために用いるのが図3のようなレーダー・グラフである．項目数の軸を引いて多角形を描き，数値に対応した距離だけ中心から離れた点を結んだ多角形で表すので，各項目のバランスが整えば正多角形に近づき，全体的に点数が高ければ，多角形の面積が大きくなる．図3のレーダー・グラフを見ると，他の容器に比べペットボトルの回収率が低いことが容易に理解できる．
　数値の時系列の変化を表すのに用いられるのが折れ線グラフである．棒グラ

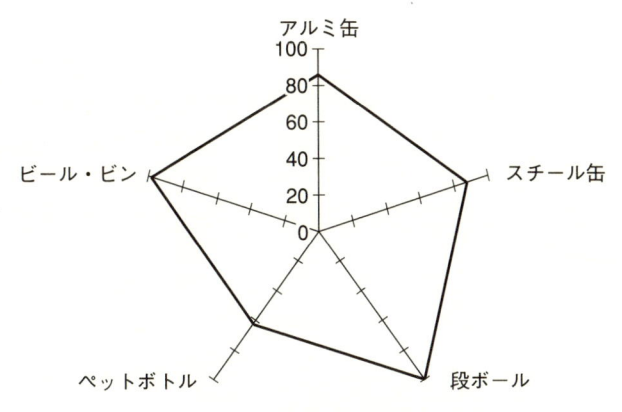

図3 リサイクル資源の回収率（単位：%）

フと異なり，各項目の間には密接な関係があり，一般的には年度や月，日など時間による数値の増加減少を直感的に理解しやすく表現するのに用いられる。

(6) 2次元グラフ（散布図）

組になった2つの数値データあるいは変数間の相関関係を表現する場合には2次元グラフを用いる。2次元グラフは一般的に散布図あるいは散布グラフと呼ばれ，平面上に横軸すなわちX軸と縦軸すなわちY軸をとって組になった2つのデータの一方の値Xで横軸の座標を，もう一方の値Yで縦軸の値を定めて平面内に点を打つことによって作成される。

散布図を書くと2つのデータ間の関係を一目で理解することができ，右肩上がりの分布状態になっていれば正の相関を，左肩上がりになっていれば負の相関を，プロット点が全面に分散していれば相関関係がないことを意味する。相関の程度を表す値が相関係数で正の相関関係が強いほど1に，負の相関関係が強いほど−1に近づき，相関がなければ0を示す。

相関係数が1か−1に近く，正か負の相関が強ければ両者の間の関係を示す近似式を決定できる。近似式も1次式，2次式，3次式ばかりでなく，指数関数，対数関数などさまざまな形式があるので，最もプロット点の関係を表すことができる形式を選択する必要がある。

散布図の目盛は，同じ差が等間隔となる普通目盛と，同じ比が等間隔となる対数目盛がある。縦軸あるいは横軸だけを対数目盛にすることもできるので，

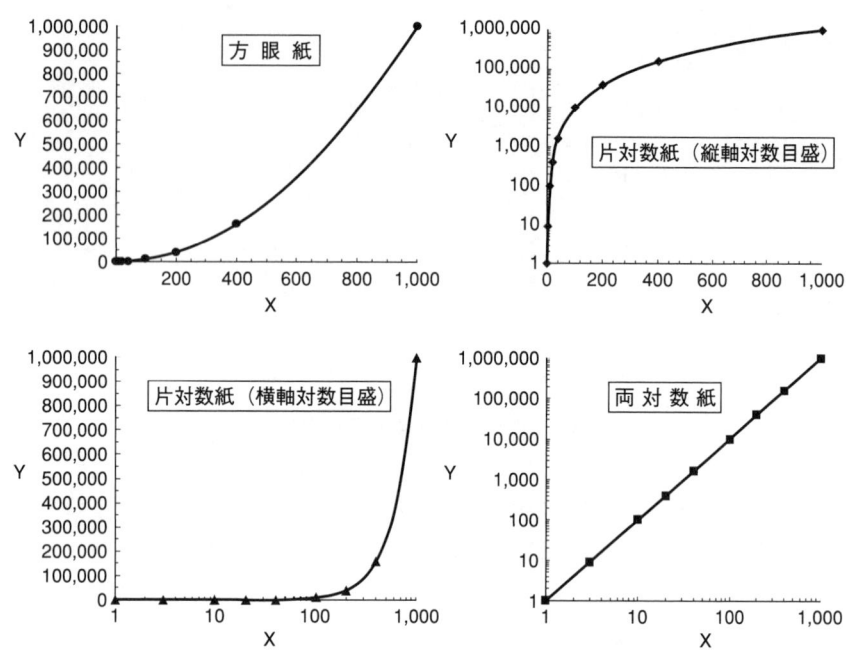

図4 方眼紙,片対数紙,両対数紙による相関図の違い

縦横軸とも普通目盛の方眼紙,横軸だけを対数目盛にした片対数用紙,縦軸だけを対数目盛にした片対数用紙,縦横軸とも対数目盛にした両対数用紙の4種類の散布図が描ける。まったく同一のデータでもどの用紙を用いるかによって異なる印象になり,また,方眼紙では直線関係が得られなくても,片対数紙あるいは両対数紙上では直線関係が得られる場合もあるので,どの用紙を用いるのかの選択は重要である。一例として図4に,同一のデータについて目盛を変えた4種類の相関図を描いた結果を示す。この場合には両対数紙の場合だけ直線関係が得られる。

(7) 3次元グラフ

組になった3つの数値データあるいは変数間の関係を表現する場合には3次元グラフが用いられる。紙や画面は基本的には2次元のものしか表示できないので,3次元を表示するためには工夫が必要となる。

図5 立体グラフ

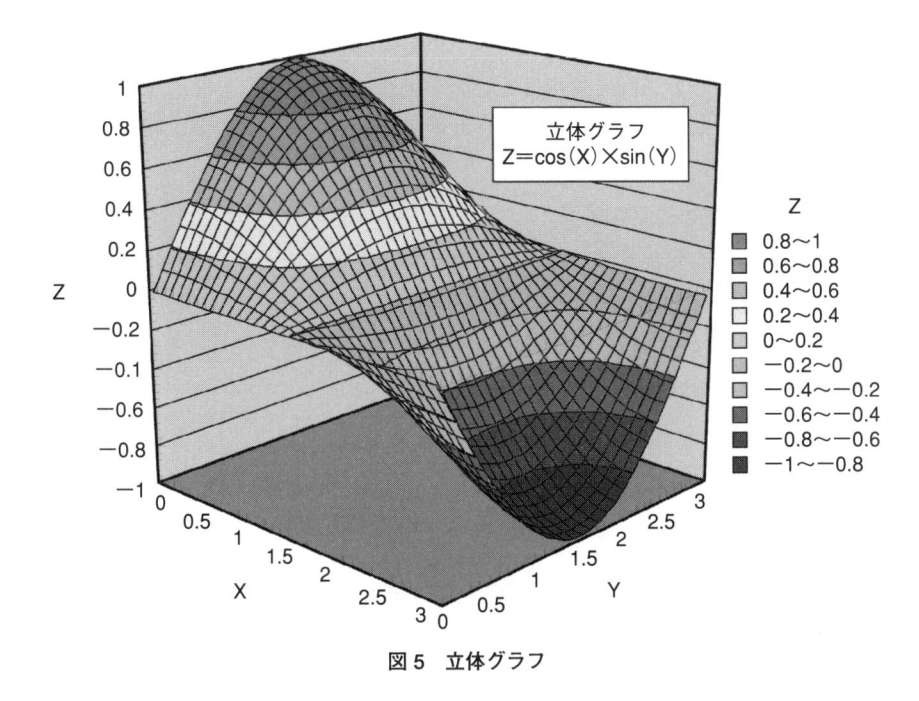

① 等高線図

地形図でお馴染みの等高線は高さの同じところを線で結ぶことで2次元に3次元の情報を表したものであり，同じX, Y座標についてZ座標が1つだけ定まる場合に有効である。地形図と同様に立体的に見るには慣れが必要である。Zが極大値や極小値をとるところのX, Y座標を読み取ることが簡単にできる特徴があるが，同じX, Y座標についてZの値に分布が生じる場合にはその平均値しか描くことはできないという問題がある。

② 立体グラフ

図5のようにX, Y, Zの値を斜め方向から見た鳥瞰図に描いたグラフを立体グラフと呼ぶ。等高線図は凹凸を判断するのに慣れを必要とするが，立体グラフにすれば比較的凹凸を直感的に判断しやすい。しかし，X, Y, Z座標を正確にグラフから読みとることは困難である。近年コンピュータ・ソフトの進歩によって容易に任意の方向から見た立体グラフを描くことができるようになったが，角度によってはグラフの凹凸が分かりにくかったり，裏側に隠れて見るこ

とができない部分ができるなどの問題が生じる場合もある。そのため，的確にグラフを読み取れる方向を選択する必要がある。Zの値によって色分けした等高線を付け加えると，立体感が得られやすい。

6.7.6 グラフの構成要素

形式によっても異なるが，グラフは表よりも構成要素が多いために，選択の幅が広く，分かりやすく描くにはさまざまな構成要素をどのように選択するかが重要である。図6の折れ線グラフを例として，各構成要素の意味と選択方法を以下に解説する。

(1) **横軸，縦軸**

1次元グラフでは，円グラフやドーナツ・グラフ，レーダー・グラフを除くと，横軸あるいは縦軸のどちらか一方が数値を表す軸となる。2次元グラフでは2つの数値のうち横軸は原因となる項目の数値を，縦軸にはその影響を受ける項目の数値を選ぶのが一般的である。

(2) **軸ラベル**

縦軸，横軸それぞれの内容，すなわち表であれば行項目や列項目に相当するものが軸ラベルである。横軸のラベルは通常の方向に記載するが，縦軸のラベルは半時計方向に90度回した方向に記載することに注意する必要がある。軸ラベルには項目名だけでなく単位を明記することを忘れてはならない。軸ラベルは軸の長さよりも短い簡潔なものが好まれ，何行にもわたる長い軸ラベルは避けるべきである。

(3) **基線，軸目盛**

縦軸，横軸の目盛はグラフにデータをプロットしたり，逆にプロットから数値を読み取ったりする際に必要である。図4に示したように横軸，縦軸は方眼紙に使われる普通目盛ばかりでなく，どちらか一方を対数目盛にした片対数紙，縦軸，横軸の両方を対数目盛にした両対数紙がある。同じ数値の差が方眼紙上では同じ長さとして表されるが，対数目盛では数値の比が同じ場合に同じ長さとして表される。一般に，対数目盛はスケールの大きく違う結果を比較するのによく用いられる。先の6.7.5 (6) で述べたように同じ結果でも方眼紙，片対数用紙，両対数用紙を用いて描くと，プロット結果は大きく異なって見える

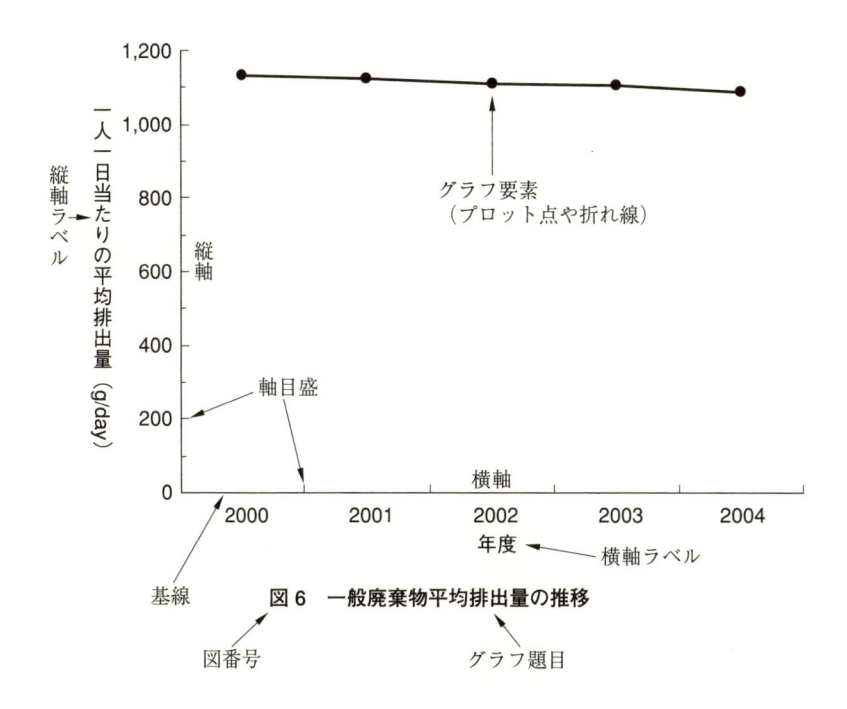

図6 一般廃棄物平均排出量の推移

縦軸ラベル：一人一日当たりの平均排出量 (g/day)
縦軸、軸目盛、基線、図番号、グラフ題目、グラフ要素（プロット点や折れ線）、横軸、横軸ラベル：年度

ので，適切な軸目盛を選ぶ必要がある。

　普通目盛では0を示す線を基線あるいは基準線と呼び，太線で描く。一般的には，プロット・エリアの下枠や左枠を基線とする場合が多い。正の値も負の値も描く必要がある場合には，基線は必ずしも下枠や左枠と一致しない。また，対数目盛では0は描けないので，プロットする数値の中の最小値よりも小さな0.1や1，1000などの適当な値を選んで基線とする。

　軸の目盛範囲の選択には注意が必要である。一例として図1では縦軸目盛範囲を0からではなく1050から1150としているために，2000年に比べ2004年の廃棄物排出量が半減したような印象を与えるが，実際には図6に示したようにわずかに減少したにすぎない。

　軸目盛には数値を読み取れるように適当な間隔で軸目盛数字を記入する。また，必要に応じて数字の間に適切な間隔で軸補助目盛を付ける。対数目盛の場合には右側あるいは上側にいくほど目盛間隔が小さくなるので，軸補助目盛を入れる場合に気をつけなければならない。

(4) グラフ要素

グラフ要素とはグラフに描く棒やプロット点や点を結ぶ折れ線，シンボルなどの数値データをグラフに描いたもののことであり，いわばグラフの主役である。色や大きさ，太さ，形状の違いにより見やすいあるいは分かりにくいなどの印象が異なる。一般に，グラフの背景色とグラフ要素の色相や明度は異なった方が見やすい。たとえば，白地のグラフに黄色や水色などの薄い色のグラフ要素は見にくくなるので，色の選択は重要である。また，プロット点の形状も●や■，◆，▲，▼などを用い，＋や－，・などは目立ちにくいので避けるべきである。

(5) 凡　　例

グラフ要素である棒やプロット点，折れ線などの系列名や項目名，条件などを記載したもので，プロット・エリア内のグラフ要素と重ならない空きスペースに挿入する。グラフ要素と同じプロットや線，色などに：を付けて系列名や項目名を記載し，どのグラフ要素が何のデータなのかが明確に分かるようにする。

凡例を用いずに直接グラフ要素の近くに系列名などを記載したり，少し離れた位置に記載してグラフ要素とリード線で結ぶ場合もある。

(6) 中 断 線

棒グラフや単位グラフに描く数値データに1つだけ値が大きく異なる場合，たとえば1点の数値だけが桁違いだったなどの場合には，その値を表す棒の途中に波線を入れて中断させ，他の数値データにあわせて対応する長さよりも短く棒を描き，グラフ内に納まるようにする場合がある。しかし，何本ものデータについて中断線を入れると，グラフ内のいくつもの棒が数値に対応していない長さで描かれることになり，数値の読み取りミスや誤解を招きやすい。

グラフ要素ではなく，軸に中断線を入れる場合もある。たとえば0という目盛を付けられない対数目盛を軸に用いたグラフで0での数値をプロットしたい場合には中断線を入れる必要がある。

(7) グラフ題目，図番号

グラフ題目あるいはグラフ・タイトルは何のグラフかを簡潔に説明したもので，表題目とは異なり，グラフの下に図番号とともに記入する。必要に応じて

副題目あるいはサブタイトルを追記する場合もある。

　表番号と同様に，論文やレポートなどに複数枚のグラフを挿入する場合には，出てきた順に通し番号を図1，図2，図3……のような図番号をグラフ題目の前に付ける。本文中でグラフを参照する場合には，グラフ題目の代わりにこの図番号を用いる。

6.7.7　グラフの作成手順

　表計算ソフトのエクセル（Excel）を用いてグラフの作成する手順を以下に示す。まず，グラフにしたい数値データをセルに入力する。

(1)　グラフ種類の選択

　入力したデータをどのような形式のグラフにするのかについて選択する。1系列のデータの場合には棒グラフや円グラフ，レーダー・グラフなどの1次元グラフの中から，2系列のデータの場合には，2組のデータを1つの1次元グラフに表すか，あるいはデータ間の相互関係を見たい場合には相関図などの2次元グラフを選択する。3系列以上のデータがある場合には（系列数－1）本の線を相関図に描くか，3次元グラフを選ぶ。

(2)　軸の決定

　2系列以上のデータで相関図を描く場合には縦軸，横軸にどの系列のデータを選ぶのかを決める必要がある。また，プロット点が図中に入るように各軸の最小値と最大値を決める。データによっては普通目盛では直線関係が得られない場合でも，縦軸，横軸あるいは両方の軸に対数目盛を用いると直線関係が得られる場合もある。対数軸を使う場合には……0.1, 1, 10, 1000……のように10倍刻みで最大値と最小値を決めなければならない。

(3)　色やフォントの調整

　グラフが見やすいように，グラフ要素（プロット点）などの大きさや形，色の選択を行う。たとえば背景が白の場合，黄色などの明るい色のグラフ要素は見にくくなるので，赤や青などの明るさが異なる色を選択する。各軸の目盛数値なども適切な大きさのフォントを選ぶ。

(4)　近　似　式

　相関図については，2系列のデータ間の関係を示す近似式を求めることがで

きる。近似式には多項式や指数関数，対数関数など，さまざまな近似関数の中からデータ間の相互関係を表す適切な関数を選択する。

(5) 概念図，手順図，装置図，組立図

抽象的な概念を文章や数式で説明するよりも図で示した方が分かりやすく，理解を得られる場合が多い。概念図や手順図では簡潔な単語や短い単語を使い，それらの関係を矢印などで結ぶ。簡単な絵やイラストも効果的である。

装置図や組立図は実際の装置の詳細図とは異なり，その原理や動作を分かりやすく伝えるための図なので，必要以上に細かなところまで描く必要はない。ただ，とくに組立図ではどちらの方向から見た図なのか，どの部品がどこに取り付けられたのかが分かるように注意する。

6.7.8 写　　真

(1) 写真の特徴

写真は現物をカメラで撮影したものなので，図よりも実感が得られ，大きさや材質感，色合いや明るさの違いなども分かりやすく，証拠としても重要である。しかし，写真はファインダーから覗いた空間の一部を切り取った2次元画像なので，照明やアングルをうまく選択しないと立体感が得にくい場合もある。また，顕微鏡や接写写真では特殊な部分だけを撮影すると，全体がそうであるかのような誤解を生じさせる可能性がある。

(2) 写真の構成要素

モノクロ写真では明るさの違いだけで画像を表しているので，写真の明るさ調整やコントラスト調整が重要である。コントラストが弱いと黒白がはっきりせず図7b)のように写真が不明瞭になり，一方コントラストが強すぎると図7d)のように黒白だけで灰色部分がないコピーのような画像となってしまう。図7c)のように適正なコントラストに調整する必要がある。また明るさについても，図7e)のように暗すぎても，図7a)のように明るすぎても，写真が不明瞭になるので，適正な明るさに調整する必要がある。カラー写真については，さらに色の鮮やかさである彩度と，全体の色が赤いか青いかなどを表す色調の調整が加わる。

写真には目的とする対象以外のものが写りこんでいる場合も多い。この場合

a) 明るすぎる写真

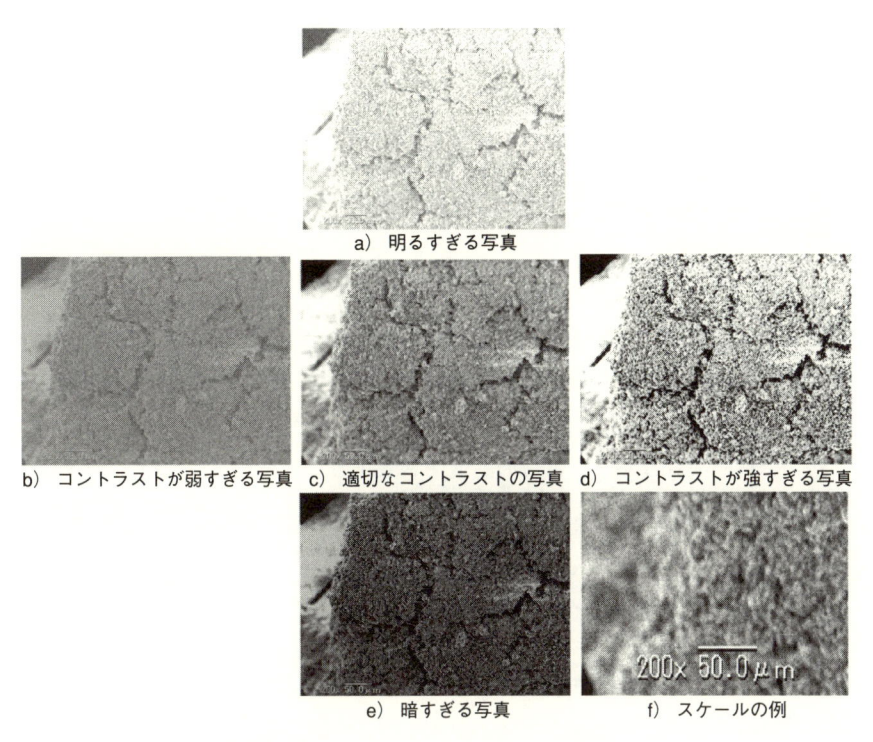

b) コントラストが弱すぎる写真　c) 適切なコントラストの写真　d) コントラストが強すぎる写真

e) 暗すぎる写真　f) スケールの例

図7　顕微鏡写真のコントラストと明るさの調整とスケール

には不要な部分を切り取るトリミングを行う．目的以外のものが写らないようなアングルを選んだり，背景を無地の紙や布にして撮影するなどの工夫も大切である．

　対象物の大きさが分かりにくい場合などには，人物や誰でも知っている適切な大きさの物体を同じ写真内に写しこんだり，顕微鏡写真では図7 f) に示したようにある長さのスケールを一緒に画像に写しこむ必要がある．写真の倍率を200×のように画像中に描いても，印刷物やスライド上で写真を容易に拡大縮小できるので意味がない場合が多く，写真と一緒に伸び縮みするようなスケールや大きさの分かる物体を一緒に画像に入れるようにしたい．

　写真は印刷物になる場合，発表用のスライドに使う場合，ホームページに貼る場合など利用方法によって，また，利用時の画像の大きさによって必要な写真の解像度が異なる．必要以上に解像度を上げてもファイル容量が増えてパソ

コンの動作が遅くなるだけなので,目的に応じて解像度を調整する。最近のデジタルカメラは500万～1000万画素もあるので,一般的な用途では数～数十分の1に画素数を落としても十分である。

8 引用文献,参考文献の記載項目と書き方

6.8.1 要約,パラフレーズおよび引用

あるテーマに関して論文を執筆する場合,そのテーマに関して執筆されたさまざまな資料や文献が先行研究として存在している(文献などの読み方については,第2章第2節を参照)。論文の執筆者は,先行研究の成果を踏まえたうえで,それらを取り入れながら,自らの論文を執筆することになる。文献などを自分の論文に取り入れる方法としては,①内容を要約する,②内容を別の言葉で分かりやすく言い換える(パラフレーズする),③言葉どおりに引用する,という3つがある(このほかに,文献の存在に言及するというものがあるが,これは,「こういう内容の文献がある」という紹介だけの場合が多いので,ここでは言及しない)。欧米では,この3つの方法が代表的なものとなっており,3つの方法に共通する基本原則も広く紹介されている(基本原則については,Harvey, 1998を参照のこと)。

(1) 要　約

論文執筆における「要約」とは,「文章などの要点をとりまとめて,短く表現すること。また,そのとりまとめた言葉や文」(『広辞苑 第6版』岩波書店)である。論文の執筆者が,特定の文献の要約を書くためには,まずその文献を読み,その文献の主要な論点に基づき著者の主張を明らかにしたうえで,これを正確かつ完全に自分の言葉で記述することになる(要約の方法については,Behrens *et al.*, 2005, pp. 6-7を参照)。

(2) パラフレーズ

論文執筆における「パラフレーズ」とは,「語句の意味を別の言葉でわかりやすく述べること。敷衍」(『広辞苑 第5版』)である。他者の書いたものを自分の言葉で書き直すためには,元の文章を完全に理解しておかなければならないだけでなく,剽窃にならないように誰の文章をパラフレーズしたのかを明確

にしておかなければならない。

　パラフレーズによって，難解な表現や古い表現などで書かれた元の文章が自分の言葉で分かりやすく言い換えられることになり，この点でパラフレーズは，元の文章を短くまとめて表現する要約とは異なる。要約の一般的な目的が，長い文章を短くし，読者の負担を軽減しかつ重要な点を集中的に述べることであるのに対して，パラフレーズの一般的な目的は，全体として，とくに重要な内容が含まれている文章で，元来，分かりにくいものを分かりやすくすることである。執筆者は，文献を自分の論文に取り入れる際には，両者の目的の違いに応じて要約とパラフレーズを使い分けることが必要になる（パラフレーズの方法については，Behrens *et al.*, 2005, pp. 42-47 を参照）。

(3) 引　　用

　引用とは，「自分の説のよりどころとして他の文章や事例または古人の語を引くこと」（『広辞苑　第6版』）である。論文やレポートを作成する過程において，他者の著作物（「著作物」とは，「思想又は感情を創作的に表現したものであつて，文芸，学術，美術又は音楽の範囲に属するものをいう」。著作権法2条1項1号）を利用した場合には，必ず「注」をつけることが必要となる。注は，本文中で述べた説明や主張を補足するものであり，資料的な裏付けや典拠を示して自己の主張の証拠固めをするものである。資料からの引用や要約・他者の意見について出典を示す場合，および，論述の流れを妨げずに本文の理解に役立つ補足的な説明や情報提供などを行う場合，注がつけられる（河野，2002，70頁）。また注にはいくつか種類があるが，卒業論文を含めた論文一般で用いられているものは，括弧方式，脚注および文末注である。たとえば，本書では括弧方式の注が用いられており，この6.8.1の第1段落の最後の括弧の注が出典を提示する注であり，本段落の2番目の括弧の注が補足的説明をする注である。

　括弧方式の場合，注をつけるべき語句や文章の直後に，丸括弧を挿入して引用した文献を記述する。括弧方式では，章末や論文の最後に，括弧に対応する文献表を載せておかなければならない（櫻井，1998，71-72頁）。脚注および文末注の場合，注をつけるべき語句や文章の終わりに，番号（「1，2」「(1)，(2)」，「i, ii」など）や記号（「*」など）を右上あるいは右下に付ける。ワープロソフトを利用する場合は，ソフトに組み込まれた注の挿入機能を利用して，効率的

な作業が可能となる。手書きの場合には，注番号の重複や注番号とその内容とが一致するように注意することが必要となる。実際に論文を執筆する際には，掲載を考えている雑誌などの投稿要領や執筆要領などに基づいた注の方式を用いることが求められる。

　出典を示す注の場合，読者に出典先を示すという目的のほか，著作権を保護するという目的をも満たすものでなければならない。著作権を保護することは，論文の出来不出来を問う以前に道義的・法的なモラルの問題であり，著作権を侵害する論文の執筆者は，自己の論文が評価の対象とならないだけでなく，著作権侵害に対する社会的責任をも問われることになる（河野，前掲書，74 頁）。論文執筆においては，著作権法に規定された「引用」の要件を満たす方法で注をつけることが必要である（著作物は著作権法によって保護されており，著作権者の許諾を得ず，執筆者が無断で著作物を利用することは，道徳的責任のみならず，「著作権侵害」として損害賠償などの法的責任を負うことになる。著作権については本章第 5 節を参照のこと）。

6.8.2　文献表記の仕方——人文社会系の場合

　論文で利用した他人の著作物は，出典を示す注をつけて本文中に明記しなければならないが，文献表を論文の末尾につける場合，注の内容を省略して記載することができる。注や引用の多い論文では，文献表をつけることによって，より効率的な論文執筆をすることができる（河野，2002，85 頁）。

　引用した文献の出典に関する情報として注に記載する情報は，文献表を付けない場合，たとえば「著者名『著書名』（発行所名，刊行年）頁。」となるが，文献表を付けることにより，本文中では「著者の姓，刊行年，頁。」と略記することができる。前項「(3) 引用」の注は，脚注を用いる場合，略記して「河野（2002），70 頁。」，「櫻井（1998），71-72 頁。」などと記述できる。

(1)　文　献　表

　論文執筆において参考になる文献を加えて，前項で引用した文献の文献表を例示すれば，以下のようになる（この項の記述は，河野，2002，櫻井，1998 を参考にしている）。

(1)　例 1 : 書籍（日本語）の場合

姓のアルファベット順に記載する。下記の例では，藤沢（Fujisawa），古郡（Furugori），本多（Honda），木下（Kinoshita），河野（Kouno）などの順に記載されている。

著者名（刊行年）『書名』発行所名。

日本語文献

藤沢晃治（2004）『「分かりやすい文章」の技術』講談社（ブルーバックス）。

古郡廷治（1997）『論文・レポートのまとめ方』筑摩書房（ちくま新書）。

本多勝一（2005）『日本語の作文技術』（新装版）講談社。

木下是雄（1981）『理科系の作文技術』中央公論新社（中公新書）。

河野哲也（2002）『レポート・論文の書き方入門』（第3版）慶應義塾大学出版会。

中村健一（1988）『論文執筆ルールブック』日本エディタースクール出版部。

櫻井雅夫（1998）『レポート・論文の書き方 上級』慶應義塾大学出版会。

澤田昭夫（1977）『論文の書き方』 講談社（講談社学術文庫）。

---

(2) 例2：外国語の場合

外国語のうち，英語で書かれた文献の記載方法は，学問分野ごとに代表的なものがあるが，社会科学分野では「American Psychological Association（APA）(2001) *Publication Manual of the American Psychological Association*, 5th ed., Washington: APA.」が用いられている。以下では，このAPAスタイルに基づいた文献表を例示する（以下の例2および例3の記述は，Hacker, n.d. による）。

① 例2-1：書籍

姓のアルファベット順に記載する。下記の例では，Behrens, Hacker, Harvey, Langanなどの順に記載している。同一著者の複数の文献を記載する場合，著者名は「―――」と略記し年代順に記載する。また，同一著者の同一発行年の書籍は発行年にa, b, cなどを付して発行年を表記する。

著者名（姓名の順）（刊行年）書名（イタリック），発行所名.

Behrens, Laurence, Leonard J. Rosen and Bonnie Beedles (2005) *A Sequence for Academic Writing*, 2nd ed., Pearson/Longman.

Hacker, Diana (2003) *A Writer's Reference*, 5th ed., Bedford/St. Martin's.

Harvey, Gordon (1998) *Writing with Sources*, Hackett Publishing.

―――(2003)*How to Study and Learn a Discipline Using Critical Thinking Concepts and Tools*, The Foundation for Critical Thinking.

Langan, John（2000）*College Writing Skills*, 5th ed., McGraw-Hill Higher Education.

Lunsford, Andrea and Rober Collins（2003）*The St. Martin's Handbook: Annotated Instructor's Edition*, 5th ed., St. Martin's.

Paul, Richard and Linda Elder（2003a）*How to Read a Paragraph and Beyond*, The Foundation for Critical Thinking.

―――（2003b）*How to Study and Learn a Discipline*, The Foundation for Critical Thinking.

② 例2-2：電子媒体

ここでは，英語で公開されたインターネットなどの電子媒体の記載例を示しているが，日本語についても，これらを参考にしてインターネット上の資料であることを明示して，インターネット・アドレスやアクセスした日など典拠先を記載することが必要となる。

著者名（公刊日，日付のないものは「n.d.」と記す）*資料のタイトル*（イタリック），Retrieved 年月日（アクセスした日），from 資料へ直接アクセスできる URL

Hacker, Diana（n.d.a）*Research and Documentation Online*, Retrieved February 10, 2008, from http://www.dianahacker.com/resdoc/

―――（n.d.b）*List of Style Manuals*, Retrieved February 10, 2008, from http://www.dianahacker.com/resdoc/manual.html

―――（n.d.c）*Social Sciences: Documenting Sources*, Retrieved February 10, 2008, from http://www.dianahacker.com/resdoc/p04_c09_o.html

University of Maryland University College（1996-2005）*Online Guide to Writing and Research*, Retrieved February 9, 2008, from http://www.umuc.edu/prog/ugp/ewp_writingcenter/writinggde/welcome.shtml

The University of Victoria（September 19, 1995）*The University of Victoria Writer's Guide*, Retrieved February 9, 2008, from http://web.uvic.ca/wguide/Pages/MasterToc.html

Writing Center, University of North Carolina at Chapel Hill（UNC-CH Writing

> Center) (1998-2007a) *UNC Writing Center Handout*, Retrieved February 9, 2008, from http://www.unc.edu/depts/wcweb/handouts/index.html
> ——— (1998-2007b) *Quotations*, Retrieved February 9, 2008, from http://www.unc.edu/depts/wcweb/handouts/quotations.html

(2) 具体的な方法および引用例

　論文の本文中に他者の文献に記載された文章を取り入れる方法には，引用する文章をかぎ括弧（「　」）で囲んで引用する方法と，ある程度以上の長い文章であって，その一部を省略することが適当でないと考える場合には，前後１行空けるなどとしたうえで，字下げをしてその文章全体を引用する方法がある。どちらの場合も，引用する文章の出典を明示して，自分の文章と引用した文章とを明確に区別しておかなければならない（UNC-CH Writing Center, 1998-2007）。

　文献表をつける方法を用いた内容を省略する注について，脚注および文末注の記載例は，それぞれ表２のようになる。

　この例では，本項執筆者の省略部分が「(……)」となっており，元の文章が一部省略して記述されている。また，脚注の例２には引用文献が２つ以上あるため，各文献がセミコロン（;）でつながっている。

　元の文章を要約，パラフレーズして，あるいはそのままの形で引用する場合，括弧方式や脚注を用いた記載例は，表３のようになる。

　表３の「引用をしている文章」の例として取り上げた文献は，その冒頭で引用文献の出典の明記方法を記している。これに従えば，カッコ内は「（シリーズ名・巻冊数・ページ）」を示しており（長谷川，2001, 6 頁），「（集11・218）」は，「『丸山眞男集第11巻』218頁」を示している。

　表４の例として取り上げた文章では，本項執筆者による省略箇所が「(……)」，各出典の原著者による省略個所が「……」と記述されている。また，縦書きで記述された文献（引用元の文章）については，横書きで表記する場合に修正すべき箇所であってもルビの箇所に「(ママ)」をつけて，元の文章をそのまま再録している。

6.8.3　文献表記の仕方——自然科学系の場合

　論文の中で，何らかの形で他の研究者の研究に依拠する事項を取り上げる際

表2　文献注の記載例

脚注の場合		文末注の場合	
80年代後半からの海外直接投資額の増加は，(……) 安定した投資環境の確保への関心を高める結果となっている[1]。従来，国家間の経済関係を規律するものとして，友好通商航海条約が重要な役割を担っていた。しかし，最近では友好通	商航海条約に代わり，先進国を中心に二国間投資協定が締結されている[2]。［後略］	80年代後半からの海外直接投資額の増加は，(……) 安定した投資環境の確保への関心を高める結果となっている[1]。従来，国家間の経済関係を規律するものとして，友好通商航海条約が重要な役割を担っていた。しかし，最近では友好通商航海条約に代わり，先進国を中心に二国	間投資協定が締結されている[2]。［後略］ 注 1　日本貿易振興会 (1997) 16頁。 2　Jackson (1997) p. 34; Davidson (1997) p. 145.
1　日本貿易振興会 (1997) 16頁。	2　Jackson (1997) p. 34; Davidson (1997) p. 145.		

文献表：

Davidson, Paul J. (1997) *The Legal Framework for International Economic Relations: ASEAN and Canada*, Institute of Southeast Asian Studies.

Jackson, John H. (1997) *The World Trading System: Law and Policy of International Economic Relations*, 2nd ed., The MIT Press.

日本貿易振興会 (1997)『1997 ジェトロ白書・投資編　世界と日本の海外直接投資』日本貿易振興会。

出典：岩瀨真央美 (2001)「二国間投資協定に基づく ICSID への紛争付託──仲裁判断で示された現地子会社の取扱い」『貿易と関税』第49巻第5号73頁。

には，必ず出典を明示しなければならない。これは人文・社会科学分野の場合と同様である。自分の主張を展開するために，他の研究者が報告しているデータを利用する場合，自分のデータを他の研究者による同様の，または類似の実験の結果と比較する場合，あるいは用いた実験方法が以前に報告されていた方法に従ったものである場合などに，文献を引用する必要がある。もちろん，自分自身の過去の論文も引用の対象となる。

　序論では，自分の研究がどのような背景のもとに行われたものかを述べるために，同分野でこれまでに報告されていることを紹介しなければならないだろ

表3 直接引用およびパラフレーズの例

引用されている元の文章	引用をしている文章（括弧方式）
（前略）つまり欧米にイカレたり，ソヴィエトにイカレたり，そういう「外の」世界にイカレるのが普遍の追求だった。それに対して"内なる特殊に帰る"という反動がおこる。このウチ・ソトという悪循環を徹底的に破壊しないと本当の普遍は出て来ない。つまり内村鑑三が「人類ってのは隣の八っつあん，熊さんだ」といっている。その意味が本当の普遍です。人類というのは何かこう遠くはるかなところにあるのではなくて，隣にいる人を同時に人類の一員として見る眼ですね。これが普遍の目です。ところが何か人類とか自由とかいうと，何か，ギリシアとかヨーロッパとか外の世界へ目が行く。すると，それに対する反動として，普遍なんて抽象的で，われわれの日常生活に関係がない，とか，あるいはまさにヨーロッパという「地域」の原理で，アジアや日本は別だとかいう考え方が起こる。（後略）	普遍的感覚をめぐって，丸山眞男にこういう発言がある。 内村鑑三が「人類ってのは隣の八っつあん，熊さんだ」といっている。その意味が本当の普遍です。人類というのは何かこう遠くはるかなところにあるのではなくて，隣にいる人を同時に人類の一員として見る眼ですね。これが普遍の目です。（集11・218） 隣の八っつあんや熊さんは顔だちのはっきりした生身の人間だ。それが人類の原型だと内村鑑三はいうのであろう。そして，そうした生身の人間同士のつきあいが人類的なつきあいなのだ，と。 丸山眞男は，竹内好や長谷川如是閑や村上一郎にたいしては，隣の八っつあんや熊さんのようにむきあうことができた。が，名もない八っつあんや熊さんにたいしては，そのようにむきあうことがむずかしかったのではないか。（後略）
出典：丸山眞男（1996）『丸山眞男集第11巻』岩波書店，218頁。	出典：長谷川宏（2001）『丸山眞男をどう読むか』講談社現代新書，43-44頁。

う。また内容豊かな考察を展開するにも，関係の深い報告例を参照することが多くなるだろう。研究者人口が多い分野では関連する研究が多いため，どうしても引用文献の数が増える。実際，生命科学などの論文ではその傾向が顕著である。しかし研究論文は解説記事ではないのだから，文献引用はあくまでも自分の研究結果の報告と，それにもとづく主張の展開に必要な範囲に限るべきである。

競争の激しい分野では，同じ内容の論文が複数の研究グループから，ほぼ同

表4　文中での直接引用例

引用されている元の文章	引用をしている文章（脚注）
（1）まず第一に，契約を締結する，ということについて，人々はどのような意識をもっているか，を見よう。 （中略） 　服部四郎氏（東大言語学教授）が，約2年間アメリカに滞在した間の経験にもとづいて，日本人の契約感について言われる次のことばは，アメリカ人との比較において右のことを示すものとして，はなはだ興味がある。 　「アメリカ人は法律，規則，約束をよく守り，またそれを利用する国民である。日本人はそれらに対する観念が十分明りょうではなく，情状，義理，人情，友情，真心などを重んじ，それらに頼る。……彼ら〔アメリカ人〕が日本人よりもよく約束を守ることは周知の事実であろう。その代わり約束しないことは責任がないと極めて明りょうに言明する。……日本人が人と約束する場合には約束そのものよりも，そういう約束をする親切友情がむしろ大切なのであって，こういう真心さえ持ち続けておれば，約束そのものは必ずしも言葉通り非常に正確に行わなくても差し支えない。……彼ら〔アメリカ人〕にとっては，約束と友情とははっきり別のものだ。日本人はそういう時に，その友好的フンイキに酔って，約束そのものに十分注意しないことがある。これは誤りで，彼らと約束を交す場合には，必ず約束そのものに細心の注意を払わなければならない。この点について，私は再三苦い経験をなめた*。」（傍点およ	だいぶ古い話になるが，日本がGNP（国民総生産）ベースでアメリカに次いで世界第2位になったのは，1960年代なかばのことであった。第二次世界大戦での敗戦，日本占領と，法的には連合軍に敗れ占領を受けたのだが，心理的にはアメリカに敗れ，アメリカに占領されていたと思った人も多かった戦後20年の日本は，アメリカコンプレックスも強かったし，それと裏返しの反米感情が右翼，左翼，その他にあらわれることも多かった。他方，この時期，「いまだ見ぬ国，アメリカ」は，美化して語られることも多かった。 　そのころ，アメリカに滞在した日本人学者の次のような経験談を引用しながら，川島武宜は自らの契約意識論を展開した。「アメリカ人は法律，規則，約束をよく守り，またそれを利用する国民である。日本人はそれらに対する観念が十分明りょうではなく，情状，義理，人情，友情，真心などを重んじ，それらに頼る。……彼ら〔アメリカ人〕が日本人よりもよく約束を守ることは周知の事実であろう。……日本人が人と約束する場合には約束そのものよりも，そういう約束をする親切友情がむしろ大切なのであって，こういう真心さえ持ち続けておれば，約束そのものは必ずしも言葉どおり非常に正確に行わなくても差し支えない。……彼ら〔アメリカ人〕にとっては，約束と友情とははっきり別のものだ」[8]。 　さらに，川島は（……）である，とする。一言でいえば，日本人は契約意識が弱く，欧米人は契約意識が強い，というのが川島の観察したところであった。

8 引用文献，参考文献の記載項目と書き方　　223

び〔　〕内は川島による） ＊『朝日新聞』昭和 27 年 12 月 10 日朝刊，12 版，6 頁. 　もっとも，侍階級においては，契約の成立がきわめて明確且つ確定的なものとして意識されていたことが，福沢諭吉『福翁自伝』によって記録されている。(……) と彼は説明している（岩波文庫版，317-321 頁）。すなわち，信義を重んじ，約束した以上確定的に拘束されるということ，約束の拘束力は金銭上の損得についての考慮によって侵されてはならないということ，が武士の規範意識であった，というのが右(ママ)の説明である。このような法意識が，明治以後の日本の経済取引のどのような部面で，どのように機能したのか，しなかったのか，ということは私にとってきわめて興味のあるところであるが，今私はこれに関する何らの資料をももたないので，問題を提起するにとどめるほかはない。 　(2) つぎに，右(ママ)のような意味で「成立した」契約の内容について，人々はどのような意識をもっているか，を見よう。 　（後略）	8) 川島武宜『日本人の法意識』（岩波書店，1967 年）98 頁以下。
出典：川島武宜（1967）『日本人の法意識』岩波書店（岩波新書），89，98-100 頁。	出典：加藤雅信（2003）「民法の世界観──所有・契約・社会」河合隼雄・加藤雅信編著『人間の心と法』有斐閣，59-60 頁。

時期に，あるいは数年の間に続けて発表されることがある。それらを自分の論文に引用する場合は，すべての論文を引用するのが普通である。学術誌によっては引用文献の数が制限されていることもあるので，どうしても 1 つだけしか引用できない場合は，原則として最も早く発表されたものを引用する。1 日でも早く発表されたものにプライオリティ（先取特権）が認められるからである。文献を引用することは，その文献の著者に対して敬意を表すことでもある。

したがって，当然，引用すべき文献を無視したり，元の文献の趣旨を歪曲して自分に都合のよい形で引用したりすることは，避けなければならない．同分野の他の研究者の論文を読んでいると，自分の論文が，当然，引用されるべき局面で無視されていて，悔しい思いをすることがある．同じ思いを他の研究者に味わわせないよう，自分自身はフェアな態度を貫きたいものである．

引用文献の記載法は学術誌ごとにさまざまである．引用箇所を本文中に示すには，両括弧付き番号で文中に挿入する，肩付き数字で表示する，著者名と発表年を括弧付きで本文に挿入する，などのやり方がある．引用位置は，その文献が特定される最も早い位置とするのが原則である．たとえば，「Smith ら（1）は，○○○と主張した」「～という説（Smith *et al.*, 2007）がある．この説によれば～」というようにである（*et al.* は「～ほか」の意）．

一方，引用文献リストに記載すべき事項としては，著者名，発表年，論文題名，掲載誌名，巻，およびページ（最初と最後のページの両方を記す場合が多い）がある．学術誌によっては論文題名が省略されることもある．またこれらの事項を記載する順序やスタイルも，学術誌ごとに異なっている．投稿する学術誌を決めたら，その投稿規定をよく読み，さらに直近の号に掲載された論文を参考にして，文献引用の方法を確認するとよい．以下に，3 種類の学術誌について文献の記載例を挙げておく．

Nature:

Shi, Y. *et al.* Histone demethylation mediated by the nuclear amine oxidase homolog LSD1. *Cell* **119**, 941-953（2004）

Science:

R. DasGupta, E. Fuchs, *Development* **126**, 4557（1999）.

Proceedings of the National Academy of Sciences, USA:

Nakamura, C., Burgess, J. G., Sode, K. & Matsunaga, T.（1995）*J Biol Chem* **270**, 28392-28396.

自然科学諸分野では，毎日，膨大な数の論文が出版される．学術誌の数だけでも何千種類にも上る．コンピュータの助けを借りなければ，自分の研究に関係の深い論文を十分に把握することは難しい．分野ごとに，学術誌に出版された論文を網羅したデータベースが公開されている．

生命科学分野では PubMed というデータベースが有名である。このデータベースはおおむね 1950 年代以降，現在までに，5000 誌以上の学術誌に掲載された論文のデータを収録しており，その総数は 1700 万件以上におよぶという（2007 年 8 月現在）。生命科学一般のほか，関連分野である分析化学や有機化学などの主要な学術誌もカバーされている。このデータベースを利用すれば，収録されている各論文の題名，著者名，掲載誌名と巻，号，ページ，それに要旨を無料で閲覧することができる。生命科学以外の分野では，残念ながら無料のサービスはないようである。

　これらのデータベースからダウンロードした文献データは，種々の市販の文献管理ソフトを用いて整理するとよい。これらのソフトウェアには，多くの代表的な学術誌について，文献記載のためのフォーマットが収められている。論文執筆の際にワープロ・ソフトにリンクさせておけば，自分が投稿する学術誌に合わせて，指定した箇所への引用文献の挿入や，文献リストの作成を自動的に行ってくれる。

参考文献

○第 1 節
藤沢晃治（2004）『「分かりやすい文章」の技術』講談社（ブルーバックス）。

○第 2 節
科学の実験編集部編（1982）『先生と生徒のための物理学実験』（初版 18 刷）共立出版。
中島利勝・塚本真也（1996）『知的な科学・技術文章の書き方——実験リポート作成から学術論文構築まで』コロナ社。
姫路工業大学工学部『電子工学実験 I 指導書』。
姫路工業大学理学部『物理学実験テキスト』。
藤田哲也編著（2006）『大学基礎講座——充実した大学生活をおくるために』（改増版）北大路書房。

○第 3 節
Behrens, L., L. J. Rosen and B. Beedles (2005) *A Sequence for Academic Writing*, 2nd ed., Pearson/Longman.
University of Maryland University College (2007) *Online Guide to Writing and Research*, at http://www.umuc.edu/prog/ugp/ewp_writingcenter/writinggde/welcome.shtml
University of North Carolina at Chapel Hill, Writing Center (2007) *Handouts*, at http://www.unc.edu/depts/wcweb/handouts/index.html

○第 4 節
中谷宇吉郎（1958）『科学の方法』岩波書店（岩波新書）。

○第5節
加戸守行（2006）『著作権法逐条講義』（5訂新版）著作権情報センター。
作花文雄（2004）『詳解著作権法』（第3版）ぎょうせい。
著作権情報センター『はじめての著作権』。
文化庁長官官房著作権課『著作権テキスト——初めて学ぶ人のために』平成19年度改訂版（http://www.bunka.go.jp/chosakuken/pdf/chosaku_text_19.pdf）。
文化庁文化部著作権課内著作権法令研究会編著（2007）『著作権法入門』著作権情報センター。
文化庁編（2007）『著作権関係法令集』文化庁。
○第6節
河合信和（2003）『旧石器遺跡捏造』文藝春秋（文春新書）。
高橋昭男（1995）『技術系の文章作法』共立出版。
村松秀（2006）『論文捏造』中央公論新社（中公新書ラクレ）。
○第8節
河野哲也（2002）『レポート・論文の書き方入門』（第3版）慶應義塾大学出版会。
櫻井雅夫（1998）『レポート・論文の書き方 上級』慶應義塾大学出版会。
藤沢晃治（2004）『「分かりやすい文章」の技術』講談社（ブルーバックス）。
Behrens, L., L. J. Rosen and B. Beedles（2005）*A Sequence for Academic Writing*, 2nd ed., Pearson/Longman.
Hacker, Diana（n. d.）*Social Sciences: Documenting Sources*, at http://www.dianhacker.com/resdoc/p04_c09_s2.html, accessed on February 10, 2008.
Harvey, Gordon（1998）*Writing with Sources*, Hackett Publishing.
University of North Carolina at Chapel Hill, Writing Center（1998-2007）*Quotations*, The Writing Center, University of North Carolina at Chapel Hill, at http://www.unc.edu/depts/wcweb/handouts/quotations.html, accessed on February 9, 2008.

第7章 プレゼンテーション

```
              1  プレゼンテーションの手法と心得
              2  プレゼンテーションの技術
```

　人がたった1人で生きていくことは困難で，他人と協力しあって生きていかなければならない。そのためには他人との意思疎通を図ることが重要である。しかし，他人に自分の経験，知識，考えなどを適切に伝えることは思いのほか難しい。これは自分の頭の中を他人に直接見せることはできないので，言葉や文章，図，写真，数値データなどの手段を使って相手に伝えなければならないためである。

　また一方で，発表することによって発表者自身の理解が深まるばかりでなく，議論の内容に対する関心が高まり，より深いコミュニケーションが可能となるといった効果もある。

1 プレゼンテーションの手法と心得

　プレゼンテーションする際には，聞き手の前に立ったときに簡単な挨拶と自己紹介をしてから発表を始めるのが一般的だが，司会者や座長が発表題目や発表者を読み上げてくれる場合には，挨拶や自己紹介を省略して発表に入る。

7.1.1 プレゼンテーションの重要性

　他人との意思疎通を図る手段はさまざまあるが，中でも直接相手に会って口頭で説明，発表することはたいへん効果的である。これは電話や手紙，ファッ

クスや電子メールでのやり取りと違って，説明や発表をしながら相手の表情や反応を見ることができ，それにもとづいて説明や発表内容を逐次修正しながら意思疎通できる点，その場で質疑応答ができる点にある．しかし，直接会うために相手先まで出向くか，こちらまで来てもらう必要がある．また，プレゼンテーションには事前の準備や練習が重要となる．

7.1.2 プレゼンテーションの注意点

前述のように，プレゼンテーションでは発表する相手がどのような人たちなのか，どの程度の知識や理解力があるのか，聞き手の人数は何人か，会場はどのような場所でどのような設備があるのか，与えられた発表時間は何分かなどの条件によって発表方法や内容を変えなければならない．一般にプレゼンテーション時間は何分と決められていることが多いので，時間厳守で内容を漏らさずに話す練習をする必要がある．そのためには，必ず話すべき重要な事項と，時間が余れば話す付随的な事項に分けて，時間配分を決める．たとえば発表時間10分間の発表では，自己紹介とテーマの説明に1分，発表の目的や概要に1～2分，本論に6～7分，結論に1分程度の時間配分が適当であろう．

話す文章は意味がとりやすいように短いセンテンスにし，ゆっくりと大きな声で分かりやすく話す．聞き手と目を合わせながら話すようにし，原稿や黒板，スクリーンだけを見続けないように注意する．

以下に，いくつかの発表方法ごとの利点や欠点，注意点を述べる．

7.1.3 黒板やホワイト・ボードを使った発表

授業のように，黒板やホワイト・ボードなど手書きを使った発表では，文章や図を書くのにかなりの時間を要する．したがって数分以内などの短時間の発表には向かないが，数式の誘導などではかえって時間をかけて1つひとつのプロセスを説明することができ，メモやノートもとりやすく分かりやすいという利点もある．ただ，黒板などに書くためにどうしても聞き手に目線を向けない時間が多くなるので，聴衆がメモなどをとらない場合，退屈しやすいという問題もある．

7.1.4　レジュメを使った発表

　ゼミ，演習での報告などのように発表前刷りやレジュメ，資料などを聞き手全員に配布し，それに基づいて発表する場合には，文章や図は手元の資料に記載されているので，比較的，短時間での発表も可能である。しかし，説明する箇所を直接指し示すことができないので，口頭で「何ページの図○○を見てください」などと述べる必要があり，また，どうしても資料だけに視線が向くために，発表者を見る機会が少なくなって，的確な指示ができず説明しにくい場合も多い。このような場合には資料だけに頼らず，黒板やスライドなどを併用すると効果的である。なお，レジュメはページ数に制限があることが多いので，長い文章は避け，内容をうまく要約し，見出しを付けて，発表時にどこの説明をしているのかを聞き手が容易に判断できるように工夫しなければならない。

7.1.5　ポスターを使った発表

　A0 や A1 サイズの大判用紙に手書きやプリントしたり，何枚かの A3 や A4 用紙を張り合わせたりして 1〜2 枚程度のポスターやパネルを作成し，この前で発表するポスター・セッションと呼ばれる発表も行われている。これは多くの人が並んで同時に発表を行うことが可能で，聴衆は短時間で興味のある発表だけを選んで聞くことができる，時間制限が少なく徹底した質問や討論が可能などの特徴を持つ。ただ，とくに大判用紙を用いるとポスターの作成や持ち運びが大変で，動画やアニメーションが使えないという欠点もある。一般にポスター上部には発表題目や発表者の所属氏名を載せる。ポスターの大きさに制限があるために，人目を惹き，見やすくて説明しやすく，情報量も多いポスターの作成には，掲載する文章や図，写真などの配置の工夫と美的センスが必要となる。

7.1.6　スクリーンを使った発表

　図 1 に示したようにパソコンにプロジェクターを接続し，パソコンの画面をスクリーンに投影しながら発表する方法で，研究発表やプレゼンテーションの主流になってきている。以前は 35 ミリ・フィルムによるスライドや，透明シートに手書きあるいはコピーした内容をオーバー・ヘッド・プロジェクター

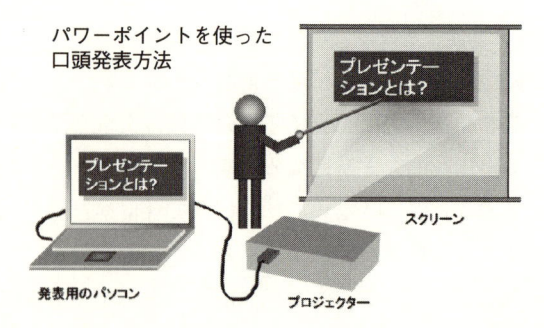

図1 パワーポイントを使ったプレゼンテーションの概念図
（パワーポイントで作成）

(OHP) でスクリーンに投影する方法も使われてきたが，パソコンを使えば修正が容易であるばかりでなく，ビデオやアニメーションなど動画も表示でき，また，すべてがパソコンのファイルとして取り扱うことができるために，現在はこの方法が主流である。

スクリーンに画像や文字を単に投影するだけでなく，重要な箇所を指し棒やレーザー・ポインタで指示しながら発表すれば，聞き手の理解を得やすい。プロジェクターを使うためには会場を暗くする必要があり，資料などを併用する場合には見にくくなることを考慮して，文字や写真，図を大きめにした方がよい。

7.1.7 論文・レポート発表，討論等の発言の作法

発表に対して疑問や意見，コメントがある場合には手をあげて司会者や座長の了解を得てから発言する。その場合，所属や名前を名乗るのが礼儀である。質問などは短く端的に分かりやすいように要点を的確に話し，揚げ足取りのような質問や自分の意見の押し付けは避ける。回答が十分でなかったり，的外れだったりした場合には，何が不足で，何が食い違っているのかを的確に分かりやすく再質問する。質問者と回答者の意見や考えが明らかに異なる場合には，時間の無駄になるので堂々巡りの再質問を繰り返さないように気をつけ，後で個人的に議論する方がよい。

質問を受けた発表者は，質問内容を十分に理解してからその質問に対する回

答を行う．もし，質問が不明確でいくつかの可能性がある場合には，「あなたの質問はこういう意味ですか，それともこのような意味ですか？」と聞き直してもよい．見当外れな回答をしないように，もし質問の意味が明確に分からなかったら，質問者に丁寧にもう一度聞き直すことが重要である．回答は質問者を見ながら分かりやすく端的に答えるようにし，もし，回答できない質問をされた場合には，話題を変えたり取りつくろったりせず，よく分からないと正直に答えるか，解答が見つかりそうな方法を示唆し，今後さらに検討すると回答する．あらかじめ予想される質問については，事前に回答用のスライドを何枚か準備しておくのも有効である．質問が多いほど聴衆が発表内容に興味を持ったことを意味し，発表は成功したといえる．

2 プレゼンテーションの技術

7.2.1 パワーポイントとは

先に述べたように，プレゼンテーションで現在広く行われているのは，パソコンとプロジェクターを用いて文字や画像をスクリーンに投影しながら行う発表方法である．そのためのソフトウェアがマイクロソフト社のパワーポイントである．これを用いると，発表するための画面表示がファイルとして簡単に保存，コピー可能で，動画も使用できるという特徴がある．発表に紙やシートも使わないので省資源にもなり，発表会場でパソコンやプロジェクターを準備してもらえれば，USBフラッシュメモリやCD-Rにファイルを入れて持参するだけで発表できるので，広く用いられている．パワーポイントの詳しい使い方については，多くの解説書が出ているので参考にしてほしい．以下に，パワーポイントを使って発表用のファイルをつくる際の注意事項について述べる．

7.2.2 スライドのつくり方

パワーポイントのソフトを立ち上げ，新規作成ボタンをクリックすると，新しいスライドが作成される．スライドとは発表時に表示される縦横比ほぼ3：4の画面であり，ここに単語や文章，写真，図などを貼り付ける．スライドが何枚か集まって，プレゼンテーション用ファイルとなる．

プレゼンテーションでは一般にスライド1枚を1〜2分間程度で説明できるので，与えられた発表時間によってスライド枚数を決める。枚数が決まったら，発表の話の流れを考え，その中でスライドをどのように配分するのかを検討する。たとえば発表内容を起承転結の流れで行う場合には，発表時間から決まる総スライド数を，起に相当する部分に何枚，承に何枚，転に何枚，そして結の部分に何枚割り当てるのかを決める。決められた制限時間の中でメリハリのある発表を行うためには，スライド総枚数と発表の話の流れの中でのスライドの枚数配分が重要である。

7.2.3 文字，図，表，グラフ，写真の挿入方法

各スライドには説明に必要な文字，図，表，グラフ，写真などを貼り付ける。一般に1枚目のスライドには発表題目，発表者の所属と名前を明記する。スライドの隅に発表する会の名称や年月日などを小さく入れておくと，後でパワーポイントのファイルを整理するときに便利である。

スライドに文字を入れるときは，まず横書きか縦書きのテキストボックスを挿入し，その中に文字を打ち込む。長い文章をスライド全体に貼り付けると，聞き手の読む気を失わせるので，要点だけを短くまとめ，短い文章あるいは単語の羅列，箇条書きなどを貼り込む。一般に打ち込む文字は最低でも20ポイント以上，できれば28ポイント以上のフォント・サイズを利用し，タイトルなどでは40ポイント以上の大きさにする。とくに10ポイント以下の文字は，小さすぎて遠くから読むことは難しいので用いない。

また，背景と明確に区別できるように明度が異なる色を用いる。たとえば白い背景に黄色の文字という配色は読みにくいので，黒や青，赤など背景とは明度が異なる色を用いる。文字ばかりでなくテキストボックスの背景にも色や影を付けることが可能であり，さらにその色にグラデーションすなわち連続的な色変化を付けたり，写真をもとにした画像であるテキスチャーを貼ることもできる。しかし，あまり背景や文字に凝りすぎて，内容が薄い発表にならないことが肝心である。

表も数行，数列以内になるように整理し，細かい数値が画面全体を埋め尽くすようなスライドはつくらない。表内の数値も文字の場合と同じように大きな

2 プレゼンテーションの技術　233

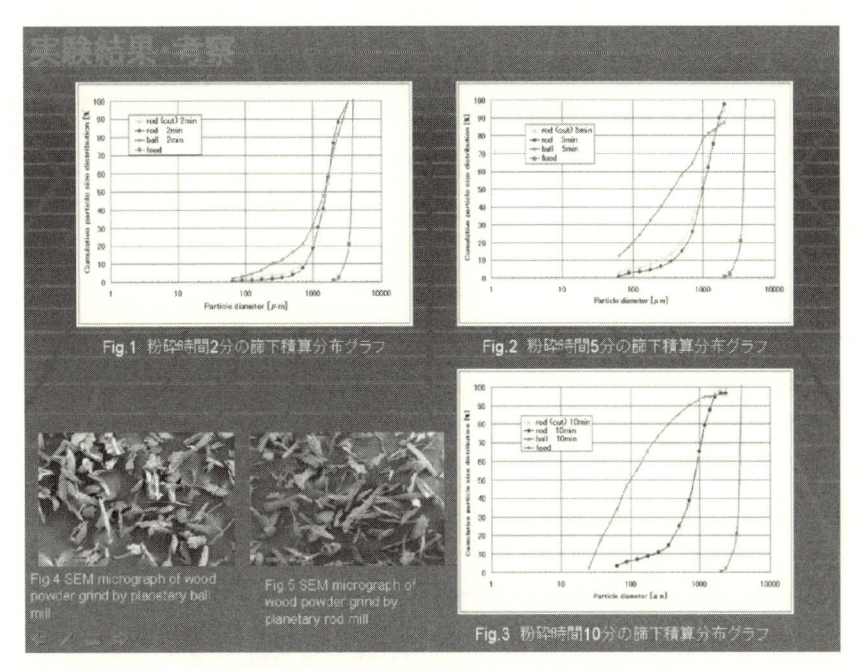

図2　図や写真が多すぎ，読みにくいスライドの一例

サイズの数字を用い，色も背景と明確に区別できる色を用いる。表の中でとくに強調したい数値があるときには，そこだけ色を変えるとか太字にする，あるいは次項で述べるように点滅などのアニメーションを加えることも効果的である。

　グラフや表はスライド1枚に1枚が原則であり，2つの結果を比較したい場合には左右に2枚を並べて表示する程度にとどめ，一度にあまり多くのグラフを表示しないようにする。図2に示した例では1枚のスライドに3枚のグラフと2枚の写真を挿入したために文字やグラフ，写真が小さくなってしまい，見にくいスライドになっている。第6章第6節6.7.6で述べたようにグラフは縦軸，横軸とも軸目盛，軸ラベル，単位などを明記し，発表時にも口頭で各座標軸が何を意味し，グラフのプロット点が上にくるほど，あるいは右に行くほどどのような結果を意味しているのかが明確に分かるように説明する。グラフのプロット点の色や大きさも，聞き手がよく分かるように表示しなければならな

い。

　写真をスライドに貼る場合にも，あまり枚数が多くなりすぎないように，すなわち1枚の大きさが小さくなりすぎないように気をつける。写真はコントラストや明るさを調整し，周囲の不要部分を削除して，写真で表したい目的が明瞭に分かるように工夫する。

　パワーポイントには四角形や三角形，丸，直線や矢印などを直接スライド上に描く機能もあり，それぞれの図形をさまざまな色で塗ったり，グラデーションを付けたり，どちらを前面に表示するのかなども自由に設定できるので，これを使って概略図や手順図を描くこともできる。図1に示した図も，このような機能を使って描いたものである。

　また，文字や図，写真などを右クリックして表示されるメニュー中のオブジェクトの動作設定を使えば，スライドショー時にその文字や図，写真を左クリックした際に特定のファイルを動作させることができるので，別のアプリケーション・ソフトの立ち上げやビデオ動画の表示などを行うこともできる。

　実際のスライドは文字にグラフや表，写真，イラストなどを加えて作成するが，それぞれの配置や大きさなどを工夫して読みやすいようにする。また，次に述べるアニメーションを利用して順に重ねて表示する方法もある。

7.2.4　アニメーション

　パワーポイントによる発表が，従来の黒板やOHPを使った発表に比べて優れているのは，パソコンを使っているために画面に動きを与えられる点にある。このための機能がアニメーションであり，テキストボックスやグラフ，図，写真などの表現に使うことができる。文字や図が画面外から飛び込んでくるスライドインや徐々に浮かび上がるフェードなどがあり，発表の進行に応じて1行ずつ表示したりする場合に効果的である。アニメーションに合わせて音を出す機能もあるが，あまり多用すると，発表全体の雰囲気を壊してしまう危険性もある。アニメーションはあくまで発表を効果的にするための機能であり，アニメーションのための発表にならないように注意する必要がある。

7.2.5 スライドショーと発表練習

スライドショーとは，下向きあるいは右向きのカーソル・キーを押すかマウスを左クリックするたびに，作成したスライドを順番に表示する機能であり，この際には作成時と異なって各スライドが画面いっぱいの大きさで表示される。アニメーション機能を用いている場合にはスライドショーと同様に下向きあるいは右向きのカーソル・キーを押すかマウスを左クリックするたびに設定したアニメーションが1段階ずつ実行され，その後に次のスライドが表示される。

すべてのスライドを作成したら，本番と同じようにスライドショーを実行しながら発表内容を話してみて，発表時間を計測し，与えられた発表時間以内に収まっているのかどうかを確認する。また，設定したようにアニメーションやビデオ動画再生などが動作するのかどうかや，口頭で述べている内容と表示しているスライドの内容が一致しているかどうかも確認する。

スライドをすべて作成し，スライドショーで確認して終わりではない。何度も発表練習することが重要であり，どれだけ練習をしたかで結果に大きな差が出る。できれば誰かに聞いてもらって人前で話すことに慣れるとともに，コメントをもらって自分で気づかない問題点を指摘してもらう。もし，適当な聞き手がいない場合には発表をビデオで撮影して，第三者として見ると，問題点が客観的に分かる。

7.2.6 配布資料の作成

パワーポイントで作成したスライドをプリントして聞き手に配布すれば，発表内容の理解を助け，いろいろな書き込みやメモもできるので有効である。配布資料をプリントするにはパワーポイントで印刷を選び，印刷対象にスライドを選べば紙1枚にスライド1枚を，配布資料を選べば紙1枚に対してスライド1枚～9枚の範囲で選択した枚数をプリントできる。図3のように，1枚の紙に印刷するスライド枚数をあまり増やすと，スライドが小さくなりすぎて読みにくくなるので，通常はスライド2枚～6枚程度を紙1枚にプリントし，それを綴じて聞き手に配布する。

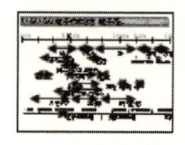

図3　1ページ当たりのスライド数が多すぎて読みにくい配布資料の例

7.2.7　パワーポイントを使用した場合の注意点

　パワーポイントを用いた発表は，準備が比較的簡単で内容を分かりやすく伝える手段としてきわめて優れており，現在広く用いられている．ただし，パソコンで作成したスライドをプロジェクターでスクリーンに映すという発表方法のために，パワーポイントをインストールしたパソコンや，会場の大きさにあった光量のプロジェクターをあらかじめ準備しておかなければならない．発表に使うパソコンは液晶画面とプロジェクターへの同時出力状態にしておかないと，スクリーンに表示されないので注意が必要である．またパソコンのスクリーン・セイバーや省電力設定などはあらかじめ解除しておかないと，発表中に画面が突然消えてしまったり，切り替わってしまうことがある．
　めったにないことではあるが，発表中にパソコンがフリーズしたり，プロジェクターのランプが切れたり，停電したりという，電気的トラブルが発生した際には，紙を使った発表と異なって，発表すること自体が困難になるので，事

前にその際の対応も考えておく。少なくとも発表会場には十分な時間的余裕をもって到着するようにして，事前にパソコンやプロジェクターのチェックや予行演習を行うぐらいの心構えが必要である。

7.2.8 まとめ

プレゼンテーションは，直接聞き手と対面しながら伝えることができる発表手段としてきわめて効果的である。したがって，社会人になっても，人の前で説明したり発表したりする機会は多いので，学生時代にプレゼンテーションをする経験を積むことは，将来に向けて大きな利点となる。また，準備や発表，質疑応答や討論に参加することによって，緊張感や大きな満足感を得ることができるのも，人生経験として重要である。

●コラム　効果的なプレゼンテーション

　効果的なプレゼンテーションを行うためには準備が必要である。
　アメリカの黒人解放運動家として著名なキング牧師は次のように述べている。
　「ぼくは少なくとも一週に一五時間を，日曜日の説教の準備のためについやしていた。ぼくはいつも火曜日に説教のあらすじをきめ，水曜日には必要な調査をしたり，ぼくの説教に日常生活にそくした内容をもりこむために，実生活の状態や実例として役立つ材料について考えたりした。そして，金曜日に草稿を書きはじめ，土曜日の夜にこれを書き終えることにしていた」（M. L. キング〔雪山慶正訳〕(1959)『自由への大いなる歩み』岩波新書）。
　キング牧師の偉業は，説教（プレゼンテーション）のための周到な準備がなければ達成されなかったのである。以下では，効果的なプレゼンテーションを行うためのポイントを示す。
　(1) プラン作成の必要性
　　① 言い落とし防止のため，全体案をつくる
　　② 与えられた時間内でどんなプレゼンテーションをするか考える
　　③ どんなツールを使うか考える（パワーポイント，模造紙，配付資料，黒板，パソコン，OHPなど）
　(2) 内容の構成方法は大きく２つある。どちらがより効果的か考える。
　　① 結論後発型（起承転結）
　　② 結論先行型

(3) まとめの大切さ/まとめの意義（一番に大事なことを，最後にもう一度繰り返す）
　① 認識の正しさを確認するため
　② 認識のずれを訂正するため
　③ 大切なことを頭に定着させるため
(4) 分かりやすい話し方の条件
　① 話のスピードに注意（速すぎない，遅すぎない）
　② 声の大きさに注意
　③ 言葉の明瞭さに注意（口は大きく開けてはきはきと話す）
(5) リハーサルの重要性
　① 「あがり」の防止のため
　② 予想される質問を考えて，その答えを準備しておくため
　③ 時間配分をチェックするため

参考文献

池内健治・佐藤雅一・木内雅司（2003）『30時間でマスター プレゼンテーション＋Power Point2002』実教出版。

石居進（2003）『理系のためのPowerPoint「超」入門——プレゼンテーションからホームページ作成まで』講談社（ブルーバックス）。

あ と が き
――本書が誕生するまで――

　兵庫県立大学は，2004年4月に開学された。その経営に関する重要事項を審議するために設置された大学運営協議会の第1回会議において，全学共通教育として行われる教養教育の重視が取り上げられた。一方，兵庫県立大学開設の方針として，グローバル・コミュニケーション能力の涵養を含む教育体制がとられていた。したがって，専門的能力とともに一般的な基礎能力として，論理的な議論ができること，それを文章化したり，説得力のあるプレゼンテーションを行ったりすること等の能力を，学士課程を通して身につけてもらう基礎科目の必要性が早くから認識されていた。

　本書を作成する直接の契機となったのは，上記の流れを受けて2005年度末に行われた米国主要大学における教養教育ならびに大学規律の調査であった。事前調査と各大学への質問事項の連絡後，5名のメンバーでカリフォルニア大学バークレー校，カリフォルニア工科大学，ワシントン大学，スタンフォード大学，マサチューセッツ工科大学（MIT），およびハーバード大学の6大学を訪れた。

　いずれの大学も学士課程教育でのリベラル・アーツ教育を2年間実施したうえで，残りの2年間で専門教育を行っており，また1年次のライティング科目は，コースのほかキャンパス内の教育センター等での訓練を含めて重視している。中でもMITでは4年間を通してコミュニケーション関連科目（ライティング，プレゼンテーション等の科目ならびにそれを重視した一般科目）の履修を求めていたのが印象的であった。

　兵庫県立大学では，全学共通科目としてリベラル・アーツと英語ならびに情報科目の教育を行っているが，米国の諸大学で重視されているライティング科目やMITのコミュニケーション諸科目のようなものはこれまでのところ置かれていない。そこで，たとえば入学初年度の基礎ゼミナール，2年次の実験・実習科目，さらに3年次以降の卒業論文作成などに応じて，必要な情報を盛り込んだテキストがつくれないかと考え始められたのが，本書の作成であった。

米国大学調査に参加したメンバーを中心に各学部の意見が聴取できるような検討会を立ち上げ，総合教育センター長である筆者のもとで作成された第1次草稿（A4紙85ページ）について意見を求めた結果，本格的活動が了承された。そこで，8名の委員と3名のオブザーバーからなる学内委員会として本書の編集を行う作業部会が設置され，本書の構成，細目，執筆者とその分担等の審議から始めて本書の作成が進められた。

　2008年度には，いくつかの学部で本書を用いた教育科目が設定されており，その他の科目でもさまざまな形での利用が考えられている。本書のような教材は，大学としては初めての試みでもあったため，必要な内容が適切にカバーされているか，正直のところ自信をもってイエスといえる段階ではない。今後，経験や学生の意見等も参考にしながら改訂を行っていくことで，さらに使いやすく，かつ学生の基礎力涵養に役立つものとなるよう願っている。

　最後になったが，有斐閣の柴田守氏には本書企画の段階から種々アドバイスをいただき，また出版に際して一方ならぬお世話になった。編集作業部会のメンバーならびに本書執筆者とともに，この紙上を借りて厚くお礼を申し上げる。

2008年3月

編者を代表して

天 野 明 弘

索　引

◆ **アルファベット**

OPAC　99
p 値　130
t 検定　130

◆ **あ　行**

アイ・コンタクト　87
挨　拶　227
あいづち　52
アイディア　62, 168, 186, 188, 193
アイディア自由の原則　187
アウトライン　63
赤入れ　149
アクティブ・リスニング　53
アサーティブ・コミュニケーション　89
あとがき　32
アニメーション　234
アンダーライン　5
逸　話　173
異文化コミュニケーション　53
意味段落　169
異　論　40
印刷物　135
インタビュー　109
　構造的な──　110
　半構造的な──　110
インパクト・ファクター　185
引　用　13, 190, 192, 194, 215, 219
引用文献　180, 183, 214, 223
ウィン・ウィン　89
鋭角的思考　119
英語論文　184
エクセル（Excel）　211
エッセイ　61, 64
エピソード　84

エポケー訓練　54
演　習　10
オリジナリティ　186, 194
音声言語　50
音　読　148, 149, 155

◆ **か　行**

改　竄　12, 132, 199
解　読　48
概念図　212
ガウスの最小自乗法　162
科学者の倫理　11
科学的真理　178
か　ぎ　82
学位論文　183
学習の倫理　10
学術誌　178
学術情報館　31, 99, 136, 165
学生実習　155
学問的研究　133
確率誤差　162
仮　説　123
かっこ　82
含　意　3, 9
考え方の評価基準　3
観　察　104
観察実習　113
間接測定　160
観　点　3, 7
記　号　47
起承転結　66
基線（基準線）　209
逆　順　80
逆　接　42
行　201
行項目　202

共　話　53
巨視的状態　122
議　論　88, 92
キーワード　101
近似式　211
偶然誤差　160, 162
くぎり符号　82
句　点　82
組立図　212
グラフ　202
　　1次元──　202
　　2次元──　205
　　3次元──　206
　　円──　204
　　帯──　204
　　折れ線──　204
　　散布──　205
　　体積──　203
　　単位──　203
　　ドーナツ・──　204
　　棒──　203
　　面積──　203
　　立体──　207
　　レーダー・──　204
グラフ題目　210
グラフ要素　210
繰り返し　68
グループ・インタビュー　93
グループ実験　157
グループ討論　93
形式段落　169
携帯文化　120
系統誤差　160, 162
結　論　63, 66, 165, 172-174, 177
結論文　65
研　究　125, 135
研究計画　127
研究レポート　153
研究論文　173
検索ツール　99

検　討　174, 176
語　彙　200
講義の受け方　9
考　察　180, 182
交　渉　89
構　成　63
肯定文　72
口頭発表　178, 227
構　文　72
黒板（ホワイト・ボード）　228
誤　差　160
誤差分析　160
誤　字　149
古　典　28
小見出し　63
コミュニケーション・スタイル　87
コミュニケーション能力　19
コミュニケーションの基本的モデル　47
コントロール（対照）　128

◆さ　行

再現性　12, 129, 179
査　読　178
サブテーマ　164
差別表現　200
サポーティング・センテンス　65
参考文献　177, 214
ジェスチャー　86
司会者　93, 94
軸補助目盛　209
軸目盛　209
軸ラベル　208
自己紹介　83, 227
姿　勢　86
視　線　87, 229
自然科学研究　122
シソーラス　68
自他識別性　190
実　験　10, 155
実験記録　132

索　引　243

実験計画　132
実験指導書（実験テキスト）　157
実験データ　181
実験ノート　127, 131, 157
実験法　126
実験方法　180, 181
実験レポート（実験報告書）　156
実習　10
質問　230
視点の変化　69
自問自答　6
謝辞　180, 183
写真　212
修飾語　75, 77, 79, 151
周辺言語的特徴　48
主語　74
主体　30
主題　74
述語　74
出典注　216
受動態　73
順接　42
情報格差　119
情報収集　97, 164
情報の開示　12
書評　31
序論　65, 66, 172, 174, 175, 179, 180
シラバス　55
新書　33
人的資料　135
親和度　77
推敲　150, 155
推論　3, 8
スキーマ理論　49
スクリーン　229, 231
図番号　211
スピーチ　86
スライド　231
スライドショー　235
接続関係　42

接続表現　42
ゼミ　92
セル　201
先制攻撃的　71
前提　3, 8
セントラル・ドグマ（中心命題）　123, 138, 145
蔵書検索システム　99
相対誤差　161
測定（計測）　160
測定技術　157
測定精度　160
組織図　212
卒業論文　183

◆た　行
対数目盛　205, 208
対立管理　89
対話　24
脱字　149
縦軸　208
単行本　33
単文　72
段落　→パラグラフ
知的好奇心　133
知的財産権　188
知的発見　133
注　215, 219
注意　47
中心的思考　169
中断線　210
調査計画　105
重複語　151
直接測定　160
著作権　14, 187, 191, 193, 216
著作者　187, 191
著作者人格権　191
著作物　187, 191, 193, 215
直結の原則　75
ディアロゴス　24

定　義　5
定性的データ　129
定量的データ　129
手順図　212
データ　164
　　――の定量化　129
　　1次――　154, 165
　　2次――　165
データベース　100, 224
テーマ　84
　　――の選択　163
　　――へのアプローチ　163
転　載　13, 194, 195
電子情報　100, 135
電子メディア　98
統計学的検定　130
等高線図　207
盗　作　14, 18, 188, 194
同調行動　53
読　点　75, 79, 82
盗　用　186, 187
図書館　31, 99, 136, 165
トピック　61
トピック・センテンス（主題文）　65
トピック文　168
ドラフト　66
トランスクリプション　111
トリミング　213

◆な　行

中点（黒）　82
ネガティブ・コントロール　128
捏　造　12, 132, 196
能動態　73
ノートのとり方　57

◆は　行

配付資料　235
ハイライト　84
ハッチング　204
発表練習　235
パラグラフ　64, 73, 168, 169
パラフレーズ　214
パワーポイント（PowerPoint）　231
凡　例　210
ピア・レビュー　178
非言語的特徴　48
微視的状態　123
ピッキング　12
否定文　72
ビデオ観察　114
批　判　38
批判的（critical）　38, 39
　　――な読み方　40-42
表　201
評　価　2
表　記　81
表現法　64
表　情　47
剽　窃　14, 194
表　題　180
表題目　201
表番号　201
ファシリテーター　93
フィードバック　49
フィールドワーク　103, 113
フィールドワーク実習　114
複眼的思考　119
復　習　57
複　製　192
複　文　72
付箋紙　34
普通目盛　205, 208
プライオリティ　223
プレゼンテーション　227
ブレーン・ストーミング　61, 154, 170
文　献　98
文献検索　99
文献表　216
分　析　2

文体　64, 150
方法論　175
ポジティブ・コントロール　129
ポスター・セッション　178, 229
本の探し方　31
本の読み方　27
本論　172

◆ま行
マインド・マップ　62
まえがき　32
学び方　6
見直し　66
村寄合　93
面接　104
目的　3, 7
目的語　74
目標　3, 7

◆や行
野帳　108
良い研究　124

要旨　179, 180
要素還元型の研究法　122
要約　13, 194, 195, 214
横軸　208
予習　49, 56
読みやすさ　64

◆ら行
リサーチ・クエスチョン　136, 174, 175
良書　32
類語辞典　68
レーザーポインタ　230
レジュメ　229
列　201
列項目　202
レトリック　64
レポート　18
　——作成　147, 152
ロゴス　24
論旨文　165
論理的思考　42, 137

◎編者紹介

天野 明弘（あまの あきひろ）
　元兵庫県立大学名誉教授, 元神戸大学名誉教授, 元関西学院大学名誉教授

太田 勲（おおた いさお）
　兵庫県立大学名誉教授

野津 隆志（のつ たかし）
　兵庫県立大学名誉教授

スタディ・スキル入門——大学でしっかりと学ぶために
Study Skills for Academic Students

〈有斐閣ブックス〉

2008年5月31日　初版第1刷発行
2024年4月15日　初版第7刷発行

編　者　　天野　明弘
　　　　　太田　　勲
　　　　　野津　隆志

発行者　　江草　貞治

発行所　　株式会社　有斐閣
　　　　　郵便番号 101-0051
　　　　　東京都千代田区神田神保町2-17
　　　　　https://www.yuhikaku.co.jp/

組版　BIKOH
印刷　萩原印刷株式会社
製本　牧製本印刷株式会社

© 2008, Motoko Amano, Isao Ohta, Takashi Notsu. Printed in Japan
落丁・乱丁本はお取替えいたします
★定価はカバーに表示してあります
ISBN978-4-641-18366-7

本書の全部または一部を無断で複写複製(コピー)することは、著作権法上での例外を除き、禁じられています。本書からの複写を希望される場合は、日本複製権センター(03-3401-2382)にご連絡ください。